KB044295

한국 마르크스학의 지평

— 마르크스-엥겔스 텍스트의 편찬과 연구

한국 마르크스학의 지평
—마르크스-엥겔스 텍스트의 편찬과 연구

펴낸날_ 2004년 11월 18일

지은이_ 정문길
펴낸이_ 채호기
펴낸곳_ (주)문학과지성사

등록_ 제10-918호(1993. 12. 16)
주소_ 서울 마포구 서교동 395-2호(121-840)
전화_ 편집부 338-7224~5 영업부 338-7222~3
팩스_ 편집부 323-4180 영업부 338-7221
홈페이지_ www.moonji.com

ⓒ 정문길, 2004. Printed in Seoul, Korea
ISBN 89-320-1550-3

한국 마르크스학의 지평

— 마르크스-엥겔스 텍스트의 편찬과 연구

정문길 지음

문학과지성사
2004

책머리에

이 책에 실린 9편의 글은 모두 마르크스-엥겔스의 텍스트를 축으로 하여 이루어지는 연구, 즉 텍스트의 형성 배경, 그것의 편찬, 그리고 그 텍스트에 대한 연구 등을 다루고 있다. 1994년의 『마르크스의 사상 형성과 초기 저작』이란 저서를 출간한 이래 처음으로 출판되는 책이라 10년간의 연구 성과로서는 지극히 빈약하다는 자괴감도 없지 않으나 정년을 내다보는 현재의 시점에서 저자는 무언가 매듭을 지어야 한다는 생각에서 미진한 채로 이를 한데 묶어 책으로 펴내기로 작정하게 되었다.

모두 4부로 나누어진 이 책의 제I부에서 저자는 마르크스와 엥겔스가 그들의 사상 형성기에 만나게 되는 가장 중요한 지적 사건의 하나인 청년 헤겔파의 사상적 궤적을 추적하는 글을 실었다. 청년 헤겔파의 지적 모험을 19세기 초의 프로이센의 종교적 · 정치적 · 사회적 상황과의 연계 하에서 검토하는 일은 당대의 사회주의 사상의 형성 · 발전과 더불어 마르크스 사상의 진앙(震央)을 탐색하는 지름길로서 의미 있는 작업임은 물론이다. 저자는 1970년대 말 이래 이들 청년 헤겔파의 지적 운동에 지속적인 관심을 가지면서 자료를 모으고 글을 썼으나 아직도 이들의 운동 전체를 아우르는 도화선 Leitfaden을 찾지 못한 채 암중모색을 하고 있는 형편이다. 따라서 저자로서는 정년 이후에라도 이 미로를 인도할 수 있는 아드리아네의 실을 발견할 수만 있다면 다시금 이 주제에 도전하고 싶은 것이 솔직한 심정이다.

이 책의 제II부는 마르크스-엥겔스의 미발간 공동 저작인 『독일 이데올로기』의 텍스트 편찬 문제를 다룬 글들이다. 유고로 남아 있는 이들의 『독일 이데올로기』는 1980년대 이래 저자에게는 지속적인 지적 호기심을 자극하는 표적이기도 했다. 저자는 1978년의 『소외론 연구』를 상자한 전후의 기간 중에는 주로 마르크스의 유고, 『경제학-철학 초고』에 탐닉한 바 있다. 그리고 이에 후속된 지적 표적이 『독일 이데올로기』였다. 저자는 이미 『마르크스의 사상 형성과 초기 저작』에서 "서지학·문헌학적으로 본 『독일 이데올로기』"란 제목 밑에 4편의 논문을 선보인 바 있거니와 이 책에 실린 3편의 글은 이 『독일 이데올로기』의 텍스트 편찬 문제만을 집중적으로 다룬 논문이다. 1980년대 이래 오늘에 이르기까지 마르크스-엥겔스 전집 MEGA의 편찬 원칙과 유고 오리지널의 현존 형태 — 특히 『독일 이데올로기』의 "I. 포이어바흐"장의 경우 — 간에 생기는 갈등과 혼선은 오랫동안 『독일 이데올로기』 자체의 출판을 지연시키고 있기에 관련 연구자들간에는 비상한 관심과 논쟁을 야기하고 있는 사안이다. 따라서 텍스트의 편찬 문제를 정면에서 다룬 이들 논문은 비전문가들로부터는 지나치게 미세한 문제를 곡진하게 천착한다는 비난을 받을 수 있겠지만 관련 학계에서는 의미 있는 논의로 받아들여지고 있는 글들이다. 욕심대로라면 저자는 이 제II부에 2004년 4월에 발간된 『마르크스-엥겔스 연지 2003 *Marx-Engels Jahrbuch* 2003』
에 게재된 MEGA I/5 편찬팀의 『독일 이데올로기』, "I. 포이어바흐"
와 "II. 성 브루노"장의 텍스트에 대한 비평을 첨가하고 싶으나 이는
다음 기회로 미루는 것이 순리라고 생각된다.

　다음의 제III부는 1975년 신MEGA I/1이 발간된 이래 2030년까
지 연결될 것으로 보이는 신MEGA의 편찬 사업과 관련하여 집필
된 글들이다. 작업이 아직도 진행 과정에 있는 학술적 사업을 평가
하기란 쉬운 일이 아니지만 마르크스-엥겔스의 "역사적-비판적"
전집MEGA은 마르크스-엥겔스의 사상적 성장 과정을 추적하는 자
료로서의 중요성을 넘어서서 특정한 사상가의 전집 출판사에 있어
서 하나의 기념비가 될 것이 분명하다고 저자는 생각하는 바이다.
MEGA 편찬 사업은 이미 1930년대와 1990년대의 2차에 걸친 중단
의 위기를 맞았으나 그 끈질긴 생명력으로 하여 지속될 것이 분명
하며, 이 사업이 포용하는 전집 출판의 여러 가지 원칙들은 기존의
모든 사상가, 예술가들의 전집 출판에 준용되던 편찬 지침이 광범
위하게 수용되어 선별적으로 채택되고 있는 것이다. 따라서 장기
간에 걸쳐 다양한 실험을 거친 MEGA의 편찬은 그 편찬 과정에서
도 "역사적-비판적" 전집이 가져야 할 최선의 편찬 방법이 무엇인
가에 대한 논의를 중단할 수가 없는 것이다. 여기에 실린 3편의 글
중 제5장은 이러한 논의의 일단이고, 나머지 2편은 우리나라의 독
자들에게 MEGA의 편찬과 출판 과정을 소개하는 계몽적인 글이라
고 하겠다.

　마지막의 제IV부는 우리나라에서의 마르크스와 마르크스주의에
대한 지적 관심을 소개한 글들이다. 애초 이 글들을 집필하게 된 계
기는 저자가 일본이나 독일에 체류하거나 학회에 참여하는 기회에

동료 연구자들이 저자에게 제기하는 호기심에 답하고자 씌어진 글들이다. 다시 말하면 그들은 저자에게 한국과 같은 권위주의적이고 반공주의적인 국가에서 저자가 수행하고 있는 지적 작업이 과연 가당(可當)한가 하는 질문을 끊임없이 제기하고 이에 대한 해명을 듣고자 원했던 것이다. 따라서 저자는 처음에는 일부러 만들어진 기회에 우리의 연구 환경을 구두로 설명하기도 했으나 어차피 이 문제에 대한 좀더 체계적인 설명이 불가피하다는 결론에 이르러 이를 문서화한 것이다. 그리고 저자의 이 같은 체계적 설명을 위한 준비는 외국의 관심 있는 학자들에게는 우리들의 연구 잠재력을 알리는 계기가 되고, 저자 자신에게는 저자가 연구 생활에서 고립되어 있다는 착각을 일깨워주는 각성제의 역할을 했던 것이다.

이 책에 실린 9편의 글에 대한 저자의 이 같은 개관은 이 책이 마르크스-엥겔스의 텍스트를 어떻게 편찬하고, 또 이처럼 편찬된 책들이 저자를 비롯한 우리나라의 연구자들에게 어떠한 연구의 대상으로 부각되고 있는가라는 부제에 걸맞다고 하겠다. 물론 저자의 이러한 입장은 아전인수(我田引水)의 일방적 견해로 치부될 수 있겠으나 이러한 관점에서 마르크스를 연구하는 것도 큰 그림의 한 모서리를 차지할 수 있다는 입장에서 이 책의 제목을 『한국 마르크스학의 지평』이라 한 것이다. 그리고 저자는 이 책의 말미에 독일어로 번역된 저자의 글 5편을 부록으로 게재하여 국내외의 관심 있는 연구자들에게 자료를 제공하고자 했으나 저서로서의 균형을 고려하여 별도의 출판을 고려하고 있다.

전작(全作)처럼 책의 구도를 먼저 구상하고 쓴 글들이 아니기에 전체적인 균형에 문제가 있을 수 있겠으나 저자의 연구 방향에는 일말의 일관성이 있는 것이기에 관련 학계의 관용과 따뜻한 질책을 바랄 뿐이다.

2004년 10월에
안암동 연구실에서
정문길

감사의 말

이 책에 실린 글들은 지난 10년간에 씌어진 것들이다. 따라서 이 긴 기간 동안 나는 연구 활동을 하는 가운데서 국내외의 많은 친지나 동료들로부터 물심양면의 도움을 받았다. 그러기에 기회가 닿으면 어떠한 방식으로든 그 고마움을 전하고 싶은 것이 솔직한 심정이다. 그러나 내가 이 기회에 그들의 이름을 거명하는 것으로 그 고마움을 곧장 갚을 수 있으리라고는 결코 생각지 않는다. 더욱이 그들의 이름을 거명하는 것 자체가 하나의 부담이 될 수도 있으므로 나는 이를 관련 기관과 학계의 인사에게만 한정하려고 한다.

먼저 나에게 논문의 발표 기회를 만들어주고 이를 잡지에 게재할 수 있는 기회를 만들어준 일본의 "마르크스-엥겔스 연구자의 모임"과 그들이 발행하는 잡지 『마르크스·엥겔스·마르크스주의 연구』의 미야카와(宮川彰) 교수와 편집자, 도호쿠(東北) 대학의 하토리(服部文男) 교수와 센다이 MEGA 편찬 그룹의 오무라(大村泉) 교수, 『메가-연구 MEGA-Studien』의 편집자였던 로얀 Jürgen Rojahn 박사, 칼-마르크스-하우스의 펠거 Hans Pelger 박사, 그리고 『마르크스-엥겔스 연구 논집. 신판』의 편집자인 헥커Rolf Hecker, 폴그라프Carl-Erich Vollgraf, 슈페를Richard Sperl 박사와 이 잡지의 동료 학술자문위원Wissenschaftlicher Beirat들, 그리고 국내의 『문학과사회』『현상과 인식』의 편집자들에게 고마움을 표하고자 한다. 어려운 지면을 제공하고, 언어상의 장벽을 넘을 수 있도록 추고의 배려를 해준 데 대해서도 응분의 인사가 주어져야 할 것이다.

다음으로 내 논문을 일본어와 독일어로 번역하는 데 수고를 아끼지 않은 교토 리추메이칸(立命館) 대학의 나카무라(中村福治) 교수, 오랫동안 고려대학교의 강사로 재직하고 있는 김경수 박사에게는 특별한 우정과 더불어 깊은 감사의 염(念)을 가지고 있다. 나카무라 교수는 나와 아무런 면식이 없던 1990년에 내 논문을 일본어로 번역한 뒤 서로 우의를 쌓았고, 또 내가 필요로 할 때마다 본인의 바쁜 연구 일정에도 불구하고 나를 위해 아무런 불평 없이 원고의 번역을 도왔던 것이다. 그리고 베를린 자유대학에서 철학 박사학위를 받은 김경수 박사는 그가 대학원 시절 저자의 강의를 들었다는 인연으로 저자의 글을 독일어로 옮기고 마무리하는 데 커다란 도움을 주었다. 그러나 이들 두 사람이 전자는 건강 때문에, 후자는 대학에의 취업 때문에 고통을 받고 있는 것이 못내 아쉬운 바이다.

그리고 정년을 앞둔 나로서는 내가 재직하고 있는 고려대학교 행정학과의 동료 교수들에게 특별한 감사를 드리려 한다. 나는 이 학과의 최고참 교수임에도 불구하고 학과가 필요로 하는 행정학의 연구보다는 그것과는 전혀 다른 학문 분야에 넋을 팔고 있었던 것이다. 그러나 동료 교수들은 내가 하는 일이 "학문 연구"라는 테두리 안에서 수용될 수 있다고 간주하고 나의 연구를 용인하고 격려해주었던 것이다. 따라서 별로 흔하지 않은 이 같은 기회에 나는 다시 한

번 동료 교수들에게 나의 후안무치를 사과하고, 그간의 호의에 깊은 감사를 표하는 바이다.

　마지막으로 이 책을 출판하는 문학과지성사에 대해서도 고마운 마음을 표하고자 한다. 『소외론 연구』(1978)의 출판으로 맺어진 수십 년간의 인연이 문학과지성사를 내가 쓰는 책의 당연한 출판사로 지목하게 하지만 『소외론 연구』 이외에는 출판사에 아무런 혜택도 보인 적이 없는 나의 책을 다시 여기서 출판하게 된 데 대한 미안함을 금할 수 없다. 개인적으로는 현재 집필 중인 『니벨룽의 보물— 마르크스-엥겔스 유고의 유전(流轉)과 출판』(가제)이 탈고되어 이를 문학과지성사가 출판하면 낙양의 지가를 올릴 수 있으리라 망외의 기대를 하고 있지만, 우리의 독서 상황으로 볼 때 그것도 불가능한 일일 테니 또 한 번 마음의 빚만 늘어간다고 하겠다. 출판사로서의 문학과지성사의 융창을 마음으로 기원할 뿐이다. 교정과 찾아보기 작성을 도와준 문학과지성사의 김정선, 이근혜씨에게 감사드린다.

정문길

12

II. 『독일 이데올로기』와 텍스트 편찬

III. 『마르크스-엥겔스 전집』의 편찬

IV. 한국에서의 마르크스, 마르크스주의 연구

I. 청년 헤겔파와 마르크스

일러두기

1. 자주 언급되는 단체 및 약어, 각종 부호, 명칭 들은 본문 뒤의 「주요 용어 해설」에 간략히 정리, 소개해놓았다.

2. 각주를 비롯한 인용처와 참고 자료에서, 쪽수 표시를 영문 자료와 그밖의 언어권 자료의 경우 p. 혹은 pp.로, 독일어 자료인 경우 S. 혹은 Sp.(「주요 용어 해설」 참조)로 표기하였다. 특히 텍스트의 전체 쪽수를 가리키는 경우 숫자 뒤에 pp. 혹은 S.로 표기하였다.

3. 같은 인물, 같은 단어임에도 불구하고 알파벳 표기가 다른 경우는, 출전에 따라 달리 표기된 것을 관례상 따로 수정하지 않았기 때문임을 밝혀둔다.

4. 외국 자료의 경우 단행본은 이탤릭체로 논문은 " "로, 번역문 혹은 우리말 자료의 경우 단행본은 『 』로 논문은 「 」로 표기하였으며, 특히 우리말 자료에 있어서 발표된 지 오래되어 지금의 표기법과 맞지 않을 경우에도 부득이 당시의 제목 그대로 두었음을 밝힌다.

5. 본문 내용 중 인용문은 " "로, 그외의 강조는 ' '로 표기하였다.

제1장 19세기 초 독일의 지식인 운동
── 청년 헤겔파의 사상적 궤적을 중심으로

1. 글머리에

괴테는 19세기 초의 독일의 지적 상황을 당대의 세계적 중심지인 파리와 비교하여 "황무지"라고 지칭한 바 있다. 파리가 "탁월한 재능을 가진 자들이 한곳에 모여 매일같이 사귀고, 논쟁하며, 경쟁하고, 또 서로가 서로를 가르쳐주고 이끌어주는 곳"인데 비해, 이곳 독일에서는,

　［독일의 지식인들이］ 얼마간의 지식을 얻기 위해서도 여간 고생하지 않으면 안 됩니다. 그것은 결국 우리가 모두 고립되어 궁색한 생활을 하기 때문입니다. 우리는 우리 국민으로부터 미미한 교양밖에 얻을 수가 없으며, 거기에다 우리나라의 재능 있는 사람, 지혜 있는 사람들은 독일 전역에 분산되어 있습니다. 어떤 사람은 빈에, 다른 사람은 베를린에, 또 다른 사람은 쾨니히스베르크에, 그리고 또 다른 사람은 본이나 뒤셀도르프에 흩어져 살고 있습니다. 이들은 서로 50마일

이나 100마일 떨어져 있기에 그들이 개인적으로 접촉하거나 사상적
으로 교유하는 일은 매우 드문 일입니다.

따라서 괴테는 그가 사는 곳에 알렉산더 폰 훔볼트Alexander von
Humboldt가 들른다면, 곧장 그를 찾아가 그 자신으로서는 몇 해가
걸려도 도달하지 못했을 지식을 하루 만에 얻을 수 있었을 것이라고
술회하고 있다.[1]

조금 장황하게 인용된 이와 같은 괴테의 술회는 1820년대 후반의
각박한 독일의 지적 상황을 단적으로 요약해주고 있다 하겠다. 그런
데 문제는 바로 이 같은 지적 불모지에서 1830년대와 1840년대의
지식인 운동인 청년 헤겔파의 태동이 어떻게 가능했을까 하는 점이
다. 특히 1830년대 초반에는 헤겔(1770~1831), 괴테(1749~1832),
그리고 슐라이어마허(1768~1834)가 잇달아 사망함으로써 비록 분
산되어 있었지만 형형한 광채를 빛내던 당대의 사상적 거목들마저
한꺼번에 사라져버리게 되었다. 그런데 이 같은 상황 하에서 한 무리
의 젊은 지식인과 학자들이 일정한 경향성을 가지고 지식인 운동을
전개한 것은 특기할 만한 일이라고 하겠다.

물론 1830년대와 40년대 청년 헤겔파의 지적 운동은 로브코비츠
가 지적한 바와 같이 당대의 정치적 풍토에 미친 영향에 있어서는 별
로 대수로운 것이 아닐는지도 모른다.[2] 그러나 저자가 이들 청년 헤
겔파의 지식인 운동에 주목하는 것은, 그것이 그때까지 각지에 흩어

---

1) Johann Peter Eckermann, *Gespräche mit Goethe in den letzten Jahren seines
Lebens*(Artemis-Verlag, Zürich 1948), S. 628~29.
2) Nicholas Lobkowicz, *Theory and Practice : History of a Concept from Aristotle to
Marx*(University of Notre Dame Press, Notre Dame 1967), pp. 215~16.

져 산발적으로 전개되던 독일 지식인들의 지적 활동을 지역적으로나 사상적으로 응결시켜 하나의 구심점을 갖게 했다는 점이다. 그리고 바로 이러한 점에서 청년 헤겔파의 지적 운동은 괴테가 서술한 1820년대 후반의 독일의 지적 풍토와도 판연히 구별되는 하나의 특징을 갖는다고 하겠다.

따라서 이 글에서는 괴테가 지적한 바와 같은 문화적 불모지에서 어떻게 이 같은 청년 헤겔파의 사상 운동이 태동하여 전개되었는가를 당시의 정치적·문화적 상황과 연결하여 검토함으로써 지식인 운동으로서의 청년 헤겔파의 의의를 사상사적으로 규정해보려고 한다.

2. 1830년대 초의 프로이센──청년 헤겔파 운동의 배경

19세기 초의 독일, 특히 프로이센은 슈타인 Karl Freiherr von Stein(1757~1831), 하르덴베르크 Karl Hardenberg(1750~1822)의 다방면에 걸친 개혁 정치의 시도에도 불구하고 정치, 사회, 경제적인 낙후성에서 쉽사리 탈피할 수가 없었다.[3] 특히 메테르니히의 빈 체제 하에서 반동적인 전제 정치를 유지하려는 오스트리아와 프로이센은 체제에 반항하는 모든 정치적 저항 세력을 무자비하게 탄압했다.

---

3) 슈타인·하르덴베르크의 개혁 작업은 루게 Arnold Ruge에 의해 "내적 개혁을 통해 프로이센이 상실한 세계사적 지위를 획득하려는 시도"라고 상찬되었다. 그러나 프로이센의 근대화 과정은 헤겔 식으로 표현하면, 현실의 발전과 사상의 발전이 조화를 이루지 못했기 때문에, 결국 하나의 토르소로 남게 되었다고 지적되고 있다. Gustav Mayer, "Die Junghegelianer und der preußischen Staat," *Historische Zeitschrift*, 121. Bd.,(1920), Heft 3, S. 419. 루게의 인용은 *Hallische Jahrbücher*, No. 180, 28. Juli 1838, Sp. 1437. 오인석, 「프로이센의 근대화 시도」, 독일문화연구소 편, 『독일 문화사 대계 1─일반사, 제도사』(신지사, 서울 1974), pp. 172~210도 참조.

메테르니히는 프로이센 왕의 찬동을 받아 바르트부르크 축제 Wartburgerfest(1817)와 코체부 August von Kotzebue 암살 사건 (1819)을 기화로 부르셴샤프트 Burschenschaft(1815년 이래의 프로이센의 학생 조합) 운동을 탄압하기 위해 1819년, 악명 높은 "칼스바트 결의 Karlsbader Beschlüsse"를 연방 의회에서 통과시키게 된다. 언론의 "오용 Mißrauch"을 막기 위해 모든 신문, 잡지와 20보겐 Bogen(1보겐은 16페이지) 이하의 책들의 사전 검열제를 규정한 언론법 Bundes-Preßgesetz, 혁명적 음모와 선동적 연합을 찾아내기 위해 마인츠에 중앙 사문 기관을 설치한다는 사문법(査問法)Bundes-Untersuchungsgesetz, 정부가 대학의 자치와 학문의 자유를 간섭할 수 있도록 규정한 대학법 Bundes-Universitätsgesetz의 3부로 구성된 이 결의는 독일에서의 자유주의적 반체제 운동을 차단하는 가장 강력한 방파제의 역할을 하게 되었다.[4]

그러나 1830년, 프랑스의 7월 혁명의 영향이 유럽 전역에 광범위하게 확산되자 독일에서도 자유주의 운동이 반체제 운동의 형태로 빈발하게 되었다. 1830년대 전반, 독일 전역에서 일어난 많은 반체제 운동은, 조국 독일의 통일과 프랑스 혁명의 목표인 자유와 평등을 정치적 목표로 내세운 1832년 5월의 함바흐 축제 das Hambacher Fest에서 그 정점에 이르렀다고 하겠다. 한편 이 같은 반체제 운동에

---

4) 독일의 보수-반동화에 전환점이 된 이 칼스바트 결의는 1819년 9월 20일 프랑크푸르트의 연방 의회에서 통과되었다. 이 결의에 의하면 연방 각국이 신문의 검열과 대학의 감독을 게을리 할 경우 연방이 그 나라의 내정에 간섭하는 것을 규정함으로써, 이는 그 이후 1848년의 3월 혁명에 이르기까지 독일 내에서의 정치의 공론화를 막아온 최대의 악법으로 군림해왔다. "Die Karlsbader Beschlüsse(1819)," in: *Deutsche Geschichte in Quellen und Darstellung*, Band 7. *Vom Deutschen Bund zum Kaiserreich, 1815~1871*, hrsg. von Wolfgang Hardtwig und Helmut Hinze(Philipp Reclam jun., Stuttgart 1997), S. 71~81 참조.

직면한 메테르니히 체제는 우선 직접적인 도전은 군대를 동원하여 진압하고, 선동을 일삼는 자들은 검열 제도를 강화함으로써 반체제적 자유주의에 대처했다. 1832년 6월, 국민의 대표권을 제약하는 "6조항die 'Sechs Artikel'," 검열과 집회, 결사를 금지하는 같은 해 7월의 "10조항die 'Zehn Artikel'," 그리고 자유롭고 정치적인 모든 활동을 규제하는 중앙정치사문기구 Zentralbehörde für politische Untersuchungen를 설치하려는 1834년의 "빈 비밀 결의" 등은 당시의 절대적 전제주의가 직면한 위기감을 단적으로 보여주는 것이라 하겠다.[5]

그러나 아무리 절대적인 국가 권력도 검열을 통해 새로이 유입되는 자유의 사상을 완벽하게 차단할 수는 없었으며, 특히 예술과 철학, 신학상의 토론은 그것이 신성시되어온 전통 때문에 상당한 자유를 누리고 있었다.[6] 7월 혁명 이후의 독일에서는 부르셴샤프트와 자코뱅적 전통에 따라 한 무리의 문필가들이 "낡고 정태적인" "예술 시대"의 괴테상(像)에 대립하는 "운동의 문학Literatur der Bewegung"을 선도해 나갔다. 풍자satire와 아이러니irony를 전면에 내세워 "문학의 정치화"를 시도하는 이들 "청년 독일파das junge Deutschland" 운동에는 하이네Heinrich Heine, 뵈르네Ludwig Börne, 빈바르크 Ludolf Wienbarg, 구츠코브Karl Gutzkow 등이 참여하고 있었다. 일반적으로 "시인-산문가Dichter - Prosaisten"로 불려지는 이들은 괴테적인 "예술 학교"의 굴레에서 벗어나 재치 있고 대중적인 양식으로 그들 자신의 해방을 확대했다. 그들은 특히 지적 익살을 갖춘 여

---

5) *Deutsche Geschichte in Quellen und Darstellung*, Band 7, S. 99~106 및 浜本隆志,『ドイ ツ, ジヤコバン派—消された革命史』(平凡社, 東京 1991), pp. 331~38 참조.
6) G. Mayer, "Die Junghegelianer und der preußische Staat," S. 414.

행기Reisebericht 형식의 산문을 많이 썼는데, 이러한 형식은 관헌의
검열을 피하는 요긴한 방법의 하나이기도 했지만 또 다른 의미에서
는 그들의 주장을 다른 장소와 상황에 가탁(假託)하는 형식으로도
이용되었던 것이다.[7]

생시몽주의의 강력한 영향권 하에 놓여 있는 이들 청년 독일파 운
동은 여성 해방, 가족 제도의 비판, 이혼의 간소화, 성적 속박에서의
해방을 내세우며, 종교적인 면에서는 반항적이긴 했으나 그 실체가
애매했다. 그들은 중세와 같은 교황권의 복권을 주장하는 낭만주의
자들과는 달리 볼테르, 레싱 등에서 보는 바와 같은 계몽된 신관(神
觀)을 가지고 있었으며, 가톨릭 교회에 대한 반감과 국가와 교회의
분리와 관련해서는 비교적 넓은 공감대를 형성하고 있었다.[8]

한편 청년 독일파의 정치적 문제에 대한 입장은 두말할 필요도 없
이 자유주의로 표현된다. 그들은 후견적 정치에서 벗어나기 위해서
우선 해방되지 않으면 안 되었으며, 이러한 해방을 위해서는 언론의
자유가 필수적이었다. 그리고 이 같은 그들의 정치적 입장은 민족주
의에 대한 선호에도 불구하고 계몽주의와 코스모폴리타니즘에 연결
되지 않을 수 없었다. 그러나 우리들이 여기서 주목해야 할 점은 자
유에 대한 그들의 열망에도 불구하고 독일의 현실에 대한 그들의 견
해는 경제적 · 사회적 문제에 대한 배려가 결여된 추상의 영역에 머
물러 있었다는 점이다. 이렇게 볼 때 시민적 자유에 대한 청년 독일
파 문필인들의 열망은 하나의 사실이기보다 하나의 동경에 불과했었
다는 점이 지적되어야 할 것이다.[9]

---

7) Jost Hermand, "Nachwort," in: *Das Junge Deutschland, Texte und Dokumente*, hrsg. von
   Jost Hermand(Philipp Reclam jun., Stuttgart 1966), S. 371~77.
8) 같은 책, S. 378~83.

24

그러나 프로이센이 괴테가 묘사한 바 있는 지적 상황, 즉 개별적으로 분산되어 고립·산재하는 독일의 지적 상황을 벗어나 지식인 상호간의 활발한 지적 교류가 이루어지기 위해서는 좀더 적극적이고 공통적인 문제의식이 필요하며, 또 공간적으로도 어떤 구심점을 가지는 것이 필요하다고 하겠다. 바로 이러한 시각에서 헤겔 학도는 물론이요 독일 전역의 종교계와 철학계를 일시에 긴장시키고, 광범한 신학 논쟁을 일으킨 슈트라우스David F. Strauss의『예수의 생애 *Das Leben Jesu, Kritisch bearbeitet*』(2Bde., 1835~1836)는 지식인 운동으로서의 청년 헤겔파의 결성을 가능하게 한 가장 중요한 동인의 하나였다. 그리고 슈트라우스가 일으킨 지적 소용돌이에 자극되어 1838년에 창간된 루게의『할레 연지 *Hallische Jahrbücher für deutsche Wissensschaft und Kunst*』(1838~1841; 1841~1843)[10]는 바로 이 같은 청년 헤겔파의 기관지로서의 기능을 하게 되었다. 따라서 1835년 이후의 청년 헤겔파는 지극히 산발적이었던 그들의 표현 양식, 즉 선언문, 프로그램, 논박서, 팸플릿, 시평, 의견서 등[11]을 이 기관지에 집결시킴으로써 하나의 구심점을 확보하게 된 것이다. 이렇게 볼 때 독일의 지식인들은 이 시기에 이르러서야 비로소 지극히 제약된 것이긴 하나 괴테가 희구하던 지적 공동체의 형태를 갖추게 된다고 하겠다.[12]

---

9) 같은 책, S. 383~85.
10)『할레 연지』는 1838년 1월 1일부터 발간되었으나, 1841년 프로이센의 압력으로 작센 지방의 드레스덴으로 옮겨 가『독일 연지』로 제호를 변경하여, 1841년 7월 2일 제1호를 낸 뒤 1843년 1월 28일까지 속간되었다.
11) Karl Löwith, Hrsg., *Die Hegelsche Linke*(Friedrich Frommann Verlag, Stuttgart 1962), S. 11; Heinz und Ingrid Pepperle, Hrsg., *Die Hegelsche Linke. Dokumente zu Philosophie und Politik im deutschen Vormärz*(Verlag Philipp Reclam jun., Leipzig 1985), S. 13.
12) 1830년대 후반의 가혹한 검열 정책 하에서도 이 정도의 객관적 상황을 조성하는 데에는

우리가 앞에서 잠깐 살펴본 청년 독일파의 문필 활동이 1830년대의 전반기, 즉 1830년에서 1835년에 그 전성기를 이루었다면 청년 헤겔파의 지적 운동은 1835년에 발간된 슈트라우스의 『예수의 생애』가 그 출발점을 이루고 있다. 물론 청년 헤겔파 운동의 시발점은 헤겔 학도들에 의해 1831년의 헤겔의 사망을 전후한 시기로 소급되기도 한다. 즉 헤겔 학도인 에르트만은 헤겔의 사망을 전후한 시기부터 슈트라우스의 『예수의 생애』 제1권이 출판된 1835년까지는 헤겔 학도들이 헤겔 철학의 형이상학적 가치에 대해, 1835년부터 빌헬름 IV 세가 즉위한 1840년까지는 헤겔 철학의 신학적 적용에 관해, 그리고 그 이후 3월 혁명에 이르기까지의 1840년대 초기에는 종교적 논쟁에서 일전(一轉)하여 헤겔 철학이 갖는 정치적 · 사회적 의도가 무엇인가를 묻는 방향으로 그 초점이 전이되고 있음을 지적하고 있다.[13] 그러나 당대의 지식인들에게 "경건한 자에게는 스캔들이요, 침착치 못한 자들에게는 해방의 소리"[14]라는 평가를 받았던 슈트라우스의 『예수의 생애』의 출간은 지금까지 헤겔의 철학적 왕국에 갇혀 있던 헤겔의 추종자들로 하여금 경건주의자를 포함한 독일의 광범위한 지식층과 정면으로 마주하게 하는 계기를 만들었던 것이다.[15]

학문의 자유라는 이름으로 이를 비호한 헤겔 철학의 후원자 알텐슈타인의 공헌이 지적되고 있다. Gustav Mayer, 앞의 글, S. 19.

13) Johann Eduard Erdmann, *A History of Philosophy*, Vol. III: *German Philosophy since Hegel*, tr. by W. S. Hough(Swan Sonnenschein & Co., London 1890), pp. 6~106 참조.

14) William J. Brazill, *The Young Hegelians*(Yale University Press, New Haven 1970), p. 98 에서 재인용.

15) 한편 프로이센 정부는 슈트라우스의 『예수의 생애』를 둘러싸고 들끓는 논쟁과 여론 때문에 이 책의 판매 금지 여부에 관한 문제를 베를린의 신학자 네안더August Neander에게 문의하고, 그의 조언에 따라 이를 긍정적으로 수용하게 되었다. J. R. Beard, "Strauss, Hegel, and Their Opinions," in: *The Voices of the Church, in Reply to Dr. D. F. Strauss*, collected and composed by J. R. Beard(Simpkin, Marshall, and Co., London 1845), pp.

3. 청년 헤겔파 운동의 전개——그 파국적 대결을 중심으로

슈타인 · 하르덴베르크의 개혁 정치의 일환으로 이루어진 베를린 대학의 창설(1819)과 1818년 이 대학 철학부로의 헤겔의 초빙은 프로이센, 특히 베를린의 정신적 · 문화적 위상을 높이는 중요한 계기를 만들었다. 프로이센의 교육문화상 알텐슈타인 Karl Freiherr von Altenstein(1770~1840)의 절대적 지지와 후원을 받는 헤겔은 칸트에 의해 동요되었던 형이상학의 위신, 종교의 이상적 내용, 사회 질서의 우위를 회복함으로써 철학의 복권 Restoration of Philosophy을 시도했고, 따라서 그의 철학은 당대의 프로이센과 독일 전역에 절대적인 영향력을 행사했던 것이다.[16] 베를린 대학 개교 이래 피히테와 헤겔로 이어지는 철학부는 이 새로운 대학의 구심점이 되었으며, 알텐슈타인은 궁정 철학자 헤겔이 개진하는 종교관과 국가관이 보수적인 프로이센의 국력을 신장시키고 문운을 크게 일으키리라는 기대를 걸었다.[17]

주지하는 바와 같이 베를린 대학에 자리 잡은 헤겔은 정신이 국가 형태 가운데서 실현된다고 주장함으로써 국가의 전능을 대변하고 있었다. 특히 그는 기독교가 지식인의 관심과 신뢰를 상실해가는 시점

16~17. D. F. Strauss, "Preface to the Second German Edition(23 September 1836)," in: David Friedrich Strauss, *The Life of Jesus Critically Examined*(Fortress Press, Philadelphia 1972), p. iv 참조.

16) J. E. Erdmann, 앞의 책, pp. 3~4.

17) G. Mayer, "Die Anfänge des politische Radikalismus im vormärzlichen Preußen," in: *Radikalismus, Sozialismus und bürgerliche Demokratie*, hrsg. mit einem Nachwort versehen von Hans Ulrich Wehler(Suhrkamp Verlag, Frankfurt am Main 1969), S. 19.

에서 철학과 종교의 반목을 해소하는 철학을 정립하려고 했다. 완전하고 포괄적인 국가란 신의 나라를 지상에 구현하는 것이라고 주장하는 헤겔은 프로이센이 바로 인간의 자유를 견인해나가는 자유의 전범(典範)임을 강조하고 있는데, 이는 한때 프랑스 혁명과 나폴레옹을 숭배하던 그가 일약 프로이센의 철학적 정당성을 옹호하는 국가철학자로 변신했음을 보여주고 있는 것이다.[18] 그러나 그가 프리드리히 빌헬름 III세의 프로이센을 철학적으로 정당화하기 위해 이용한 그의 『법철학』 서문 중의 "이성적인 것은 현실적인 것이고, 현실적인 것은 이성적이다"[19]란 구절은 그와 그의 철학 체계가 왕과 알텐슈타인의 비호 하에 막강한 영향력을 행사하는 동안은 긍정적인 역할을 수행했으나, 그것의 위력이 쇠퇴하면서는 오히려 프로이센의 현실에 불만을 가진 급진주의자들에 의해 현실을 비판하고, 전복하는 방편으로 해석되게 되었다.

우리는 헤겔 철학이 내포하고 있는 "엄청난 부정의 파괴력the portentous power of the negative"으로 말미암아 헤겔 자신의 철학이 그의 말년에 이미 도전을 받기 시작했으며, 그러한 도전은 그가 생전에 그의 체계 속에서 이상적으로 복원시키려 했던 형이상학, 종교 및 정치·사회적 영역에서 계기적으로 일어났음을 우리는 알고 있다. 다시 말하면 헤겔 철학은 그것이 가지고 있는 혁명적 특징으로 하여 스스로 해체되지 않을 수 없었으니, 바로 이 같은 해체 작업은

---

18) Robert James Hellman, *Die Freien: The Young Hegelians of Berlin and the Religious Politics of 1840 Prussia*, Ph. D. Dissertation(Columbia University 1977), pp. 28~29; Pastor Walter Sens, *Die irreligiöse Entwicklung von Karl Marx*, InauguralDissertation(Halle [Saale], 1935), S. 22.

19) Georg Friedrich Wilhelm Hegel, *Werke in 20 Bände*, Band 7. *Grundlinien der Philosophie des Recht oder Naturrecht und Staatswissenschaft im Grundrisse*(Suhrkamp Verlag, Frankfurt am Main 1986), S. 24.

그의 사후 후계자들인 청년 헤겔파에 의해 수행되었던 것이다.[20]

3-1. 『예수의 생애』의 출간과 『할레 연지』를 중심으로 한 청년 헤겔파의 지적 연대

헤겔은 종교와 철학의 대상적·내용적 동일성을 주장하면서도 인격신의 승인을 당연시했다. 즉 그는 신에 대한 인간의 의식이 바로 신의 자기 의식이라는 주장을 통해 신과 인간의 통일, 신의 내재 Immanenz를 그의 기본적인 교의(敎義)Dogma로 설정하고 있었다. 따라서 정통파의 신학자들은 헤겔의 신학 가운데서 이미 범신론의 가능성을 간파하고 있었으나 그는 철학과 종교의 이분화를 배제하면서 신인 통일(神人統一)Gott-Mensch-Einheit의 이론을 내세워 그 자신이 범신론자가 아님을 주장했다. 그러나 절대적 진리가 예술에서는 직관의 형태로, 종교에서는 표상의 형태로, 그리고 철학에서는 개념의 형태로 파악된다는 그의 사변철학적 주장은 조만간 철학에 의한 종교의 지양이라는 문제로 제기되지 않을 수 없었던 것이다.[21]

포이어바흐는 이미 1830년 그의 학위 논문을 발전시킨 『죽음과 불멸성에 관한 고찰 Gedanken über Tod und Unsterblichkeit』에서 인간의 불멸성에 관한 종교적 이론이 인간의 죽음을 거짓된 죽음으로 다

---

20) 정문길, 「청년 헤겔파 연구 서설—지적 운동의 시대적 배경과 그 주도적 인물」, 『법률행정논집』 18집(1980), pp. 214~44; 정문길, 「청년 헤겔파의 사상사적 의미—비판 이론의 전개를 중심으로」, 『한국정치학회보』 15호(1981), pp. 13~36 참조〔정문길, 『에피고넨의 시대—청년 헤겔파와 칼 마르크스』(문학과지성사, 서울 1987)에 수록〕.

21) Pastor Walter Sens, *Der irreligiöse Entwicklung von Karl Marx*, S. 21. 청년 헤겔파의 사상적 전개 과정을 논하는 학자들은 자주 헤겔 철학에 대한 정확한 해석과 그것의 타당성 문제에 직면하게 된다. 그러나 청년 헤겔파의 연구에 있어서는 헤겔 철학 그 자체보다도 청년 헤겔파 개개인이 헤겔의 사상이나 영향을 그들 개인의 필요에 따라서 어떻게 변용하여 해석하고 있느냐가 더욱 중요한 사안으로 나타난다. William J. Brazill, 앞의 책, pp. 32~33.

룬다고 주장하면서 헤겔의 종교철학에 나타나는 인간학적 문제를 정식으로 제기한 바 있다. 다시 말하면 그는 인간의 죽음이 정신Geist, 유(類)Gattung, 영혼Seele과 같은 인간의 본질 가운데서 해소된다는 범신론적 입장을 밝힘으로써 헤겔 학파 내의 논쟁을 자극한 바 있다.[22] 1828년 포이어바흐는 그의 학위 논문을 은사인 헤겔에게 헌증하는 편지에서, "이성은 아직도 기독교 가운데서 자유롭지 못하다"고 지적하고, 따라서 "기독교는 아직도 완전하고, 절대적인 종교로 볼 수 없다"는 점을 지적한 바 있다. 따라서 그는 수세기에 걸쳐 — 그리고 마침내 헤겔에 와서 — 완성되고 실현된 철학을 통해 이제 이성은 제2의 창조, 즉 이성이 사물의 보편적인 직관 형태가 되어야 한다는 점을 지적했던 것이다.[23]

철학과 종교는 그 내용이 같지 않을 뿐만 아니라 그 형태도 다를 수밖에 없다는 포이어바흐의 주장은 슈트라우스로 하여금 신학의 전횡에서 벗어나, 종교를 인간 본성의 불가피한 취약점이라 간주하게 하는 단초를 제공했다. 따라서 이성의 현현(顯現)을 통해 이 세계를 구제해야 한다는 포이어바흐의 묵시록적 입장은 슈트라우스에게도 그대로 나타나고 있는 것이다.[24]

슈트라우스의『예수의 생애』는 복음서에 기록된 예수의 생애가 기독교 공동체에서 발전된 메시아에 대한 기대와 예수에 대한 동시대인의 강렬한 인상이 결합되어 형성된 신화라는 주장을 제기하고 있

---

22) Hans-Martin Saß, *Untersuchungen zur Religionsphilosophie in der Hegelschule, 1830~1850*, Inaugural-Dissertation(Münster 1963), S. 88.
23) "An Georg Wilhelm Friedrich Hegel, 22. November 1828," Ludwig Feuerbach, *Gesammelte Werke*, hrsg. von Werner Schuffenhauer(Akademie-Verlag, Berlin 1967ff.), Bd. 17. *Briefwechsel I(1817~1839)*, S. 103~08, 특히 S. 106~07을 보라.
24) W. J. Brazill, 앞의 책, pp. 118~19.

다. 다시 말하면 복음서를 신화적으로 해석하는 그는 그리스도가 신적인 것과 인간적인 본질의 결합이라는 주장을 통해 기독교의 도그마 뒤에 숨어 있는 가장 중요한 진실은 바로 휴머니티라고 지적했다. 휴머니티는 신적인 것이요, 신적인 정신은 그 퍼스낼리티를 인간의 역사 가운데서 발견한다는 슈트라우스의 주장은 바로 범신론의 입장이라고 하겠다. 따라서 『예수의 생애』에 대한 당대의 들끓는 비판은 슈트라우스가 기독교의 역사적 원천을 허위라고 비판함으로써 이를 부정하려고 했다는 데 집중되고 있다. 그러나 슈트라우스가 『예수의 생애』에서 다루고 있는 복음서의 신화적 해석이나 기독교에 대한 불신앙과 배교적 사례는 브라질이 지적한 바와 같이 결코 슈트라우스 자신의 독창적 연구의 산물이기보다는 당대의 독일 학계와 지식층에 광범위하게 축적된 연구 성과의 집적이었던 것이다.[25)

그러면 슈트라우스의 『예수의 생애』가 궁극적으로 추구하는 것은 과연 무엇인가? 슈트라우스는 바우르F. C. Baur와 슐라이어마허로부터 수용한 신학적 주석 방법과 지식을 헤겔의 철학과 결합시키려고 시도했던 것이다. 헤겔은 종교와 철학의 내용이 일치한다고 주장했으나 슈트라우스는 이미 포이어바흐를 통해 이들 양자가 일치하지 않을 뿐만 아니라 그 형태도 서로 다르다는 사실을 확인했던 것이다. 헤겔 철학은 포이어바흐에서 밝혀진 바와 같이 인간의 불멸성이 불가능하다는 것을 가르쳐줄 뿐만 아니라 복음서의 기사가 신화라는 사실을 설명하고 있다. 따라서 슈트라우스의 성서 비판의 진정한 의도는 기독교의 허위를 밝히는 것보다는 그것이 형성되어가는 새로운 시대에서는 더 이상 진리일 수 없다는 사실을 분명히 하려는

25) 같은 책, pp. 97~101.

것이었다.[26]

물론 슈트라우스는 그 자신이 『예수의 생애』 제1판 서문에서 밝힌 바와 같이 "기독교 신앙의 내적 핵심은 이 비판적 연구와 전적으로 독립되어 있다"고 주장한다. 즉 "그리스도의 초자연적 출생, 그의 기적, 그의 부활과 승천은, 그것의 역사적 사실로서의 현실성이 아무리 의문시되더라도 의연히 영원한 진리로서 남게 된다"는 것이다.[27] 그러나 슈트라우스의 『예수의 생애』는 그의 이 같은 타협적인 자세에도 불구하고, 그때까지 아슬아슬하게 유지되어오던 헤겔 철학 체계에서의 종교와 철학의 "통일"이라는 균형에 결정적인 충격을 주게 된 것이다. 다시 말하면 슈트라우스의 연구 성과는 종교와 철학이 이제는 결코 일치할 수 없다는 헤겔 철학의 비밀을 헤겔 학파 내부에서 스스로 폭로하게 함으로써 헤겔 학파의 내적 분열을 불가피하게 만들었다.

주지하는 바와 같이 헤겔 학파는 슈트라우스의 『예수의 생애』를 초점으로 한 논쟁에서 헤겔의 가르침을 추호의 일탈도 없이 표현된 그대로 승계하려는 헤겔 우파, 헤겔의 철학을 이미 완성된 것으로 간주하고 그것을 계통적으로 정리하려는 중도파, 그리고 스승의 가르침이 애매하거나 불철저할 때 이를 제거함으로써 체계의 수미일관한 전개를 추진하려는 헤겔 좌파의 내적 분열을 보게 된다.[28] 그리고 우리는 종교의 시대에서 철학의 시대로의 이행을 그들의 책무로 생각하는 슈트라우스를 중심으로 한 헤겔 좌파, 즉 청년 헤겔파의 수미일

26) 같은 책, pp. 108, 101~02.

27) David Friedrich Strauss, *Das Leben Jesu, kritisch bearbeitet*, Erster Band(Verlag von C. F. Osiander, Tübingen 1835/Nachdruck: Wissenschaftliche Buchgesellschaft, Darmstadt 1969), Vorrede, S. VII.

28) 정문길, 『에피고넨의 시대』, pp. 18, 46 참조.

관된 체계의 전개를 위한 현실에 대한 과감한 비판과 이를 광정하려는 철학적 사명감 가운데서 그들이 공유하는 묵시록적 분위기를 감지하게 되는 것이다.[29]

일단 슈트라우스의『예수의 생애』를 통해 지적 연대감을 획득한 청년 헤겔파는 1838년 1월에 창간된『할레 연지』를 구심점으로 그들의 지적 활동을 전개했다. 루게 Arnold Ruge와 에히터마이어 Theodor Echtermeyer에 의해 편집되고 라이프치히의 비간트 출판사 Verlag von Otto Wigand가 발행한 이 일간(日刊)의『연지』는 당초 정치적 급진주의를 표방했던 것은 아니다. 그들은 우선 베를린의 정통파 헤겔주의자들이 발행하는『학문적 비판 연지 Jahrbücher für wissenschaftliche Kritik』의 학문, 문예 비판이 갖는 보수성에 대항하여 "진정한 학문"을 견지하면서 "정당한 운동"을 선도하는『연지』를 구상했던 것이다.[30] 따라서 이 같은 창간 의도를 가진 루게의『할레 연지』가 슈트라우스를 비롯한 청년 헤겔파의 협조를 얻어[31] 그들의 기관지가 된 것은 지극히 당연한 일이기도 했다.

그리고 우리는 루게의 이 같은 창간 의도에 덧붙여『할레 연지』의 성격을 규정하게 되는 2개의 역사적 사건에 주목할 필요가 있다. 먼저『할레 연지』가 창간되기 직전인 1837년에는 하노버 공국의 왕위를 계승한 아우구스트 Ernst August가 1833년부터 효력이 발생한 헌법을 정지시키는 왕실 쿠데타가 발생한 것이다. 이에 자유주의적 헌

---

29) W. J. Brazill, 앞의 책, pp. 101~02; Lawrence S. Stepelevich, "Introduction," *The Young Hegelians: An Anthology*, ed. by Lawrence S. Stepelevich(Cambridge University Press, Cambridge 1983), pp. 4~5.

30) Arnold Ruge, *Aus früherer Zeit*, 4. Bd.(Verlag von Franz Duncker, Berlin 1867), S. 443~70. 특히 §§ 124~125(S. 446~64)를 보라.

31) W. J. Brazill, 앞의 책, p. 119.

법을 수호하려는 왕립 괴팅겐 대학의 7인의 저명한 교수Göttinger Sieben들이 이에 항의하고, 왕실은 곧장 이들을 파면하는 사건이 발생하게 되었다. 그러나 이 "괴팅겐 7인"의 반동적인 정권에 대한 항의는 독일 지식인들의 비상한 관심과 논쟁의 대상이 된다.[32]

1837년에 일어난 또 하나의 사건은 프로테스탄티즘을 국교로 하는 프로이센 영내에서 가톨릭이 우세한 쾰른 지방의 대사교 피셰링 Freiherr Clemens Droste zu Vischering을 빌헬름 III세가 반역죄로 체포한 것이다.[33] 로마 가톨릭과 프로이센 정부가 정면으로 충돌한 이 사건은 학계에 찬반 논쟁을 일으키고, 마침내는 『할레 연지』에도 원고가 기고되게 되었다. 그런데 문제는 이러한 과정에서 대사교를 옹호하는 괴레스Joseph Görres와 그에게 "공개장"을 발표한 레오 Heinrich Leo 사이의 논쟁이 후자에 의해 『연지』에 기고되었다는 점이다.[34] 그러나 레오의 기고문이 교회를 비판하는 명료한 입장을 밝히지 못하고 있음에, 루게는 곧 교회를 맹렬히 비난하는 기사를 익명으로 게재했다. 즉 "교회는 국가에 대립할 수가 없다. 국가의 원리는 진리 자체의 원리이며, 따라서 교회의 원리이기도 하다. 그러므로 교회는 국가의 부속 기관이 될 수밖에 없다"고 주장했던 것이다.[35] 그리고 그는 "괴레스에게 보내는 레오의 공개장"을 다시 언급하면서

32) "Die Göttinger Sieben(1837)," in: *Deutsche Geschichte in Quellen und Darstellung*, Bd. 7, S. 107~11; *Deutsche Geschichte. Von den Anfänge bis zur Wiedervereinigung*, hrsg. von Martin Vogt(J. B. Metzler, Stuttgart 1991), S. 384~85 참조.

33) Robert James Hellman, 앞의 책, pp. 43~44 및 *Deutsche Geschichte*, 앞의 책, S. 399 참조.

34) [Heinrich Leo], "Der heilige Bernhard von Clairvaux und die Hierarchie seiner Zeit. Von J. Ellendorf, Essen, 1837," in: *Hallische Jahrbücher*, Nr. 41, 42, 43 vom. 15., 16., 17., Februar 1838.

35) [······], "Papismus und Humanität–Erstes Heft. Deutschland und Rom. Mit Bezug auf die Cölnischen Irrungen, von Dr. F. W. Carové. Leipzig 1838. 16 Gr.," in: *Hallische Jahrbücher*, Nr. 42 vom 17. Februar 1838.

세계사적으로 패배한 가톨리시즘의 원리가 아직도 프로테스탄티즘의 정신에 침투, 자유롭지 못한 부분이 여러 곳에 나타난다고 주장했다. 그리고 한 걸음 더 나아가 프랑스 혁명에 부정적인 레오의 입장을 비판하면서, 그는 다음과 같은 서술을 덧붙였다.

프랑스 혁명이나 모든 혁명을 일으킨 것은 혼탁한 이론이 아니라 곤경(困境)이요, 적의가 아니라 준엄한 필연성이다. 전반적인 모독, 인민과 정부에 대한 중대한 범죄가 선행할 때 비로소 피의 숙청 Blutwäsche이 생기게 된다. 〔……〕 극단적인 종교적 · 정치적 전제가 〔……〕 우리를 핍박하고, 우리가 누리는 정의와 자유를 유린하게 되면 〔……〕 독일 정신은 마침내 프랑스인을 혁명으로 몰고 간 곤경에 처하게 된다.[36]

『할레 연지』에 루게의 이 같은 글이 실리자 신문이나 각종 문서에는 『할레 연지』의 발매를 금지시켜야 한다는 요구가 이어졌다. 그러나 당시의 프로이센 정부는 쾰른 사건에 대한 청년 헤겔파의 친프로이센적 입장을 평가하고, 특히 문화상 알텐슈타인은 헤겔 학파에 대한 그의 개인적 호의를 감안해 이를 그런대로 무마했던 것이다.[37] 그런데 여기서 우리들이 언급하고 넘어가야 할 것은 이와 같은 논쟁의 와중에서 『할레 연지』의 기사에 대한 최초의 삭제 요구가 포이

---

36) [Arnold Ruge] "Sendschreiben an J. Görres von Heinrich Leo. gr. 8. Halle. Bei Anton, 1838," in: *Hallische Jahrbücher*, Nr. 147-151 vom 20., 21., 22., 23., 25. Februar 1838. 인용은 Nr. 150(23. Juni 1838), Sp. 1200.
37) 이 사건에 대한 『할레 연지』와 루게의 입장은 다음 글에 나타나 있다. [Arnold Ruge] "Die Denunciation der hallischen Jahrbücher," in *Hallische Jahrbücher*, Nr. 179, 180 vom 27., 20. Juli 1838.

어바흐의 기고문에 내려졌다는 점이다. 1838년부터『할레 연지』에 기고하기 시작한 포이어바흐는 청년 헤겔파에 대한 레오의 4개조의 고발 ─ 즉 1) 이들은 무신론자이고, 2) 복음을 신화라고 공언하고 있으며, 3) 전적으로 현세적인 종교를 설파하고 있고, 그러면서도 4) 그리스도교의 일파인 것처럼 처신하고 있다[38] ─ 에 정면으로 도전하는 글을 기고했다. "레오와 헤겔의 논쟁을 판가름해야 할 진정한 관점"이란 제목을 가진 이 글에서 포이어바흐는 종교와 철학의 차이를 다음과 같이 엄격히 구분하고 있다.

철학의 기반은 '사유'와 심장이다. 왜냐하면 사유는 잘 조직된 머리만이 아니라 건강하고도 자유로운 심장에 속하기 때문이다. 그러나 종교의 기반은 심정das Gemuth과 환상이다. 심정은 규정과 경계 ─ 학문 일반의 개념 속에 있지만 본질이 아닌 형태 그 자체를 확정하는 ─ 를 두려워하고 경멸한다.[39]

그런데 문제는 정치적으로 보아서는 프랑스 혁명에 관한 루게의

38) Heinrich Leo, *Hegelingen. Aktenstücke und Belege zu der s. g. Denunziation der Wahrheit*(Halle 1838), S. 3~4[P. S. Sens, 앞의 책, S. 23~24에서 재인용].

39) Ludwig Feuerbach, "Der wahre Gesichtspunkt, aus welchem 'Leo Hegel'sche Streit' beurteilt werden muß: in Beziehung auf die in der Augusburger allgemeinen Zeitung hierüber enthaltenen Artikel," in: *Hallische Jahrbücher*, Nr. 61 und 62, vom 12. und 13. März 1839. 인용은 Nr. 61, Sp. 486. 이 글의 검열 경위와 이후의 출판 과정에 대해서는 다음을 참조하라. L. Feuerbach, "Über Philosophie und Christentum in Beziehung auf den der Hegelschen Philosophie gemachten Vorwurf der Unchristlichkeit[1839]," in L. Feuerbach, *Werke in sechs Bänden*, 2. *Kritiken und Abhandlungen I(1832~1839)*, hrsg. von Erich Thies(Suhrkamp Verlag, Frankfurt am Main 1975), S. 261~329. 특히 Vorrede(S. 261~67)와 Anmerkung 135(S. 370~73). L. Feuerbach, *Gesammelte Werke*, Bd. 8, *Kleinere Schriften I*, S. XIII, 11항도 보라.

표현보다도 훨씬 부드러운 포이어바흐의 종교 비판이 검열에서 게재가 금지되었다는 점이다. 이에 대해서 무엇보다도 이 글이 "기독교의 정통주의에 대한 적대만이 아니라 종교와 그리스도교 일반에 대한 반대를 포함하고 있기 때문"이라고 지적되고 있다.[40] 다시 말하면 포이어바흐의 글을 검열한 역사가 박스무트 W. Wachsmuth의 입장에서 본다면 경건주의적 프로테스탄트가 근간을 이루는 독일에서 이같은 기독교적 정통주의에 대한 가차없는 비판은 바로 "종교와 교회의 신성함을 경멸하고 상이한 종파간의 긴장과 대립적 불관용을 조장하는 것"이었다.[41] 따라서 포이어바흐의 기고문을 삭제, 게재 금지한 박스무트의 조처는 프로이센 정부의 입장에서 본다면 "종교성"을 매개로 하여 국가 비판을 전개하는 청년 헤겔파의 본질을 폭로한 것이라고도 하겠다.

3-2. 언론 통제의 완화와 종교적 논쟁의 정치화

슈트라우스에 의해 일단 점화된 독일 학계와 지식층의 기독교에 관한 논쟁은 앞에서도 언급한 바와 같이 헤겔의 철학 체계가 유지하고 있던 종교와 철학의 화해를 붕괴시켰던 것이다. 그리고 이러한 종교적 논쟁의 첨예화는 슈트라우스가 보여주는 바와 같은 현실 기독교와의 유화적인 타협을 용납하지 않는 방향으로 전개되었다. 이미 앞에서 살펴본 포이어바흐의 『할레 연지』에의 기고문은 바로 이러한 사례의 하나이기도 하다. 그러나 슈트라우스의 종교적 논쟁을 묵시

---

40) W. Wachsmuth, "Herrn Dr. A. Ruge," 4. März 1839, in: "Aktenmäßige Darlegung der Censurverhältnisse der Hallischen und Deutschen Jahrbücher in den Jahren 1839, 1841, 1842," *Anekdota zur neuesten deutschen Philosophie und Publizistik*, hrsg. von Arnold Ruge, 1. Band(Verlag des Literarischen Comptoirs, Zürich und Winterthur 1843), S. 5.

41) 같은 책.

록적 국면으로 끌고 가 마침내 당시의 신학계나 프로이센 정부와 정면으로 충돌한 것은 바우어Bruno Bauer의 복음사 연구였다.

바우어는 헤겔의 직계 제자로서 그의 종교철학에 정통할 뿐만 아니라 당대의 정통파 신학자들에 의해 그 장래가 촉망받는 신학도였다. 따라서 슈트라우스의 『예수의 생애』가 발표되었을 때 정통파 신학자들이 바우어를 내세워 그 예봉을 꺾고, 나아가 정통파의 입장을 방어하려 한 것도 결코 무리가 아니라고 하겠다.[42] 그러나 바로 이 바우어가 ─ 슈트라우스는 물론이고 당대의 신학자나 헤겔 학도들도 1840년에 이르기까지 그를 헤겔 우파로 분류했다[43] ─ 1839년, 헤겔 철학과 정통파의 신학을 엄격히 구분하면서 헹스텐베르크Ernst Wilhelm Hengstenberg를 "성서에 기대어 철학에 반대하는 근시안적, 신학적 호교(護敎)주의자"로 지칭하면서 정통파 신학자들에게 도전한 것은 주목할 만한 일이라 하겠다.[44]

바우어는 헤겔 학도가 주관하는 『학문적 비판 연지』에 기고하면서, 1836년부터는 정통파 신학자들이 발간하는 『복음 교회 신문 *Evangelische Kirchenzeitung*』(헹스텐베르크가 편집 및 발행인)과는 별도로 반년간의 『사변적 신학 잡지 *Zeitschrift für spekulative*

---

42) Bruno Bauer, "Das Leben Jesu, kritisch bearbeitet von David Friedrich Strauß. Dr. der Phil. und Repet. am evangelische theol. Seminar zu Tübingen. Erster Band. Tübingen, 1835. XVI und 731 S.," in: *Jahrbücher für wissenschaftliche Kritik*, Jahrg. 1835. 2. Band, December 1835, Nr. 109~113, Sp. 879~80, 881~88, 889~94, 897~904 und 905~12; B. Bauer, "Das Leben Jesu, kritisch bearbeitet von David Friedrich Strauß, Dr. der Philos. Zweiter Band. p. XII, 750, Tübingen, 1836," in: *Jahrbücher für wissenschaftliche Kritik*, Jahrg. 1836, 1. Band, Mai 1836, Nr. 86-88, Sp. 681~88, 689~94 und 695~704.

43) P. W. Sens, 앞의 책, S. 28~29.

44) B. Bauer, *Herr Dr. Hengstenberg. Kritische Briefe über den Gegensatz des Gesetzes und des Evangeliums*(Ferdinand Dümmler, Berlin 1839), S. 2.

Theologie』를 출판하면서 정력적으로 신학적 논고를 발표해온 신진 기예의 신학자였다.[45] 그는 마르하이네케의 추천과 문화상 알텐슈타인의 후원으로 베를린 대학에의 취임을 기대해왔으나 그러한 기대는 헹스텐베르크에 의해 번번이 실패했던 것이다. 따라서 마르하이네케와 알텐슈타인은 궁여지책으로 그를 본 대학으로 부임시켜 그곳에서 교수 자격 논문을 쓰게 만들었다. 그러나 바우어는 바로 이 시점에서 그의 교수 취임이 쉽지 않다는 사실을 인식하고 정통파 신학자의 거두인 헹스텐베르크에 정식으로 도전하면서 그 자신의 이론적 변신을 시도하게 된다.[46] 다시 말하면 그는 1839년을 보내면서 그가 지금까지 그렇게도 정력을 쏟은 신학으로부터 해방되어 신학자와 그들의 터무니없는 저작들을 학문적 정신으로 비판할 것임을 심리적으로 고립된 새 부임지 본에서 다짐하게 되는 것이다.[47]

우리는 바로 이 같은 바우어의 변신을 통해 그가 1840년대 초에 내놓은 복음서 비판을 이해할 수 있게 된다. 1840년 말, 그는 『요한복음의 복음사 비판 *Kritik der evangelischen Geschichte des Johannes*』을 그리고 1841년에는 『공관 복음의 복음사 비판』(전3

---

45) 그 자신이 편집, 발행하는 반년간의 이 잡지는 1836년에서 1838년까지 발간되었으며, 바우어의 이름으로 발표된 논문과 서평이 3권 6책 가운데서 15편에 이르고 있다.

46) Dieter Herz-Eichenrode, *Der junghegelianer Bruno Bauer im Vormärz*, Inaugural-Dissertation(Freie Universität Berlin 1959), S. 37~41. 그가 본 대학에서 교수 자격을 얻은 것은 1839년 11월 2일이다. 같은 책, S. 128 Anm. 51도 보라.

47) 바우어 형제의 서간집에서는 원형을 알아볼 수 없게 삭제되었으나 『알게마이네 리터라투어-차이퉁』에 게재된 이 시기의 다음 편지는 이런 의미에서 주목된다고 하겠다. "Ich bin so fest mit der Theologie verwachsen, daß ich nur mir thue, was ich in der Theologie thue d. h. ich wasche mich vom Unrath rein, indem ich in der Theologie aufräume. Wenn ich fertig bin, werde ich rein sein……/Bonn, den 5. Januar 1840, Bruno." *Allgemeine Literatur-Zeitung. Monatsschrift*, hrsg. von Bruno Bauer, Charlottenburg 1844, 6. Heft, S. 41.

부)[48] 제1부를 시작으로 하여 『무신론자, 반기독자 헤겔에 대한 최후의 심판 나팔 *Die Posaune des jüngsten Gerichts über Hegel den Atheisten und Antichristen. Ein Ultimatum*』(1841) 등을 출판하게 된다. 특히 바우어는 복음서의 비판을 통해 이들 복음서의 역사적 핵심이 무엇인가를 밝히려고 했다. 즉 복음서의 어느 것이 진실이고, 또 어떤 것이 후대에 가필된 것인가를 밝히려는 것이었다. 그리고 여기에서 그가 확인한 것은 공관 복음서 중 가장 오래된 「마가 복음」이 그 형태나 내용으로 보아 복음서 저자(著者)들의 인간적 자기 의식이 관통하고 있다는 점이었다. 이렇게 볼 때 복음서는 성령의 영감에 의한 것이 아니라 복음서 저자들의 성찰을 통해 이루어진 인간적 · 개인적 창작이라는 결론에 이르게 되는 것이다.[49] 그리고 이 같은 바우어의 주장은 성서가 이스라엘 민족 공동체의 무의식적인 집단 신화에 기원한다는 슈트라우스의 그것과는 구별된다고 하겠다.

한편 바우어는 1841년에 발표한 『헤겔에 대한 최후의 심판 나팔』에서 헤겔 자신의 표현을 빌려 그가 무신론자임을 증명하여 낙인찍음으로써 그 자신의 무신론자로서의 길을 개척하는 계기를 만들었다. 그리고 그는 이 무렵, 베를린을 중심으로 한 청년 헤겔파와의 연대를 더욱 공고히 하면서 그들이 직접, 간접으로 연결된 잡지들에 광범위하게 기고하고, 한 걸음 더 나아가서는 마르크스, 포이어바흐와 더불어 『무신론자 문고 *Archiv des Atheismus*』라는 제목의 잡지 출판을 계획하기도 했었다.[50]

---

48) *Kritik der evangelischen Geschichte der Synoptiker*, Bd. 1 und 2(Otto Wigand, Leipzig 1841) : Bd. 3 : *Kritik der evangelischen Geschichte der Synoptiker und des Johannes*(Friedrich Otto, Braunschweig 1842).

49) D. Hertz-Eichenrode, 앞의 책, S. 48~49 ; P. W. Sens, 앞의 책, S. 36.

50) P. W. Sens, 앞의 책, S. 36~37.

우리는 이상과 같은 바우어의 정통파 기독교와 복음서 비판에서 가장 중요한 위치를 점하는 것이 자기 의식과 비판의 개념임을 보게 된다. 바우어에게 있어서의 자기 의식이란 인격적 · 개인적 의식이기도 하지만, 그보다는 더욱 포괄적이다. 즉 그는 인류의 역사 전체를 자기 의식의 발전이라고 보고 있다. 그에게 있어서 "자기 의식이란 세계와 역사의 유일한 힘이며, 따라서 역사는 이러한 자기 의식의 형성, 전개에 다름이 아니라"면서 이 자기 의식이란 카테고리의 본질은 개별적 자기 의식과 절대 정신을 동일화하는 매개자요, 자연계와 정신계의 법칙과 운동의 통일이라는 것이다. 이렇게 볼 때 그의 이론 체계에서 높은 평가를 받는 자기 의식은 결코 고정된, 정태적 진리가 아니라고 이해하는 것이 타당할 것이다.[51]

한편 그는 그에게 있어서 비판이란 주체로서의 관찰자와 관찰 대상이 일체가 되어 있는 자기 의식의 운동과 발전이라고 규정하면서, 이러한 비판의 제1의 원천이 바로 종교적 관심이라고 지적하고 있다. 그리고 이 같은 비판의 본질은 "부정"이기에, 그의 비판에 있어서의 부정은 유별나다고 하겠다. 왜냐하면 현존하는 것 가운데서는 무한한 자기 의식이 적응할 수 있는 것이 아무것도 없기 때문이다. 따라서 바우어는 시대의 편견과 불공평함을 끊임없이 폭로할 수밖에 없다는 것이다. 여기에서 그의 비판은 미래에 대한 새로운 전망을 제시하기보다 미래의 결정적 입법을 위한 순수한 토대를 만드는 데 집중되고 있다.[52]

---

51) D. Hertz-Eichenrode, 앞의 책, S. 41~45. 인용은 B. Bauer *Die Posaune des jüngsten Gerichts über Hegel den Atheisten und Antichristen. Ein Ultimatum*(Otto Wigand, Leipzig 1841), S. 70.

52) D. Hertz-Eichenrode, 앞의 책, S. 45~47.

"헤겔은 현실과 이성이 세계 가운데 통일된다고 보면서 이성적인 현실을 긍정적으로 본 데 반해 바우어는 현실이 이성에 조응해야 한다는 주장을 고수하고 있다. 그러나 그의 당대에는 이러한 원칙이 충족되지 않았으므로, 그는 현실로부터 곧장 유일무이하게 이성과 일치하는 이론의 영역으로 되돌아갈 것을 주장하고 있다"[53]는 헤르츠-아이헨로데Dieter Hertz-Eichenrode의 표현은 바우어의 비판이 갖고 있는 가장 중요한 특징을 단적으로 보여주고 있다. 그리고 바우어 이론의 이러한 특징은 결국 그와 그의 추종자들의 정치적·사회적 문제의 비판에서 나타나는 "순수 이론의 테러리즘"으로 구체화하게 된다. 그리고 그 결과는 그 자신을 마침내 그의 동시대인과 격리시키는 고립으로 몰아넣었던 것이다. 그러기에 우리는 여기에서 다시 한 번 청년 헤겔파 이론이 나타내는 묵시록적 파국에 직면하게 되는 것이다.

바우어가 정력적으로 복음서 비판을 출판하고, 그가 무신론자로 전회하는 계기를 이룬 『헤겔에 대한 최후의 심판 나팔』이 출간된 1841년은 포이어바흐의 『기독교의 본질 *Das Wesen des Christentums*』이 출판되었다는 점에서도 획기적인 해라고 하겠다. 포이어바흐는 기독교가 더 이상 공동체 단계의 의식에서 생겨난 신화에 그 근거를 두는 것이 아니라고 보았다. 즉 그에 의하면 기독교란 인간이 그 자신의 신성(神性)을 소외시켜 초월적 신에게 투사한 것이라고 본다. 따라서 그는 "오랜 신학의 역사가 증명하고 승인했듯이 '신학의 비밀은 인간학이다([D]as Geheimnis der Theologie [ist] die Anthropologie)'"[54]라고 규정함으로써 기독교는 이제 그 신

53) 같은 책, S. 47.

적 내용을 상실하게 된 것이다. 인간은 스스로에게서 한계를 느끼고
이를 대상화했으나, 이를 통해 그 자신의 신성을 구현하기보다는 이
전도된 대상을 숭배하고, 그의 투사된 이미지를 사변적으로 분석하
는 데 영일(寧日)이 없었다는 것이다. 헤겔의 철학에서, 특히 그의
세계사의 전개와 의식의 형성 과정에서 중요한 역할을 하는 소외는
이제 더 이상 진리와는 무관한 거짓이라고 그는 주장했다. 따라서 그
가 『기독교의 본질』에 이어 발표한 「철학의 개혁을 위한 예비 명제」
(1842)에서 "신학의 무한한 본질이 '추상화된' 유한한 본질에 불과한
것처럼 헤겔의 '절대 정신'도 '추상화'되고 스스로에서 분리된 유한
한 정신에 불과하다. 〔······〕 '절대 정신'은 신학의 '죽은 정신'이나
헤겔의 철학에서는 아직도 유령으로 배회하고 있다"[55]고 명언할 때
에는 헤겔의 절대적 관념철학은 종언을 고하고 포이어바흐의 유물주
의가 경건주의적 기독교 국가인 독일의 지식계에 대담하게 유입되는
계기가 되었던 것이다.

그러기에 "루트비히 포이어바흐의 『기독교의 본질』은 우리 시대의
철학적 문헌 가운데서 가장 탁월하고 중요한 저작이다. 그것은 바로
헤겔의 체계와 지금까지의 전 기독교 세계의 귀결이요 비판이다"라
는 루게의 견해는 이 책이 갖는 획기적 의미를 요약하고 있다고 하겠
다.[56] 그러나 포이어바흐의 『기독교의 본질』이 갖는 이 같은 철학적
의미와 더불어 우리가 언급하고 넘어가야 할 점은 그것이 바우어의

---

54) L. Feuerbach, *Gesammelte Werke*, Bd. 5, *Das Wesen des Christentums*, 2.
   durchgesehene Auflage(Akademie-Verlag, Berlin 1984), S. 7.
55) L. Feuerbach, "Vorläufige Thesen zur Reformation der Philosophie," in: *Gesammelte
   Werke*, Bd. 9, *Kleinere Schriften(1839~1846)*, 2. durchgesehene Auflage (Akademie-
   Verlag, Berlin 1982), S. 246~47.
56) *Arnold Ruge's sämtliche Werke*, Zweite Auflage, 6. Band. *Studien und Erinnerungen
   aus den Jahren 1843 bis 45*(Verlag von J. P. Grohe, Mannheim 1848), S. 57.

제(諸)저작과 결합하여 미친 파상적 효과이다. 즉 1841년 후반에 들어 『할레 연지』와 그 후신인 『독일 연지』는 그때까지 그들이 필진으로 보유하고 있던 1) 종래의 이론가Alte Doctrinärs, 2) 슈트라우스주의자, 3) 무신론자, 혹은 슈트라우스를 파문된 목사라고 부르는 자들 가운데서 앞의 두 그룹을 『연지』로부터 소원·격리시키고, 마침내는 무신론자들만이 필진으로 남아 있게 함으로써 검열 당국이나 외부에서 볼 때에는 『연지』가 "무신론자의 잡지 ein Journal des Atheismus"로 불려지는 사태에 직면하게 만들었던 것이다.[57]

어쨌든 청년 헤겔파가 주도하는 신학 논쟁은 이상과 같은 과정을 거쳐 마침내 신학적 논쟁의 차원을 넘은 정치적 논쟁의 단계로 이행하게 되는데 이때 가장 중요한 역할을 수행한 것이 새로이 즉위한 빌헬름 IV세 가져다준 전혀 의도되지 않은 언론 통제의 한시적 완화였다.

1840년 6월, 프로이센에서는 40여 년간 재임했던 프리드리히 빌헬름 III세(재위, 1797~1840)를 계승하여 프리드리히 빌헬름 IV세(1795~1861)가 즉위했다. 빌헬름 IV세의 즉위는 프로이센 국민에게는 오랫동안 예정되어왔던 일이었으나 그의 즉위가 바로 1840년에 이루어졌다는 사실은 독일 국민들에게 흥분을 자아내는 일이었다. 왜냐하면 1840년은 18세기 초엽 프로이센의 유명한 계몽군주인 프리드리히 빌헬름 I세(1688~1740, 즉위는 1713)가 사망한 지 꼭 100년이 되는 해로서, 세간에서는 사람이 죽은 지 100년이 지나면 환생한다는 민간 신앙에 근거, 신왕의 즉위를 독일사에서 유례없는 흥분

---

57) Ruge an Stahr, Dresden, d. 8then September 1841, in: Arnold Ruge, *Briefwechsel und Tagebuchblätter aus den Jahren 1825~1880*, hrsg. von Paul Nerrlich, Erster Band: 1825~1847(Weidmannsche Buchchandlung, Berlin 1886), S. 239~40.

을 가지고 기대했기 때문이다. 특히 청년 시절 마르크스의 가장 절친한 친구요 베를린 프라이엔Freien[58]의 한사람인 쾨펜Karl Friedrich Köppen은『프리드리히 대왕과 그의 적대자』란 저서를 통하여 프로이센의 앞날에 커다란 기대를 걸었던 것이다.[59] 그리고 이 같은 기대는 비록 불안하긴 했으나 당시의 일부 청년 헤겔파들에게도 공통된 것이었다.[60]

이미 앞에서도 검토한 바와 같이 청년 헤겔파는 종교를 세계 정신의 정상적인 행진에 대한 방해물로 단정했다. 즉 그들은 교회가 이미 그 유용성을 상실했다고 선언했던 것이다. 그러나 그들에게 있어서 국가는 아직도 불완전하지만 완성 과정에 있는 것이기에 프로이센에 대한 희망을 버리지 않았던 것이다. 다시 말하면 그들은 국가가 그들을 적대자로 몰고 가기까지는 국가에 대한 그들의 짝사랑을 포기하지 않았던 것이다.[61]

사실 그들은 신왕의 즉위에 대한 막연한 기대 때문에 기독교적 낭만주의에 근거하는 그의 사상이나 성벽(性癖)을 애써 외면했었다. 그러나 신으로부터 받은 사명감을 확신하는 그는 그 자신의 세계관

---

58) 베를린의 힙펠 주점을 근거지로 하여 모이던 급진적 청년 헤겔파를 가리킨다. 정문길, 『에피고넨의 시대』, pp. 75~85, 143 주 7)*, 151~57 및 R. J. Hellman, *Die Freien*, G. Mayer, "Die Aufänge des politischen Radikalismus in vormärzlichen Preußen," S. 81~84를 보라.

59) Karl Friedrich Köppen, *Friedrich der Große und sein Widersacher. Eine Jubelschrift*(Otto Wigand, Leipzig 1840); Köppen, "Zur Feier der Thronbesteigung Friedrich's II," in: *Hallische Jahrbücher*, 19., 20., 22 und 23. Juni 1840, Sp. 1169~73, 1177~81, 1185~88, und 1193~97; Helmut Hirsch, "Karl Friedrich Köppen der intimster Berliner Freund Marxens," in: *International Review for Social History*, Vol. I(1936), S. 311~70.

60) 일례로 에드가 바우어Edgar Bauer의 경우를 볼 수 있다. Edgar an Bruno, Berlin, den 13. Juni 1840, in: *Briefwechsel zwischen Bruno Bauer und Edgar Bauer während der Jahre 1839~1842 aus Bonn und Berlin*(Verlag von Egbert Bauer, Charlottenburg 1844), S. 85~86.

61) R. J. Hellman, 앞의 책, pp. 44~45.

만이 유일한 진리라고 주장하면서 반동적인 억압 정책을 실시했던 것이다. 즉 그는 알텐슈타인의 후임으로 반동적인 아이히혼Karl Friedrich Eichhorn을 문화상으로 기용함으로써 그때까지의 비교적 자유로웠던 교회 및 대학 정책에 급격한 변동을 가져왔던 것이다. 신왕은 프로이센에서 가장 큰 증오의 대상이 된 아이히혼을 통하여 그나마 불충분한 대로 유지되어오던 지식인의 종교와 세계관에도 개입하게 되었다. 그리하여 신왕은 헤겔 학도를 대학에서 추방하고 기독교 정통파, 경건주의자, 낭만주의자, 역사법 학파를 불러들였으니, 그가 황태자 시절에 시도했다가 좌절된 셸링의 베를린 대학으로의 초빙이나 법학자 간스의 후임으로 슈탈Friedrich Julius Stahl을 임명한 것이 그 일례이다. 그리고 라이프치히에 압력을 가하여 『할레 연지』를 작센의 드레스덴으로 옮기게 하더니, 1842년 3월에는 바우어의 교수 자격마저 박탈하는 사태로 치달았던 것이다.[62]

그러나 이 같은 빌헬름 IV세의 전면적인 반동 정책에도 불구하고 지성사적 입장에서 괄목할 만한 사실은 그의 언론 정책이었다. 빌헬름 IV세는 1841년 독일 연방의 다른 한 축인 오스트리아를 위해 출판과 관련된 연방 법규Bundesgesetze를 연장하면서, 연방법이 허용하는 한도 안에서 프로이센 내의 자유로운 출판을 허용하게 되었다. 그리하여 그는 1841년 12월 24일에 발포한 칙령을 통해 장관으로 하여금 현존 검열 규정의 완화를 지시하고, 다음 해 5월에는 그림과 만화에 대해, 10월에는 20보겐 이상의 책에 대한 검열도 폐지했던 것이

---

62) 빌헬름 IV세 즉위 초년의 반동적 사례에 대해서는 다음을 참조하라. G. Mayer, "Die Anfänge des politischen Radikalismus im vormärzlichen Preußen," S. 20~24; G. Mayer, "Die Junghegelianer und der preußische Staat," S. 426~27, 437; R. J. Hellman, 앞의 책, pp. 50~54.

다. 물론 그의 이러한 언론 정책은 애초에는 정부에 대한 언론의 비판을 견뎌내리라는 왕의 자신감에서 출발했으나 그러한 자신의 판단이 1년여의 경험을 통해 오류였음이 확인되자 그는 곧장 그가 발부한 모든 신문의 허가를 취소했던 것이다. 1843년 1월 31일의 칙령이 바로 그가 완화했던 언론 통제를 다시 강화하는 분기점이 되었던 것이다. 1841년 성탄 전야에 발표한 칙령에서부터 그것을 거두어들인 1843년 1월 말까지의 기간은 비록 짧은 것이었지만 이 기간 중의 프로이센의 저널리즘은 유례없이 풍성한 것이었다.[63]

1840년대 초의 청년 헤겔파들은 부룩베르크의 포이어바흐, 튀빙겐의 슈트라우스, 할레의 루게, 그리고 쾰른의 헤스 등의 예외가 있었지만 전체적으로는 베를린에 집결되어 있었다. 베를린의 '프라이엔'은 아직도 주거 지역에 불과한 베를린의 제과점과 술집의 일부를 점거하고, 그들의 급진적인 견해들을 교환했다.[64] 그런데 이 시기의 베를린에는 프로이센 영외에서 출판되는 『석간 만하임 Mannheimer Abendzeitung』 『함부르크 신문 Hamburger Neue Zeitung』 『라이프치히 신문 Leipziger Allgemeine Zeitung』 『쾨니히스베르크 신문 Königsberger Zeitung』 등과 비교될 만한 신문이 없었다. 따라서 이들 신문은 베를린으로 유입되고, 베를린에 거주하는 문인, 저술가들은 이들 신문의 베를린 통신원으로 활약하고 있었다. 루게의 『할레 연지』나 『독일 연지』도 여기에 한몫을 했던 것이다. 1842년 1월 프로이센 영내의 쾰른에서 『라인 신문 Rheinische Zeitung』이 발간되게

63) G. Mayer, "Die Anfänge……," S. 24~26.
64) 당대의 문헌들을 근거로 하여 이 시기의 제과점과 주점의 분포와 특징, 그리고 그것이 베를린 시민의 사회적 · 문화적 · 정치적 생활과 어떻게 연계되어 있는가에 대한 상세한 보고는 다음을 참조하라. R. J. Hellman, op, cit., pp. 59~95.

된 것은 바로 이와 같은 객관적인 상황에서 유래하는 것이다.

1842년 1월 1일자로 창간된 『라인 신문』은 라인 지방의 은행가, 상인, 사업가들이 주식을 투자하여 만든 근대적 신문이었다. 다른 지방에서는 허용되기 어려운 『라인 신문』이 쾰른에서 허가를 획득한 것은, 라인 지방의 가톨릭 교회를 지지하는 『쾰른 신문 Kölnische Zeitung』의 강력한 영향력을 견제하려는 프로이센 정부의 전략과 루게의 『연지』가 이곳에서 이렇다 할 반향을 얻지 못하기에 급진적인 청년 헤겔파의 영향이 크게 떨치지 않으리라는 아이히혼의 계산에서 비롯된 것이었다. 그러나 융 Georg Jung, 오펜하임 Dagobert Oppenheim, 헤스 Moses Hess, 루텐베르크 Adolf Rutenberg, 마르크스 Karl Marx로 이어지는 편집자들의 영향으로, 1842년 중반이 되면서 자유주의를 전파하고, 입헌군주제를 주장하는 등 신문의 논조가 프로이센 정부에 대한 결연한 반대 입장을 표명하게 되었다. 따라서 프로이센의 검열 당국은 여러 번 이의 폐간을 시도했으나 그 발행 부수가 885부에 불과하므로 조만간 자연 폐간되기를 기대했던 것이다. 그러나 『라인 신문』의 발행 부수는 10월에 1,820부, 그리고 폐간 소식이 알려진 시점에서는 3,400부로 증가됨으로써 프로이센은 물론 독일 전역에 막강한 영향력을 행사했다.[65]

그러면 전후 15개월 동안, 그리고 폐간을 통고 받은 1842년 12월 성탄 무렵을 고려한다면 기껏 1년여의 발행 기간을 누린 『라인 신문』이 독일의 지식인, 특히 청년 헤겔파 운동에 미친 영향은 무엇

65) G. Mayer, "Die Anfänge……," S. 24~34. 그밖에 다음 저서도 참고하라. Hermann König, *Die Rheinische Zeitung von 1842~1843 in ihrer Einstellung zur Kulturpolitik des Preußischen Staates*(Franz Coppenrath, Münster 1927); Wilhelm Klutentreter, *Die Rheinische Zeitung von 1842~1843 in der politischen und geistigen Bewegung des Vormärz*, 2 Teile(Fr. Wilh. Ruhfus, Dortmund 1966).

일까.

1840년대에 들어오면서 독일의 청년 헤겔파는 지역적으로 우선 베를린에 집중되게 되었다. 그러나 그들은 불Ludwig Buhl, 마이엔 Eduard Meyen에 의해 시도된 『아테노임 *Athenäum*』(1841. 1. 2~12. 11)과 같은 단명의 기관지는 가졌으나 루게의 『연지』와 같은 지속적인 표현 기관은 확보하지 못했다. 물론 그들은 전술한 바 프로이센 영외의 기존 신문에 기고할 수는 있었으나 그들이 잘 알 뿐만 아니라 그들의 구성원의 한 사람이기도 한 편집진이 포진한 『라인 신문』은 그들의 급진적인 정치적 · 사회적 견해를 피력할 수 있는 유일하고도 가장 중요한 표현 기관이었다. 다시 말하면 『라인 신문』은 베를린 프라이엔을 중심으로 한 청년 헤겔파와 독일 급진주의자들의 다양하게 넘쳐나는 풍요한 사상을 모아 담는 공적 기관이었다. 물론 우리는 베를린 프라이엔의 여과되지 않은 공론(空論)들이 신문을 폐간으로 몰고 간 원인의 하나였음을 인정하면서도, 그들이 이 시기에 가질 수 있었던 모든 사상적 실험을 위해 『라인 신문』이 제공한 공간은 지극히 귀중한 것이었음을 부정할 수 없다.[66]

3-3. 객관적 상황의 경직과 청년 헤겔파 내부의 자중지란

1843년 1월 31일에 발포된 빌헬름 IV세의 칙령은 그가 1841년 성

---

66) 『라인 신문』에 대한 베를린 프라이엔의 영향력에 제동을 걸어야 한다는 견해는 1842년 8~9월경에 마르크스가 이 신문의 편집장 오펜하임에게 보낸 다음의 편지 가운데서도 읽을 수 있다. "Karl Marx an Dagobert Oppenheim in Köln, Bonn, etwa Mitte August-zweite Hälfte September 1842," MEGA² III/1, S. 31~32. 『라인 신문』과 검열, 그리고 청년 헤겔파와의 관계는 다음을 참조하라. G. Mayer, "Die Anfänge……," S. 81~84; 정문길, 「마르크스의 초기 사상 형성에 미친 청년 헤겔파의 영향」, 『에피고넨의 시대』(문학과 지성사, 서울 1987), pp. 151~57.

탄 전야에 발포한 검열 규정의 완화를 골자로 한 칙령 이후의 언론 정책의 전폭적인 후퇴를 의미했다. 이미 1842년 성탄절 무렵부터 『라이프치히 신문』의 프로이센 유입이 금지되고, 1843년 1월에는 루게의 『독일 연지』의 인쇄 기기가 압수됨으로써 그 발간이 중지되었다.[67] 그리고는 우리가 앞에서 살펴본 바와 같이 『라인 신문』도 1843년 3월 31일호를 최종호로 폐간되었다. 따라서 당시의 경색된 언론 상황을 루게의 친구요 『라인 신문』의 기고자의 한 사람이었던 슈타르 Adolf Stahr 는 다음과 같이 표현하고 있다.

『라인 신문』이 폐간됨으로써 이제 『독일 연지』 『라이프치히 신문』, 그리고 『라인 신문』 등 3개의 가장 강력한 여론 기관이 문을 닫았다. 이는 아직도 나약한 대중지에 얼마나 치명적인 타격인가! 어떻게 이럴 수가 있는가! 이제 독일 전역에는 원칙에 대해서 원칙을 가지고 싸울 수 있는 신문이란 더 이상 없어졌으며 자유에의 호소를 들을 수 있는 신문도 더 이상 존재하지 않게 되었다. 신문을 통해서만이 대중이 계몽될 수 있는데 이제 모든 신문은 폐간되어버렸다.[68]

당초 독일의 지식인들은 빌헬름 IV세의 반동 정책, 특히 지식인과 반대 당에 자갈을 물리는 함구(緘口) 정책이 국민들로부터 커다란

---

67) G. Mayer, "Die Anfänge……," S. 46 및 정문길, 『에피고넨의 시대』, pp. 57~58. 한편 『독일 연지』의 폐간은 1843년 연두에 이 신문에 발표된 루게의 논설 「자유주의의 자기 비판」에 연유하는 것이라 알려지고 있다. A. Ruge, "Vorwort. Eine Selbstkritik des Liberalismus," in: *Deutsche Jahrbücher*, Nr. 1-3, 2., 3. und 4. Januar 1843, S. 1~4, 5~8, 9~12.

68) Adolf Stahr an Carl Stahr, 1. Januar 1843, *Aus Stahrs Nachlass*, hrsg. von Ludwig Geiger(1903), S. 46. Douglas A. Joyce, *Arnold Ruge as a Literary Critic*, Dissertation(Harvard University 1952), pp. 38~39에서 재인용.

저항을 받으리라고 기대했었다. 그러나 결과는 간혹 술집에서 흥분하는 사람은 없지 않았으나 공개적으로는 어떠한 행동도 일어나지 않았다.[69] 이에 그들은 당면한 경찰 국가의 강력한 통제에도 불구하고 그들대로의 활로를 찾지 않으면 안 되었다. 여기서 그들이 택한 것은 당장에는 프로이센의 함구 정책을 벗어나 그들 자신의 견해를 개진할 수 있는 출판의 가능성을 찾아보는 것이고, 장기적으로는 지속적인 프로이센의 반동 정치 하에서 그들이 할 수 있는 일이 무엇인가를 찾는 것이었다.

그리하여 루게와 마르크스는 우선 독일의 검열이 미치지 않는 스위스나 알자스에서 독일 국민들에게 자극을 줄 수 있는 신문의 발행을 검토하기도 하고, 『라인 신문』의 주주들과 동프로이센 자유주의자들의 도움을 받아 신문이나 잡지를 발간해보려고 했다. 이 경우 그들은 프뢰벨 Julius Fröbel이 주관하는 스위스의 '리터라리셰 콩트와 Literarische Comptoir' 출판사를 염두에 두고 있었다. 다시 말하면 그들은 이 스위스 출판사의 자회사 eine Filiale를 브뤼셀이나 스트라스부르에 설립하는 문제를 검토했으나 모두 실패로 끝나고 말았다. 그러나 그들의 이 같은 출판을 위한 노력은 소기의 목적을 거두지는 못했으나 『스위스에서 나온 21보겐 Einundzwanzig Bogen aus der Schweiz』(Hrsg. Georg Herwegh, 1843), 『아넥도타 Anekdota zur neuesten deutschen Philosophie und Publizistik』(Hrsg. A. Ruge, 1843)를 거쳐 1844년 파리에서 출간된 루게와 마르크스의 『독불 연지 Deutsch-Französische Jahrbücher』(Hrsg. A. Ruge/K. Marx)를 통해 부분적으로 구체화되었던 것이다.[70]

---

69) G. Mayer, "Die Anfänge……," S. 87.

70) G. Mayer, "Die Anfänge……," S. 86~87; Werner Näs, *Das Literarische Comptoir*

프로이센 정부의 언론 정책으로 자갈을 물리게 된 독일의 지식인, 특히 청년 헤겔파는 표현 기관의 확보 이외에도 그들 자신의 지적 향배를 결정하지 않으면 안 되는 상황에 직면하게 되었다. 이 경우 그들이 택하게 되는 진로는 철저한 자기 침잠이나 이론적 논쟁에 몰입하든지, 아니면 대중 혹은 민중을 통해 새로운 가능성을 모색하는 것이다. 전자가 바우어와 슈티르너 Max Stirner 등으로 대표되는 베를린 프라이엔의 경우이고, 후자는 프랑스의 사회주의나 공산주의의 영향을 받아 철학보다도 사회 문제에 더 큰 관심을 표명하는 헤스, 마르크스 등의 경우이다.

베를린의 프라이엔은 그의 복음사 연구로 인해 대학의 교수 자격을 박탈당한 바우어가 1842년 베를린으로 귀환하자 그를 실질적인 수장으로 하여 결집되었다. 독일 남부의 청년 헤겔파가 슈트라우스의 퇴조와 포이어바흐의 은둔으로 구체적인 운동성을 상실하고, 또 할레와 쾰른에 집결되어 있던 루게와 마르크스 주변의 청년 헤겔파가 그들의 기관지인 『독일 연지』와 『라인 신문』의 폐쇄로 말미암아 그 구심점을 잃게 된 상황에서 베를린의 프라이엔만이 유일하게 슈테엘리 제과점 Café Stehely과 힙펠 주점 Hippel's Weinstube을 근거로 모이게 되었다.[71] 따라서 1842년 중반 이후의 베를린 프라이엔의

Zürich und Winterthur(A. Francke, Bern 1929), 특히 S. 53~62; Hans Gustav Keller, *Die politischen Verlagsanstalten und Druckereien in der Schweiz, 1840~1848. Ihre Bedeutung für die Vorgeschichte der deutschen Revolution von 1848*(Paul Haupt, Bern und Leipzig 1935), S. 46~68. 그러나 본문에 서술한 신문의 출판에 관해서 마이어는 구체적인 전거를 제시하지 않고 있다. 그런가 하면 '리터라리셰 콩트와'를 집중적으로 다룬 뒤의 두 편의 글에서도 일간지에 대한 구상은 지극히 피상적으로 나타나고 있다.

71) 베를린 프라이엔의 전신은 바우어와 마르크스 등이 모였던 "박사 클럽 Doktorklub"과 연결시키는 것이 일반적이다. 그러나 박사 클럽에는 카리어 Moritz Carrier, 오펜하임 Heinrich Oppenheim 등 보수적 인물들도 출석했었다. 그러다가 1840년대에 들어 신학적 논쟁이 첨예화되면서 좌파가 분리되고, 그들의 집회 장소도 슈테엘리에서 힙펠 주점으

활약은 제한된 공간에서나마 활발한 것이었다. 그들은 『라인 신문』을 비롯한 여러 신문의 통신원이나 기고가로 활약하고, 1843년 이들 신문이 폐간되자 독자적인 잡지들을 출판하게 된다. 루트비히 불이 발행한 『월간 베를린 Berliner Monatsschrift』(1844: 1843년에 출판 불가로 판정된 책을 만하임서 발간), 바우어의 『알게마이네 리터라투어-차이퉁 Allgemeine Literatur-Zeitung』(1843. 12~1844. 10)과 『비판의 출정(出征)을 위한 논집 Beiträge zum Feldzuge der Kritik. Norddeutsche Blätter für 1844 und 1845』(1844. 7~1845. 10) 등이 그것이다. 특히 이 시기의 바우어는 대학 교수로의 취직 가능성을 가지고 있던 1842년 이전과는 달리 그가 곧잘 이용하던 가면적 인물의 탈을 벗고 정면에서 그의 비판 이론을 전개했었다. 그는 지금까지 복음서의 주석가, 경건주의자, 또는 헤겔의 충실한 제자의 가면을 이용하여 그의 적대자를 공격했으나 이제는 불편부당의 재판관으로서의 "비판"과 보편적 원리로서의 "자기 의식"을 설정하여 그를 추방한 대학의 신학부와 국가, 그리고 여론과 대중에게 정면으로 대결했던 것이다.[72] 이미 앞에서 언급한 바와 같이 바우어는 이성에 조응하지 않는 현실을 이성과 일치하는 이론의 영역으로 고양하기 위해 비판의 비판, 순수 비판을 끊임없이 지속함으로써 마침내는 순수 비판 자

로 옮긴 것으로 보고되고 있다. 그리고 이 같은 구성원의 변화에 영향을 미친 것은 급진파들의 잡지인 『아테노임』이 검열의 강화로 폐간되자 그 주요 필진이었던 불, 쾨펜, 나우베르크 Nauwerck, 루텐베르크 등이 참여하고, 또 본으로부터 브루노 바우어가 정통파 신학과 대결하는 대회전(大會戰)의 챔피언으로 "개선"했기 때문이다. R. J. Hellman, 앞의 책, pp. 105~11.
한편 슈테엘리 제과점과 힙펠 주점을 포함한 당대의 베를린의 사교 생활에 대한 묘사는 다음을 참조하라. 같은 책, pp. 85~95, 115~23.
72) Hans-Martin Sass, "Bruno Bauer's Critical Theory," The Philosophical Forum, Vol. VIII, Nos. 2-4(1978), pp. 98~102.

체를 비판의 대상으로 삼는 당착(撞着)에 빠지게 되는 것이다.[73]

어쨌든 바우어가 중심이 된 베를린 프라이엔의 이 같은 지적 논의는 당대의 청년 헤겔파와 지식인들의 중대한 관심사가 되었고, 이들이 차지하는 객관적 위치는 독일의 지식인들 사이에 적잖은 논쟁을 야기시켰다. 따라서 철저한 언론 통제가 이루어진 이 시기는 연구자들 사이에 비판의 내전기total civil-war로 불려지고 있다. 그러나 이 같은 내전의 대미는 이론적인 측면에서는 슈티르너의 『유일자와 그의 소유』로 대단원이 이루어지고, 실천적인 측면에서는 마르크스와 엥겔스를 비롯한 사회주의 운동으로 확대되게 되었던 것이다.

"'인간은 인간에게 있어서 최고의 존재'라고 포이어바흐가 말했다./ '인간은 이제 처음으로 발견되었다'고 브루노 바우어가 말했다./ 그렇다면 우리는 이제 이 최고의 존재, 이 새로운 발견을 좀더 상세히 검토해보자"[74]라는 말로 당대 최대의 학문적 성과인 포이어바흐와 바우어의 "인간" 개념을 분석하는 데서 시작하는 슈티르너의 『유일자와 그의 소유』는 이들이 내세우는 모든 고정관념과 주의 주장, 그리고 개념이 모두가 유령에 불과할 뿐이라고 주장한다. 따라서 그는 그 어떤 본질에도 봉사하지 않고 자신에게만 봉사하는 자, 즉 유일자가 그 자신에게만 관심을 가지게 된다면 그만이 유일자요, 에고이스트로서 자기 소유가 가능하다고 결론짓고 있다.[75] 물론 그의 유일자에 대한 논의나 에고이즘은 슈미트Karl Schmidt에 의해 그것 자체가 하나의 개념임을 지적당하면서 청년 헤겔파의 도그마티즘은 그

---

73) 같은 책, pp. 105~07.

74) Max Stirner, *Der Einzige und sein Eigentum*(Philipp Reclam jun. Stuttgart 1972), S. 7.

75) 정문길, 「슈티르너의 유일자와 그의 소유─사상의 전개와 소외론적 해석 가능성의 검토」, 『세계의 문학』, 7권 5호(1982), pp. 115~54(정문길 『에피고넨의 시대』에 수록).

어느 것도 예외 없이 ― 슈티르너의 혹독한 관념 비판까지도 포함하여 ― 관념론의 하나일 뿐이라는 결론에 도달하게 된다.[76]

베를린의 프라이엔이 바우어를 중심으로 순수 비판의 이론적 논쟁에 탐닉하고, 그것이 마침내 슈티르너에 의해 내적 분열과 해체의 길로 치닫는 동안 청년 헤겔파의 다른 일부는 지식인의 이기심과 비겁함에 회의를 품고 민중이나 노동 계급, 하층민에 관심을 가지기 시작했다. 동프로이센의 야코비Johann Jacoby와 루게 등이 1840년대 초에 이 문제에 관심을 표명했으나 청년 헤겔파의 이론을 최초로 사회 현실과 연결시키기 위해 프랑스와 영국의 사회 이론에 관심을 가지도록 유도한 것은 포이어바흐였다. 그는 사유에서 존재가 도출되는 것이 아니라 존재에서 사유가 도출된다는 유물론적 주장을 통해 인간과 그의 행동 가운데 구체화되는 생생한 현실을 제시했던 것이다. 그러나 현실과 절연되어 부룩베르크에서 은둔 생활을 하는 그는 실제로 인간이 살아가는 현실, 즉 정치와 경제적 문제에는 둔감할 수밖에 없었으니 이러한 분야의 과업은 헤스나 마르크스를 통해 구체화될 수밖에 없었다.[77]

1840년대 초에 이미 사회주의적 논고를 발표한 바 있는 헤스는

---

76) L. S. Stepelevich, 앞의 책, p. 15.
77) R. J. Hellman, 앞의 책, p. 93. 헤스는 이미 1842~1843년에 『라인 신문』을 비롯한 신문과 잡지에 사회주의와 공산주의에 관한 글들을 발표했으며, 『21보겐』에도 다음과 같이 두 편의 중요한 논문을 발표했다. Vom Verfasser der europäischen Triarchie [Moses Hess], "Socialismus und Communismus," in: *Einundzwanzig Bogen aus der Schweiz*, hrsg. von Georg Herwegh(Verlag des Literarischen Comptoirs, Zürich und Winterthur 1843), S. 74~91; "Philosophie der That," 같은 책, S. 309~31. 한편 마르크스의 경우는 1844년의 『독불 연지』에 발표된 두 편의 글이 주목된다. Karl Marx, "Zur Kritik der Hegel'schen Rechtsphilosophie," in *Deutsch-Französische Jahrbücher*, hrsg. von Arnold Ruge und Karl Marx, 1ste und 2te Lieferung(Im Bureau der Jahrbücher, Paris 1844), S. 71~85; "Zur Judenfrage," 같은 책, S. 182~214.

『라인 신문』의 발행과 편집에 있어서 실질적인 정신적 지주였다.[78] 공산주의의 랍비 Kommunistenrabbi로 불리는 그는 포이어바흐의 영향을 받아 독일의 철학과 프랑스의 사회 이론을 결합한 개혁 이론을 제시하고, 또 이를 실천하려고 했다. 파리에 거주하는 독일의 직인 (職人)들을 결합시켜 사회주의적 조직을 만들고, 이를 운동화하려는 그의 개혁 사상은 직인 출신의 사회주의자 바이틀링 Wilhelm Weitling을 비롯하여 그의 주변에 있던 청년 헤겔파의 마르크스와 엥겔스, 그리고 루게에게도 영향을 미쳤던 것이다.[79]

물론 우리는 이 시기의 독일의 지식인이나 사회주의 운동에 관심을 가지고 있던 자들이 프랑스에서의 공산주의와 사회주의 운동을 구체적으로 보고하고 있는 슈타인 Lorenz Stein의 『프랑스에 있어서의 공산주의와 사회주의 운동』으로부터 커다란 영향을 받았으리라는 가능성을 짐작할 수 있다.[80] 그러나 포이어바흐를 출발점으로 하

---

78) G. Mayer, "Die Anfänge……," S. 37.
79) 프랑스의 파리와 스위스, 벨기에에 산재하는 독일 이민들을 규합하여 정치적으로 의식화시키고, 또 조직으로 구체화하려는 움직임은 이들 지역에서 다양한 형태로 발간된 신문, 잡지, 팸플릿 등으로 추찰할 수 있다. 파리에서 출판된 『독불 연지』, 그 이후의 『전진! Vorwärts!』, 벨기에에서 발간된 『독일-브뤼셀 신문 Deutsch-Brüsseler Zeitung』 등과 수많은 선전 및 교육용 팸플릿 등이 그것이다. 1815년에서 독일 통일이 이루어진 1871년까지의 독일은 경제적으로 보아 원료 산출국에 불과했고, 따라서 많은 수의 노동 인력을 수출했다. 따라서 이 시기에 적지 않은 독일인들이 직인, 무직자, 부랑자, 제대한 용병으로 프랑스, 그것도 주로 파리에 거주했는데, 이 숫자는 1830년에 전체 외국인 20만 명 중 3만 명(파리에는 7천 명), 10년 뒤에는 10만 명으로 늘어난 독일인 중 3만 명이 파리에 거주하였고, 1848년 초에는 17만 명 중 6만 명이 수도에 거주했다고 보고되고 있다. Jacques Grandjonc und Michael Werner, "Deutsche Auswanderungs-bewegung im 19. Jahrhundert(1815~1914)," in: Deutsche Emigranten in Frankreich. Französische Emigranten in Deutschland. 1685~1945. Eine Ausstellung des französischen Außenministerums in Zusammenarbeit mit dem Goethe-Institut(Paris 1983/1984), S. 82~83.
80) L. Stein, Der Socialismus und Communismus des heutigen Frankreichs. Ein Beitrag zur Zeitgeschichte (Otto Wigand, Leipzig 1842).

여, 헤스와 마르크스로 이어지는 독일의 사회주의 운동과 그것의 사상적 · 이론적 전개는 프로이센의 경색된 정치적 상황을 베를린의 프라이엔과는 또 다른 방향에서 해소해보려는 청년 헤겔파의 이론적 · 실천적 모색의 구체적 표현이라는 점에서 우리는 그 중요성을 충분히 평가해야 할 것이다.

특히 우리는 이 같은 사회주의 운동이 1840년대 중반, 파리를 축으로 하여 스위스와 벨기에의 독일 이민을 사회주의 및 공산주의 조직으로 결집하여 독일 국내에 정치적으로 영향을 미치려는 조직적인 운동으로 전개됨을 보게 된다. 그리고 우리는 이러한 운동이 포이어바흐와 프루동을 이론적으로 결합하여 개혁주의적 성향을 띠는 진정 사회주의와 급진적인 정치적 · 사회적 혁명을 주장하는 마르크스와 엥겔스의 "과학적" 공산주의로 분열하여 대립, 갈등하면서 유럽 전체의 사회주의 운동사와 긴밀히 연결되고 있었다는 점에 주목하게 된다.[81] 우리는 바로 이 같은 1840년대 중반의 망명 독일 지식인들이 전개하는 사회주의 운동이 우리가 살펴본 청년 헤겔파의 지적 운동과는 또 다른 의미에서 지성사 연구의 중요한 과제로 부각되고 있음을 상기할 필요가 있다고 하겠다.

---

81) 마르크스 - 엥겔스 중심의 공산주의자와 헤스, 바이틀링, 그륀 Karl Grün, 쿨만 Goerg Kuhlmann, 베커 August Becker 등의 진정 사회주의자 간의 헤게모니 쟁탈을 위한 논쟁과 그것의 구체적 전개는 주목을 요한다. 마르크스와 엥겔스의 『독일 이데올로기』의 진정 사회주의를 다룬 제2부도 이런 관점에서 읽혀져야 할 것이다.

4. 맺음말

우리는 지금까지 19세기 초의 독일의 지식인 운동을 청년 헤겔파의 형성과 그들의 사상적 전개를 중심으로 검토해왔다. 그리고 이 글의 이러한 검토는 기본적으로 지식인이 분산, 산재되어 구심점을 얻지 못한 19세기 이전의(1820년대까지도) 독일의 지적 운동이 어떠한 경로를 통하여 지리적으로나 인적 구성을 통하여 일정하게 응결되었는가를 청년 헤겔파 운동을 통하여 확인해보려는 것이었다.

정치적으로 핍박받는 프로이센을 중심으로 형성된 청년 헤겔파는, 이렇다 할 사상적 구심점이 없이 개인적 재능을 문학적으로 표현한 청년 독일파 운동과는 달리 헤겔이라는 사상적 거목을 지주로 하여 출발했던 것이다. 물론 그들은 비록 제한적이긴 하나 비교적 자유로운 독일의 문화적 유산, 즉 세계관과 종교의 영역에 있어서의 자유를 누려왔기에 그들이 헤겔의 유산을 종교적인 측면에서 해체하던 초기에도 사상이나 학문적 연구 자체에서는 이렇다 할 제약을 받지 않았던 것이다. 거기에다 더욱 흥미로운 것은 혹독한 반동 정치가 예상되던 빌헬름 IV세의 즉위가 한시적이지만 언론 제한을 완화함으로써 그들은 그들의 다양하고도 풍성한 사상이나 견해를 자유로이 표현할 수 있는 기회를 누리게 되었던 것이다. 이렇게 볼 때 청년 헤겔파는 그 이전의 독일의 지적 풍토에서는 상상할 수 없던 여건을 가지고 새로운 지적 운동의 지평을 전개했다고 하겠다.

그리고 1843년 이후 경색된 정치적 여건이 그들을 사상적 질곡으로 몰아넣을 때에는 한편으로는 객관적 여건을 수용하면서 이미 형성된 지적 공동체를 근거로 그들은 첨예한 논쟁을 전개하여 그들 스스로의 이론을 세련시켰으며, 다른 한편으로는 이 같은 객관적 여건을 적극적으로 타개하기 위한 실천적 이론을 개척해나갔던 것이다. 베를린 프라이엔이 전자에 해당한다면, 망명지를 근거로 실천적인 사회 운동이나 이론을 개척, 전개한 사상가들은 후자에 속한다고 하겠다. 그러나 그 어느 경우에도 우리가 이 글을 통해서 확인할 수 있는 것은 그들의 이 같은 지적 모험을 뒷받침하는 두 가지의 추동력이다. 즉 자기의 이론이나 주장을 끝까지 관철하기 위해 파국도 불사하는 묵시록적 분위기와 그와 같은 그들의 자세가 적어도 일단의 지식인 그룹에 의해 상호 지지되고 있었다는 사실이다. 따라서 청년 헤겔파가 공유하던 이 같은 지적 분위기는 이미 괴테가 탄식하던 독일적 지식인의 지평을 넘어서고 있다는 점에서 이들의 지적 운동은 그 사상사적 의미를 주장할 수 있을 것이다.

II. 『독일 이데올로기』와 텍스트 편찬

제2장 『독일 이데올로기』 연구에 있어서 텍스트 편찬의 문제

—특히 "I. 포이어바흐"장의 재현 문제와 관련하여

1. 글머리에

마르크스, 엥겔스, 마르크스주의의 연구에 있어서 이들 '고전적 사회주의 창시자'의 텍스트의 정확한 편찬과 출판은 가장 중요하고도 기초적인 작업의 하나이다. 이는 두말할 필요도 없이 『자본론』을 포함한 그들의 중요 저작 중의 상당 부분이 미완성이거나, 출판되기 이전의 초고 상태로 남아 있기 때문이다. 더욱이 문제를 복잡하게 하는 것은 이들 미완성, 미출판의 저작들이 서로 다른 정도의 완성 단계를 나타내고 있기에 이들을 동일한 원칙 하에 편찬, 출판하는 것이 용이하지 않다는 점이다. 이러한 사실은 그들의 저작이 현재 진행 중인 신MEGA(*Marx-Engels Gesamtausgabe*, 마르크스-엥겔스 전집)에서 4개의 부Abteilung로 분산되어 편찬, 출판되고 있는 사실을 통해서도 추찰할 수 있다. 그러나 이 같은 신MEGA의 부별 구성도 개개 저작의 특수성이 문제가 될 경우 그 편찬 원칙은 새로운 구체성을 요구하게 된다. 특히 최근 학계의 일각에서 대두되고 있는 마르크스와 엥겔스의 차별화의 문제를 고려할 때,[1] 그들 두 사람의 차별성을 구체적인 문자적 유산literarischer Nachlaß으로 입증할 수 있다면 이는 마르크스와 엥겔스, 마르크스주의의 연구에 새로운 가능성을 제시하게 될 것이다.

마르크스와 엥겔스의 사상 형성 과정에서, 그리고 마르크스주의의 체계 수립 과정에서 『독일 이데올로기』가 갖는 객관적 중요성은 이미 그들 자신의 명언을 통해서도 확인된 바 있다. "우리는 독일 철학의 이데올로기적 견해에 반대하는 우리들의 대립적 입장, 즉 이전의

1) 마르크스와 엥겔스의 차별성에 관한 논의는 결코 최근의 현상만은 아니다. 구스타프 마이어는 1920년대에 이미 "정신적으로 지극히 밀접한 공생의 관계에 있는" 마르크스와 엥겔스를 서로 분리시켜 "그들 두 사람의 업적 가운데서 엥겔스의 몫이 무엇인가를 추출"하려고 시도한 바 있다. 그러나 레닌의 마르크스-엥겔스 일체설과 이 같은 공인의 이데올로기에 근거한 마르크스주의자들의 연구 경향은 이들 두 사람의 사상적 차이에 근거한 어떠한 연구도 침묵하게 만들었다. Gustav Mayer, *Erinnerungen. Vom Journalisten zum Historiker der deutschen Arbeiterbewegung*(Europa Verlag, Zürich/Wien 1949), S. 205; G. Mayer, *Friedrich Engels. Eine Biographie*, Erster Band, *Friedrich Engels in seiner Frühzeit*[1. Aufl. 1920], 2., verbesserte Aufl.(Martinus Nijhoff, Haag 1934), S. VI 참조. 그러나 근년 마르크스의 경제학 연구 노트를 근거로 한 『자본론』 연구의 심화는, 마르크스 사후 엥겔스에 의해 편찬된 이 책 제2, 3권에 대한 진위 논의는 물론 이 책 제1권의 결정본에 대한 논의 등과 더불어 이들 두 사람의 차별화 문제를 구체적으로 거론하게 하고 있다. 그리고 이러한 최근의 연구 동향은 마르크스와 엥겔스의 '공동 저작집,' 즉 MEGA(Marx-Engels Gesamtausgabe)의 성립 자체에 대한 회의로까지 진전되고 있다. 우리는 이 같은 연구 경향의 일단을 '국제 마르크스-엥겔스 재단Internationale Marx-Engels-Stiftung: IMES'의 기관지 『메가-연구*MEGA-Studien*』 최근호(1994/2)를 간단히 일별하는 것만으로도 충분히 확인할 수 있다. Carl-Erich Vollgraf und Jürgen Jungnickel, "Marx in Marx' Worten? Zu Engels' Edition des Hauptmanuskripts zum dritten Buch des *Kapital*," *MEGA-Studien*, 1994/2(1995), S. 3~55; Izumi Omura, "Zum Abschluß der Veröffentlichung der verschiedenen Ausgaben des ersten Bands des *Kapital* in der MEGA² von der deutschen Auflage, der 'Auflage letzter Hand von Marx' (1984), zur 3. Auflage, 'die dem letzten Willen des Autors zu einem bestimmten Grad entspricht' (1991)," 같은 책, S. 56~67; Hans-Georg Backhaus und Helmut Reichelt, "Der politisch-ideologische Grundcharakter der Marx-Engels-Gesamtausgabe: eine Kritik der *Editionsrichtlinien* der IMES," 같은 책, S. 101~18 등을 보라.

64

우리들의 철학적 의식을 청산하기 위한 집필에 착수하기로 했다"[2]는 1859년의 마르크스의 언급이나, 이 대립적 입장을 "마르크스에 의해 형성된 유물주의적 역사 해석"[3]이라고 분명히 못박은 1888년의 엥겔스의 표현은 『독일 이데올로기』가 마르크스주의, 특히 유물론적 역사 이론의 형성사에서 갖는 의미를 명백히 해주고 있다.

마르크스와 엥겔스가 그들의 사상 형성기에 당대의 급진적 지식인과 개혁주의적 사회주의자들로부터 그들 두 사람의 차이를 확인함으로써 Selbstverständigung, 그들 두 사람의 자기 청산을 가능하게 한 결정적인 계기가 된 이 『독일 이데올로기』는 그들의 유물론적 역사 이론의 형성에도 결정적인 단초가 되었음은 잘 알려진 일이다. 그런데 바로 이처럼 중요한 『독일 이데올로기』가 마르크스와 엥겔스 두 사람의 다른 어떠한 문헌적 유산보다도 공동 저작의 흔적이 구체적이고도 분명하게 나타나 있는 초고의 형태로 우리들에게 전해지고 있는 것이다.

따라서 필자는 현재 트리어/엑상프로방스 Trier/Aix-en-Provence의 독일-프랑스 메가 작업 그룹 Deutsch-französische MEGA-Arbeitsgruppe의 주도 하에 편집이 진행되고 있는 『독일 이데올로기』가 이 같은 초고의 특징을 가장 구체적으로 재현시켜줄 것을 기대하며, 이를 위한 몇 가지의 제안을 이 책의 "I. 포이어바흐"장을 집중적으로 검토함으로써 제시해보고자 한다.

---

2) Karl Marx, *Zur Kritik der politischen Ökonomie*, Erstes Heft, MEGA² II/2, S. 101~02.
3) Friedrich Engels, *Ludwig Feuerbach und der Ausgang der klassischen deutschen Philosophie*, MEW, Bd. 21, S. 263.

2. 『독일 이데올로기』, "I. 포이어바흐"장 초고의 특수성

"두 권의 두꺼운 옥타브판 das Manuskripte, zwei starke Oktavbände"으로 이루어진 『독일 이데올로기』의 초고는 마르크스와 엥겔스의 사후 이렇다 할 주목을 받지 못한 채 방치되어오다가 마이어 Gustav Mayer, 리야자노프 David Rjazanow 등의 노력으로 그 중요성에 대한 각성과 더불어 복원 작업이 행해지게 된다.[4] 당초 『독일 이데올로기』는 그 일부분이 이 책 전체와 이렇다 할 연관 없이 자의적으로, 그리고 단속적으로 발표되었으나, 리야자노프는 이 책의 제1부 제I장 "포이어바흐"를 먼저 러시아어로 발표하고(1924), 이어서 1926년에는 이를 원어인 독일어로 발간함으로써 『독일 이데올로기』 연구에 새로운 장을 열게 되었다. 특히 리야자노프의 『독일 이데올로기』, "I. 포이어바흐"장(이하 R판)의 복원은 1932년의 구 MEGA I/5(『독일 이데올로기』, 이하 A판)에서의 『독일 이데올로기』의 완간과 직접적으로 연관된 작업으로서 그 성과가 크며, 이후 이들 업적은 1960년대에 이르기까지의 『독일 이데올로기』 연구, 나아가 마르크스주의의 유물론적 역사 이론의 연구에 문헌적 기초가 되었던 것이다.

그러나 1962년, 바네 Siegfried Bahne에 의한 3매의 『독일 이데올로기』 초고 블라트 Blatt의 발견[5]은 1932년 이래 이 책의 부동의 텍스트로 군림해오던 구 MEGA판 『독일 이데올로기』의 권위에 회복할 수

---

4) 정문길, 「편찬사를 통해서 본 『독일 이데올로기』」, 정문길, 『마르크스의 사상 형성과 초기 저작—『독일 이데올로기』와 『마르크스-엥겔스 전집』 연구』(문학과지성사, 서울 1994), pp. 73~83 참조. 인용은 MEGA² II/2, S. 102; MEW, Bd. 21, S. 263.

5) S. Bahne, "'Die deutsche Ideologie' von Marx und Engels. Einige Textergänzungen," *International Review of Social History*, Vol. VII(1962), S. 93~104.

없는 흠집을 내게 되고, 나아가 기존의 텍스트에 도전하는 새로운 이론과 텍스트의 재구성을 초래하게 된 것이다. 1960년대에 집중된 바가투리야G. A. Bagaturija 교수의 『독일 이데올로기』 연구,[6] 타우베르트Inge Taubert 교수를 중심으로 한 동독의 신MEGA 작업팀, 특

---

6) 1960년대와 70년대에 걸친 바가투리야 교수의 연구 성과는 다음과 같다.

① "K istorii napisanija, opublikovanija i issledovanija 'Nemeckoj ideologii' Marksa i Engel'sa," *Iz istorii formirovanija i razvitija marksizma*, Moskau 1959, S. 48~85(「마르크스-엥겔스의 『독일 이데올로기』의 집필, 발간, 연구의 역사에 부쳐」, 『마르크스주의의 형성과 발전의 역사에서』, 과학회의 자료, 모스크바 1959).

② "Struktura i soderzanie rukopisi pervoj glavy 'Nemeckoj ideologii'," *Voprosy filosofii*, 1965, Heft 10, S. 108~18(「『독일 이데올로기』 제1장 원고의 구조와 철학」, 『哲學의 제문제』, 소연방과학아카데미 철학연구소, 1965년 10호) 및 *K. Marks i F. Engel's, Fejerbach, Protivopoloznost' materialistićeskogo i idealistićeskogo vozzrenij*, *Voprosy filosofii*, 1965, Heft 10, S. 79~107; Heft 11, S. 111~37(「『독일 이데올로기』, 「I. 포이어바흐」장의 재구성된 텍스트」, 『哲學의 諸問題』, 1965년 10호, 11호; 이는 1966년에 단행본으로 발간)〔일본어 역, 『新版 ドイシ・イデオロギ』, 花崎皐平譯(東京: 合同出版社, 1966), 순서대로 pp. 189~213; pp. 5~187〕.

③ "'Tezysi o Fejerbache' i 'Nemeckaja ideologii'," *Naučno-informacionnyj bjulletein sektora proizvedenii K. Marksa i F. Engel'sa*, inst. marksizma-leninizma pro CK KPSS, 1965, Heft 12, S. 1~70 (「'포이어바흐에 관한 테제'와 『독일 이데올로기』」, 『마르크스-엥겔스 작품 부문의 학술 연구 보고』(IML), 1965년 제12호).

④ *Pervoe velikoe otkrytie Marksa i formirovanie i rozvitie materialistićeskogo ponimanie istorii*. *Marks-istorik*, Moskva 1968. S. 170~73(「마르크스의 제1의 위대한 발견—유물론적 역사관의 형성과 발전」『역사가 마르크스』, 모스크바, 1968).

⑤ *Iz opita izućenija rukopisnogo nasledstva Marksa i Engel'sa. Rekonstrukćeja pervoj glavy 'Nemeckoj ideologii"*, Moskau 1969(「『독일 이데올로기』 제1편의 재구성: 마르크스-엥겔스의 초고 유산의 연구를 위하여」, 1969)〔일본어 역, 坡間眞人 역, 『情況』, 1974년 1월호; pp. 87~127〕.

⑥ *Mesto "Nemeckoj ideologii" Marksa i Engel'sa v istorii marksizma. Filosofskoe obosnovanije naučnogo kommunisma*〔Teorija naučnogo kommunisma, 621, Moskau, 1971〕(「마르크스주의의 역사에 있어서 『독일 이데올로기』의 위치—과학적 공산주의의 철학적 근거」〔바가투리야의 학위 논문, 1971〕)〔이의 러시아어 요약의 일본어 역, 坡間眞人 역, 『情況』, 1973년 1월호; pp. 61~78〕). 이밖에도 『마르크스-엥겔스 연지*Marx-Engels-Jahrbuch*』에 게재된 로키챤스키Jakow Rokitjanski, 골로비나Galina Golowina 등 MEGA 작업 그룹의 연구도 주목된다.

히 신MEGA I/5(『독일 이데올로기』)의 편찬진의 연구,[7] 그리고 1960
년대 중반 이래 히로마츠(廣松涉) 교수의 구MEGA판 『독일 이데올
로기』의 위서설(僞書說)에 근거한 이 책 "I. 포이어바흐"장의 신편집
안 제시와 그것을 도화선으로 한 일본 내에서의 『독일 이데올로기』
논쟁[8]은 종전 후 구미에서 광범위한 논쟁을 야기한 『경제학-철학 초

---

7) 타우베르트 교수를 중심으로 이루어졌던 동베를린의 신MEGA. I/5의 편찬 작업 그룹의 연
구 성과는 다음과 같다.
① "Neuveröffentlichung des Kapitel I des I. Bandes der 'Deutschen Ideologie' von Karl
Marx und Friedrich Engels," vorbereitet und eingeleitet von Inge Tilhein, *Deutsche
Zeitschrift für Philosophie*, 14. Jahrgang, Heft 10(1966). Vorwort, S. 1192~98; Text, S.
1199~251; Anmerkungen, S. 1251~54[바가투리야의 텍스트에 근거한 이 신독일어판
의 편자 틸하인은 타우베르트 Inge Taubert와 동일인이다];
② "Zur materialistischen Geshichtsauffassung von Marx und Engels: Über einige
theoretische Probleme im ersten Kapitel der 'Deutschen Ideologie'," *Beiträge zur
Geschichte der deutschen Arbeiterbewegung*, 10. Jahrg.(1968), Sonderheft zum 150.
Geburtstag von Karl Marx, S. 27~50;
③ "Karl Marx/Friedrich Engels, *Die Deutsche Ideologie*. I. Band. Kapitel I. Feuerbach.
Gegensatz von materialistischer und idealistischer Anschauung," MEGA² Probeband(Dietz
Verlag, Berlin 1972), Text, S. 33~119; Apparat, S. 399~507[hrsg. von Inge Taubert und
Johanna Dehnert];
④ "Aus der Arbeit an der Vorbereitung des Bandes 5 der Ersten Abteilung der
MEGA²(Die deutsche Ideologie)," *Beiträge zur Marx-Engels-Forschung*, 26(1989), S.
99~194[여기에는 『독일 이데올로기』의 편찬 작업과 직접적으로 연관된 타우베르트의 논
문 2편을 포함하여 뢸리히 Elke Rölig, 다익셀 Dieter Deichsel, 이커 Christine Ikker 등의 5
편의 논문이 게재되어있다];
⑤ "Engels' Übergang zum Materialismus und Sozialismus," *Marx-Engels-Jahrbuch*,
12(1990), S. 31~65;
⑥ "Wie entstand die *Deutsche Ideologie* von Karl Marx und Friedrich Engels? Neue
Einsichten, Probleme und Streitpunkte," *Studien zu Marx' erstem Paris-Aufenthalt und
zur Entstehung der 'Deutschen Ideologie*," Schriften aus dem Karl-Marx-Haus, Nr.
43(Trier [1991]). S. 9~87. 여기에는 MEGA 작업 그룹에는 속하지 않으나 1960년대의 맹
케 Wolfgang Mönke의 연구 업적도 주목된다.
8) 정문길, 「1960년대와 '70년대 일본 학계의 『독일 이데올로기』 논쟁──일본 마르크스학의
이해를 위한 하나의 구체적 실례로서」, 정문길, 『마르크스의 사상 형성과 초기 저작』, pp.
249~320 참조.

고』에 대한 연구에 못지않은 다양한 연구 성과와 새로운 해석을 가능하게 했던 것이다.

특히 1960년대 이래의 연구는 이 책에 서술된 제이론의 전개가 반드시 체계적인 일관성을 가졌다기보다는 그 서술이나 이론의 전개가 단편적이고, 때로는 결코 서로 연결지을 수 없는 저어(齟齬)가 나타나게 된다는 사실에 주목하게 되었다. 따라서 당초 A판의 텍스트에 대한 불신에서 출발한 이 시기의 연구는 『독일 이데올로기』, 특히 'I. 포이어바흐'장의 초고 포토코피Photokopie를 재검토하거나, 이것이 불가능할 경우 1926년의 R판과 1932년의 A판을 근거로 초고의 원형을 복원하여, 그것에 근거한 연구를 시도하게 된다.

그런데 중요한 것은 바로 이 같은 과정에서 종래의 『독일 이데올로기』 연구와는 확연히 구별되는 획기적인 연구 경향이 나타나게 되었으니 그것은 초고 원형에 나타나는 필적의 차이를 근거로 한 지분(持分) 문제의 제기이다. 다시 말하면 연구자들은 초고의 형태로 남아 있는 『독일 이데올로기』를 통해 마르크스와 엥겔스 두 사람의 공동 작업의 형태를 엿보고, 나아가 거기에 나타나는 다양한 유물론적 역사 이론의 어느 부분이 누구의 것이냐를 가름하려는 경향이, 특히 일본을 중심으로 강력히 대두되게 된 것이다. 물론 이 같은 연구 경향은 종래 레닌의 마르크스-엥겔스 일체설(一體說)에 근거한 교조적 마르크스주의의 연구가 보편화된 풍토 하에서는 상상하기도 어려운 일이라 하겠다.[9] 그리고 비교조적 입장에서 자유롭게 이를 연구

---

9) 특히 우리는 이 같은 교조화의 가능성을 "나는 마르크스와 엥겔스를 언제나 붙여서 말한다 [……], 그리고 내가 마르크스를 언급할 경우 이는 곧장 마르크스와 엥겔스를 의미하는 것이다"라는 리야자노프의 표현 가운데서 구체화되고 있다. 사실 "-"으로 연결되는 "마르크스-엥겔스"의 개념은 메링의 『마르크스-엥겔스-라살레 유고집 *Aus dem literarischen Nachlaß von Karl Marx, Friedrich Engels und Ferdinand Lassalle*』(hrsg. von Franz

하는 학자들까지도 마르크스와 엥겔스의 지분 문제를 거론하는 것을 강력히 비판하고 있다. 즉 그들은 1840년대 중반 이래 40년에 걸친 공동 작업과 서신 교환을 통해서 이렇다 할 의견의 차이 없이 일관된 통일성을 보여준 두 사람의 입장을 새삼스럽게 서로 대립시키려 한 다고 경고하고 있는 것이다.[10] 그러나 적어도 『독일 이데올로기』에 관한 한 초고, 특히 미완성의 정도가 높은 "I. 포이어바흐" 장의 경우

Mehring, 4 Bde., Verlag von J. H. W. Dietz Nachf. GmbH., Stuttgart 1902)과 네 권의 『왕복 서간집 *Der Briefwechsel zwischen Friedrich Engels und Karl Marx, 1844 bis 1883*』 (hrsg. von August Bebel und Eduard Bernstein, 4 Bde., J. H. W. Dietz Nachf., Stuttgart 1913), 리야자노프의 『마르크스-엥겔스 저작집 *Gesammelte Schriften von K. Marx und F. Engels, 1852~1862*』(hrsg. von D. Rjazanov, 2 Bde., J. H. W. Dietz Nachf., Stuttgart 1917), 그리고 1927년 이래 발간되기 시작한 구MEGA를 통해 완벽하게 정착되게 된다. 우리는 이 과정에서 1910년 말에 제기된 빈의 오스트리아 마르크스주의자들의 마르크스 전집 출판 계획을 주목할 필요가 있다. 1913년 3월 14일 이후에 소멸될 마르크스의 저작권 보호와 관련하여 그의 저작집(전집) 발간 문제를 신중히 고려할 것을 주장한 이들의 4개항의 건의는 그 제III항에 "마르크스와 엥겔스의 저작을 공동으로 발행할 수 있는가에 대한 엄밀한 검토"의 필요성을 제기하고 있다. 특히 우리는 이 건의서("Die Werke von Karl Marx nach Erlöschen der Urheberschutzes," Wien, 1. Jänner 1911)에 구MEGA의 기획자인 리야자노프가 서명했다는 사실을 간과해서는 안 된다. 마르크스와 엥겔스 일체설은 이 후 소련의 공산주의 국가 전체에 대한 획일적인 지배에 의해 더욱 경직화되었다고 볼 수 있다. 인용 부분은 *David Rjasanow —Marx -Engels -Forscher, Humanist, Dissident,* hrsg. von Volker Külow und André Jaroslawski(Dietz Verlag, Berlin 1993), S. 113f. 정문길, 「미완의 꿈―『마르크스-엥겔스 전집』출판」, 앞의 책, pp. 343~72, 특히 pp. 349~53과 409~12의 "자료 2" 및 Götz Langkau, "Marx -Gesamtausgabe—dringendes Parteiinteresse oder dekorativer Zweck? Ein Wiener Editionsplan zum 30. Todestag, Briefe und Briefauszüge," *International Review of Social History,* Vol. XXVIII, Part 1(1983), S. 126~29, 특히 S. 127을 보라.

10) 이 같은 견해는 일본의 '마르크스-엥겔스 연구자의 모임 Arbeitsgemeinschaft für Marx-Engels-Forscher Japans'이 개최한 국제 회의에서 뉴욕 대학의 올맨 교수에 의해 제기된 바 있다. Bertell Ollman, "Some Questions for Critics of Engels' Edition of Capital," *Beiträge zur Marx-Engels-Forschung: Neue Folge 1995*(Argument-Verlag 1995), S. 58~59 및 Akira Miyakawa/Izumi Omura, "Bericht. Tokyo International Seminar 1994 über Das Kapital, die MEGA und die gegenwärtige Marx-Engels-Forschung am 12.-13. November 1994 an der Chuo University und der Tokyo Metropolitan University," *MEGA-Studien,* 1994/2, S. 140~42.

에 산견(散見)되는 논의 전개의 단절과 중복, 주요 개념의 상치, 서로 다른 주장의 착종 등을 해명하기 위해서는 집필 순서나 편집 문제와 더불어 지분 문제의 검토가 피할 수 없는 하나의 수순으로 받아들여지고 있다. 따라서 우리들의 논의는 지극히 자연스럽게 『독일 이데올로기』의 초고, 특히 유물론적 역사 이론의 초기적 전개가 풍부히 배태되어 있으면서도 그 완성도가 현저히 불균형을 이루고 있는 "I. 포이어바흐"장 초고의 현존 상태가 어떠했기에 이 같은 연구상의 새로운 경지를 개척할 수 있었을까라는 문제에 직면하게 된다.

『독일 이데올로기』의 "I. 포이어바흐"장은 많은 수정과 편집상의 지시가 씌어진 17보겐과 1블라트(모두 68페이지. 마지막의 보겐 92는 2페이지뿐이다)로 구성된 기저고(基底稿)Urtext와 6보겐 1블라트(모두 26페이지)로 구성된 정서고(淨書稿) 혹은 이고(異稿)의 형태로 남아 있다. 그리고 기저고의 완성도는 아주 낮아 많은 부분이 횡선으로 구획되거나 종선으로 삭제 · 말소되고, 본문이 씌어진 좌란에 대한 마르크스와 엥겔스의 수정이 우란이나 좌란의 본문 가운데 가해져 있음을 보게 된다. 따라서 "I. 포이어바흐"장의 초고는 유물론적 역사관에 대한 마르크스와 엥겔스의 이론적 전개에 못지않게 그들의 공동 작업의 양상을 보여주는 중요한 자료적 가치를 지닌다고 하겠다.[11]

그러므로 『독일 이데올로기』의 조성이나 형성사와 관련하여 우리들이 다음으로 주목하는 것은 자연 마르크스와 엥겔스의 공동 작업의 형태이다. 마르크스와 엥겔스의 만남과 그것이 그들 각자의 사상

11) 초고의 조성 형태에 관한 서술은 다음을 참조하라. 정문길, 「『독일 이데올로기』, 「I. 포이어바흐」장의 재구성—리야자노프 이래의 각종 텍스트에 대한 비교 검토」, 앞의 책, pp. 187~201.

형성이나, 그들 두 사람을 비조(鼻祖)로 하는 마르크스주의의 형성에 미친 영향을 새삼 논의하는 것은 이 글의 주지(主旨)가 아니다. 그러나 이들 두 사람의 지적 공동 작업이 문자로 구체화된 저작들을 일별하는 것은 『독일 이데올로기』 초고의 특수성을 규정하는 중요한 관건의 하나가 된다고 하겠다. 다시 말하면 현존하는 『독일 이데올로기』 초고의 미완성 부분인 제1부의 "I. 포이어바흐"장에는 마르크스와 엥겔스 두 사람의 공동 작업의 흔적이 그대로 남아 있기에 『독일 이데올로기』에서 설파되고 있는 다양한 사유(思惟)의 연원이 그들 두 사람 중의 누구에게서 유래하는 것인가를 추적해볼 수 있는(결코 쉬운 일은 아니지만) 가능성을 열어주고 있다.[12]

3. 『독일 이데올로기』, "I. 포이어바흐"장의 집필

앞에서도 언급한 바와 같이 『독일 이데올로기』, "I. 포이어바흐"장의 초고는 큰 묶음의 기저고와 작은 묶음의 정서고, 또는 이고로 나누어진다. 그리고 큰 묶음의 기저고는 i) 보겐 [6]~[11](S. 8~29); ii) 보겐 [20]~[21](S. 30~35); iii) 보겐 [84]~[92](S. 40~72)의 세 부분으로 구분되고, 1962년 IISG에서 바네가 발견한 보겐 번호 없는 S. 1~2가 i)에 포함된다. 기저고 중 최구층(最舊層)에 속하는 i)의 보겐 [6]~[11] 부분은 제1부의 장절 구분이 이루어지기 이전에 집필된 것으로, 『독일 이데올로기』 집필의 계기가 된 바우어 Bruno Bauer의 「루트비히 포이어바흐의 특징 Charakteristik Ludwig

---

12) 물론 경우는 다르지만 마르크스의 준비 노트에 근거한 엥겔스의 『자본론』 제2, 3권의 편찬, 집필은 마르크스와 엥겔스의 또 다른 공동 작업의 한 형태라고 하겠다.

Feuerbachs」[13]을 조목별로 따라가며 비판한 초고 가운데서 "포이어바흐의 유물론"에 해당하는 부분이다. 이 부분의 원고는 장절 구분이 이루어지면서 상당 부분이 삭제되어 "Ⅱ. 성 브루노"장이나 "Ⅲ. 성 막스"장으로 옮겨 가 정서되고, 남아 있는 부분들은 "Bauer" "Feuerbach" 혹은 "F." 그리고 "Geschichte" 등과 같은 편찬 지시에 따라 정서를 기다리고 있는 상태이다.[14] 그리고 기저고 ii)의 보겐

---

13) 바우어의 「루트비히 포이어바흐의 특징」은 다음과 같은 순서로 서술되고 있다. Die Voraussetzung Feuerbachs(S. 86~88)/Der Mysticismus Feuerbachs(S. 88~91)/Die Hegelei Feuerbachs(S. 92~102)/Die Religion Feuerbachs(S. 102~16): Die Philosophie(S. 102~06), Die Religion(S. 106~11), Das Christenthum(S. 112~16)/Der Materialismus Feuerbachs(S. 116~23)/Feuerbach und der Einzige. Die Consequenzen Feuerbachs und ihr Kampf gegen die Kritik und den Einzigen(S. 123~46). *Wigand's Vierteljahrsschrift*, 3. Band(1845), S. 86~146. 한편 이 부분 집필의 계기가 된 바우어의 논문과 기저고 [6]~[11]에 나타나는 인용문을 일일이 대조한 것으로는 '엥겔스 도쿄 국제 세미나'(1995년 11월 2~3일, 도쿄 도리츠 대학, 주관)에서 발표된 고바야시의 다음 논문을 참조하라. 小林昌人, 「『ドイシ・イデオロギー』第Ⅰ篇編輯の基本的 諸問題―鄭文吉氏へのコメントを兼ねて」 마지막의 별표(別表).

14) 한편 엥겔스가 i)과 같은 종류의 종이에 쓴 "포이어바흐Feuerbach"란 제목의 노트는 이 최구층의 결여된 S. 3~7(S. 1~2는 1962년 바네에 의해 발견되었다)을 메운다고 타우베르트는 보고 있다. 그리고 영문판 전집도 이 노트가 "Ⅰ. 포이어바흐"장을 위해 쓰어졌다고 본다. Inge Taubert, "Zur Entstehungsgeschichte des Manuskripts 'Feuerbach' und dessen Einordnung in den Band I/5 der MEGA²," *Beiträge zur Marx-Engels-Forschung*, 26(1989), S. 104~08: Karl Marx/Friedrich Engels, *Collected Works*, Vol. 5(International Publishers, New York 1976), p. 585 n. 3. 그리고 이 글의 집필 시기는 영문판 전집이 1845년 가을로, 타우베르트는 이의 초안이 빨라도 1845년 10월 말이며, 집필은 1845년 12월이나 1846년 1월 이전에는 이루어지지 않았다고 본다. Karl Marx/Friedrich Engels, *Collected Works*, Vol. 5, p. 14: Inge Taubert, 앞의 글, S. 107. 한편 히로마츠(廣松涉)는 바네에 의해 발견된 S. 1~2가 이 최구층과는 무관하다고 본다. 그는 "Feuerbach"나 "Bauer"와 같은 편찬 지시가 기저고임을 나타내기도 하지만 기본적으로는 "Ⅱ. 성 브루노"에 속하거나 남아 있는 미 삭제 부분이 "Ⅰ. 포이어바흐"에 이용될 가능성 때문에 "Ⅰ. 포이어바흐"장에 남아 있을 뿐이라고 판단하고, 이를 "부록 Ⅰ"로 처리하고 있다. Karl Marx/Friedrich Engels, *Die deutsche Ideologie*, 1. Band, 1. Abschnitt. Neuveröffentlichung mit text-kritischen Anmerkungen, hrsg. von Wataru Hiromatsu(Kawadeshobo-Shinsha Verlag, Tokio 1974), p. ix의 Ⅱ·6, Ⅱ·6·1-4를 보라.

[20]~[21] 부분은 "Ⅲ. 성 막스"장, "D. 교회 정치Die Hierarchie" 절의 퇴고 과정에서 "I. 포이어바흐"장으로 옮겨 왔으며, iii)의 보겐 [84]~[92] 부분은 "Ⅲ. 성 막스"장의 "시민 사회로서의 사회Die Gesellschaft als bürgerliche Gesellschaft"의 일부로 집필이 시작되었으나 집필 도중, 또는 집필 직후 "I. 포이어바흐"장으로 옮겨 온 것으로 보는 것이 일반적인 견해이다.

어쨌든 우리가 『독일 이데올로기』의 연구에 있어서 이 기저고에 주목하는 것은 그것의 내용은 물론이요, 이 기저고의 집필 상태에서 나타나는 마르크스와 엥겔스의 공동 작업 형태에 주목하는 일면도 없지 않다 하겠다. 사실 우리는 현존하는 『독일 이데올로기』의 초고 형태에 주목하면서 이 저작에 대한 두 사람의 참여도를 중심으로 엥겔스의 단순한 구술 필기설(口述筆記說)에서 그의 주도설에 이르기까지의 다양한 논의가 전개되고 있음을 보게 된다.

저자는 마르크스와 엥겔스의 『독일 이데올로기』 공동 집필 과정을 1) 최초의 초안Entwurf od. Konzept과 이를 중심으로 한 두 사람간의 토론, 2) 초안에 대한 수정과 청서(淸書), 3) 청서에 근거한 첨삭과 편찬상의 지시, 그리고 4) 출판을 위한 최종고Druckfassung, Druckvorlage, od. Reinschrift의 4단계로 나눈 바 있다.[15] 사실 이 같은 『독일 이데올로기』의 다양한 공동 집필의 단계는 엥겔스가 파리에 있는 마르크스를 만나 의기투합하여 바우어를 비판하는 저술을 기획하고, 이어서 엥겔스가 그의 짧은 파리 체재 기간 중에 몇 개 장절을 탈고한 뒤 훌쩍 독일로 떠나버린 『신성 가족』의 경우와는 구별된다고 하겠다. 1845년 봄 이래 마르크스가 거주하던 브뤼셀에서 합

---

15) 정문길, 앞의 책, pp. 97~98, 149, 187~88.

류한 이들 두 사람은 우선 『신성 가족』의 공저자로서 바우어로부터
의 공격에 함께 대처해야 했으며, 영국 방문으로 얻은 구체적 경험과
성과를 통해 청년 헤겔파, 특히 포이어바흐와의 명백한 결별—독일
적 관념론의 청산—을 선언함으로써 당면한 정치적 투쟁에서 그들
의 입장을 명백히 할 필요가 있었던 것이다. 그리하여 그들 두 사람
은 이 같은 당면 과제의 수행을 위해 마르크스의 집을 근거로 하여
『독일 이데올로기』의 집필에 전념했다는 사실은 예니 마르크스
Jenny Marx나 엥겔스의 회고를 통해 확인되고 있다.[16]

그러나 이들이 남겨놓은 『독일 이데올로기』의 유고는 1910년대에
이 초고를 최초로 체계적으로 검토한 마이어에 의해 다음과 같이 묘
사되고 있다.

> [……] 적어도 현존하는 초고의 모든 부분이 [……] 출판을 위한
> 최종고druckfertiges Examplar에 속하는 것으로는 보이지 않는다. 많
> 은 블라트가 최초의 초안Konzept의 흔적을 보이고, 또 그 가운데는
> 마르크스와 엥겔스가 결코 인쇄 가능한 것이라고는 볼 수 없었을 표
> 현들이 나타나며, 이렇다 할 이행 과정 없이 새로운 연관 부분이 시작
> 되기도 하며, 페이지 매김도 통일되지 않고 있다.[17]

이처럼 『독일 이데올로기』의 현존 초고는 전체적으로 볼 때 마르
크스와 엥겔스의 공동 집필의 제단계가 공존하고 있으나 전술한 바

---

16) Jenny Marx, "Kurze Umrisse eines bewegten Lebens," *Mohr und General.*
   Erinnerungen an Marx und Engels(Dietz Verlag, Berlin 1964), S. 206; Engels an Laura
   Lafargue, 2. Juni 1883, MEW, Bd. 36, S. 33~34.
17) Gustav Mayer, "Die 'Entdeckung' des Manuskripts der Deutschen Idelogie," *Archiv für*
   die Geschichte des Sozialismus und der Arbeiterbewegung, Band XII(1926), S. 287.

와 같이 당초 출판을 위해 독일로 보내졌던 원고는 마르크스의 수정, 보완이 없지 않으나 3)과 4)의 단계가 주축을 이루고 있다. 그러나 미완성의 상태로 남아 있는 "I. 포이어바흐"장의 경우에는 4개의 집 필 단계가 공존하고 있으며, 특히 기저고의 경우는 2)와 3)의 단계가 주축을 이루고 있는 것으로 판단된다. 따라서 이 "I. 포이어바흐"장의 현존 초고의 상태를 근거로 하여 공동 집필 과정에서 마르크스와 엥겔스 가운데 과연 누가 주도적인 역할을 했겠느냐 하는 논의는 이미 일찍부터 있어왔던 것이다.

주지하다시피『독일 이데올로기』의 초고는, 기본적으로 엥겔스에 의해 좌란의 본문 Grundtext이 집필되고 우란에는 마르크스에 의한 첨가, 수정이 행해지고 있다. 따라서 필적만으로 이의 주도적 저자가 누구냐를 따질 경우 엥겔스의 역할은 절대적인 것이라 하겠다. 그러나 마이어는 필적만으로 이의 저자가 누구라는 결론을 내리는 것을 경계하면서 "애초부터 두 사람은 서로의 정신적 재산을 구분함이 없이 특정한 목적을 달성하려고 했다"고 주장하고, 이 같은 표면상의 특징에 대해서는 마르크스가 악필이고 엥겔스는 달필이었기에 후자가 "곧잘 인쇄용 최종고의 정서만이 아니라 그들 두 사람이 이미 대화를 통해 합의에 이른 내용을 원고지에 옮기기도 했다"고 설명함으로써 엥겔스 필사(筆寫)설을 제기했었다.[18] 한편 리야자노프는 이 같은 초고 형태를 근거로 볼 때 "특히 제1절('Die Ideologie überhaupt, namentlich die deutsche'[기저고의 i), ii) 블록, 즉 S. 8~29와 30~35까지 포함])의 경우, 두 사람의 공동 저작이라고 하더라도 마르크스가 엥겔스에게 그 내용을 구술, 필사케 했다 in die Feder diktierte는 인

---

18) G. Mayer, *Friedrich Engels. Ein Biographie*. Erster Band, *Friedrich Engels in seiner Frühzeit*, 2., verbesserte Aufl.(Martinus Nijhoff, Haag 1934), S. 226~27.

상을 준다"고 지적함으로써 엥겔스의 구술(口述) 필기설을 주장하고 있다.[19] 물론 마이어와 리야자노프는『독일 이데올로기』의 특정 부분에서의 엥겔스의 독자적인 집필을 인정하고 있지만 기본적으로 마르크스의 주도설에서 크게 벗어난 것은 아니라고 하겠다.[20]

그러나 1960년대에 일본의『독일 이데올로기』에 대한 새로운 관심과 연구를 주도한 히로마츠는 종래의 통설과는 달리 이를 뒤집는 엥겔스 주도설을 제기하고 있다. 그는 레닌의 마르크스와 엥겔스의 일체설(一體說)로 말미암아 엥겔스의 독창성이 간과되었음을 지적하면서 이 같은 엥겔스에 대한 종래의 과소평가를 역전시키기 위해『독일 이데올로기』가 엥겔스의 주도에 의해 집필되었다고 주장하게 된다. 다시 말하면 그는『독일 이데올로기』, 'I. 포이어바흐"장에 나타나는 유물사관은 엥겔스의 제창에 의한 것이고, 마르크스는 엥겔스의 선행(先行), 선도(先導)에 따라 자기소외론을 청산하고 물상화론으로 옮겨 갔다는 이른바 엥겔스 주도론을 제창하고 있는 것이다.[21] 어쨌든 히로마츠에 의해 야기된 1960, 70년대의 일본의『독일 이데올로기』, 특히 'I. 포이어바흐"장에 대한 이론적 논쟁은 'I. 포이어바흐"장의 초고에 나타나는 필적과 그에 따른 마르크스와 엥겔스

---

19) D. Rjazanov, "Aus dem literarischen Nachlaß von Marx und Engels, Marx und Engels über Feuerbach(Erster Teil der 'Deutschen Ideologie'): Einführung des Herausgebers," *Marx-Engels-Archiv*, 1. Band[1926], S. 217. 〔 〕안은 저자.

20) 마이어는 "이 두 사람의 자유로움, 기민함, 능란함으로 하여 엥겔스는 가끔 여러 절 manche Abschnitte을 독자적으로 완성한 것으로 추측된다고 표현하고, 리야자노프는 'I. 포이어바흐"의 "둘째 절〔기저고의 iii)블록으로 S. 40~72]은 엥겔스가 구술에 의하지 않고 단독으로 집필한 것으로 보인다"는 단서를 달고 있다. G. Mayer, 앞의 글; D. Rjazanov, 앞의 글.

21) 廣松涉,『エンゲルス論－その思想形成過程』, 盛田書店, 東京(1968), pp. 243~45, 301~02. 정문길,「1960년대와 70년대 일본 학계의『독일 이데올로기』논쟁」, 정문길,『마르크스의 사상 형성과 초기 저작』, pp. 271~75도 참조.

의 몫, 그리고 각 초고의 집필 순서를 근거로 이루어지는 것이기에 초고 원형의 완벽한 복원이 논쟁의 출발점으로 기능하고 있다.[22] 따라서 일본에서는 기왕의 독일어 제판과 히로마츠판의 존재에도 불구하고『독일 이데올로기』, "I. 포이어바흐"장의 새로운 편찬과 발행이 지금도 시도되고 있는 것이다. 여기에서 우리는 자연 현재 편찬 작업이 진행 중이고, 따라서 머지않아 출판될 것으로 기대되는, '국제 마르크스-엥겔스 재단Internationale Marx-Engels-Stiftung: IMES'이 주도하는 신MEGA판의『독일 이데올로기』의 편찬과 발행에 주목하게 되는 것이다.

4.『독일 이데올로기』, 특히 "I. 포이어바흐"장의 재현 문제

『독일 이데올로기』는 그 방대한 분량으로 하여 이의 전권의 출판은『마르크스-엥겔스 전집』(구MEGA, Bd. I/5, 1932),『마르크스-엥겔스 저작집』(MEW, Bd. 3, 1958)과 같은 전집이나 총서(Bücherei des Marxismus-Leninismus, Bd. 29, 1953)에 한정되고 대부분의 경우는 'I. 포이어바흐"장과 다른 장절의 부분적 발췌에 머무는 것이 일반적인 관례였다. 그런데 우리들이 여기서 주목하는 것은 마르크스와 엥겔스의 초고에 기초한『독일 이데올로기』의 출판된 텍스트는 기본적으로 1932년에 발간된 구MEGA 판본이 기초가 되어 오독이나 탈자, 오자를 수정하는 형식을 취하는 것이 일반적인 방식이었으

---

22) 정문길, 앞의 책, pp. 271~304.

나, "Ⅰ. 포이어바흐"장의 경우에는 그 사정이 반드시 일치하는 것이 아니었다는 점이다.

『독일 이데올로기』, "Ⅰ. 포이어바흐"장 초고의 텍스트 재현은 이미 1926년의 리야자노프판(R판)에서 출발하여, 1932년의 구MEGA판(A 판)과 란츠후트/마이어판(L/M판), 그리고 전후 1960년대의 바가투리야판(1965, B판)〔이의 변형으로서의 독일의 틸하인판(1966, D판)〕,[23] 1970년대의 신MEGA 시쇄판(試刷版, 신MEGA판), 일본의 히로마츠판(1974, H판) 등 다양한 형태로 나타나고 있다.[24] 그런데 이들 각 판본의 "Ⅰ. 포이어바흐"장의 텍스트 재현에서 우리들이 주목하는 것은 이들 판본의 편자들이 모두 "Ⅰ. 포이어바흐"장의 텍스트를 우선 큰 묶음의 기저고와 작은 묶음의 초고 단편의 2개 부분으로 나눈 뒤, 이들을 편자의 편찬 의도에 따라 정리하고 있다는 점이다. 물론 이들 편자의 기본적 의도는 전체적으로는 초고의 원형을 어떻게 하면 가장 이상적으로 살릴 수 있을까의 문제였고, 다음으로는 작은 묶음의 초고

---

23) IML beim ZK der SED, "Neuveröffentlichung des Kapitels I des 1. Bandes der 'Deutschen Ideologie' von Karl Marx und Friedrich Engels," vorbereitet und eingeleitet von Inge Tilhein, *Deutsche Zeitschrift für Philosophie*, 14. Jahrgang, Heft 10(1966), S. 1199~254. 이 틸하인판은 1970년에 발간된 『마르크스-엥겔스, 6권 선집』(Karl Marx/Friedrich Engels, *Ausgewählte Werke in sechs Bänden*, Dietz Verlag, Berlin 1970~1972), Bd. I(1970), S. 201~77에 게재된 "포이어바흐—유물론적 관점과 관념론적 관점의 대립"의 기저가 되고 있다. 그러나 내용 면에서는 전자가 초고 원문에 사선으로 삭제된 부분을 각주에 밝히고 있으나 후자는 이를 전혀 게재하지 않고 있다. 한편 후자를 저본으로 한 대중 보급판 마르크스-엥겔스의 『포이어바흐—유물론적 관점과 관념론적 관점의 대립*Feuerbach : Gegensatz von materialistischer und idealistischer Anschauung(Erstes Kapitel des I. Bandes der 'Deutschen Ideologie')*』이 레클람판(Verlag Philipp Reclam jun., Leipzig 1970)과 "마르크스주의-레닌주의 소총서Kleine Bücherei des Marxismus-Leninismus" 판(Dietz Verlag, Berlin 1971) 중의 한 권으로 발간되었다.

24) 정문길, 「『독일 이데올로기』, 「Ⅰ. 포이어바흐」장의 재구성」, 앞의 책, pp. 185~248. 각 판본의 약호는 R판, A판, B판의 경우 보편적으로 약칭되나 L/M판, D판, H판 등의 경우는 저자가 편의적으로 붙인 것이다.

단편을 마르크스와 엥겔스의 본래의 의도에 맞추어 배열하는 것이었다. 따라서 이 글은 이 같은 각 판본의 서로 다른 편찬 양태를 큰 묶음의 기저고를 포함한 전체 초고의 재현 양식에 관한 문제와 작은 묶음 초고 단편의 배열 순서라는 두 가지 측면에서 검토해보고자 한다.

4-1. 기저고를 포함한 전체 초고의 재현 양식에 관한 문제

『독일 이데올로기』의 "I. 포이어바흐"장을 최초로 소개한 R판은 이 책의 최초의 소개에 걸맞게 초고 내용의 충실한 소개를 목적으로 하고 있다. 그리하여 R판은 평면적인 텍스트의 나열이긴 하나 본문 텍스트에서 초고의 삭제·말소 부분을 살리고, 초고의 외형적 특징은 각주를 통해 상세히 밝히고 있다. 따라서 R판은 통상적인 조판 형태를 통해 전달할 수 있는 초고의 원형에 대한 정보를 가장 충실히 전달하고 있는 판본의 하나라고 하겠다.

이에 반해, A판은 "I. 포이어바흐"장을 "마르크스와 엥겔스가 1846년 7월, 그들의 출판 계획이 좌절되기 이전에 계획했던 형태로 복원시킨다는 원칙"[25] 하에서 텍스트의 대담한 재구성을 시도했다. 다시 말하면 그들은 초고를 "미정형"의 것으로 규정하고, 거기에 나타나는 수많은 분절선(分節線)Trennungsstriche을 근거로 문장들을 분리한 뒤, 이를 방주Randglossen나 편찬상의 주Angaben에 따라 그 배열을 재구성하는 방법을 택했던 것이다. 따라서 A판은 가히 초고를 환골탈태(換骨奪胎)시키듯 재구성함으로써 고도의 체계성을 갖추게 되고, 나아가 "유고의 내용을 더욱 수미일관"하게 함으로써 그 "내용을 더욱 용이하게 이해할 수 있게" 했다는 평가를 받아왔

---

25) MEGA¹ I/5, S. XVII.

다.[26] 그러나 우리가 이 같은 A판의 텍스트를 초고 원형과의 관계에서 검토한다면, R판의 경우 우리는 재현된 텍스트를 통해 그 원형을 가늠할 수 있으나, A판의 경우는 권말(卷末)의 본문 이고(異稿)Textvarianten를 엄밀히 검토하지 않으면 그 원형을 추측하기가 쉽지 않다는 취약점을 가지고 있다. 그럼에도 불구하고 A판은 그것이 마르크스와 엥겔스의 "역사적-비판적 전집historisch-kritische Gesamtausgabe"에 게재되었다는 점에서,[27] 그리고 A판 발간 이후의 마르크스와 엥겔스, 그리고 마르크스주의에 대한 연구가 스탈린의 획일적 지배 정치에 전적으로 종속되었었다는 역사적 상황에 의해 발간 이후 거의 30년에 이르도록 그 절대적 권위를 유지할 수 있었던 것이다.

그러나 1960년대에 들어오면서 A판의 권위는 정면으로 도전 받게 된다. "1932년의 모스크바 연구소판(A판을 지칭)이 시도한 텍스트의 위치 변경Umstellung은, 그와 같은 위치 변경의 정당성을 획득하기 위한 신중한 검토나 초고와 그 내용에 대한 가일층의 연구가 제시된 바 없어 이른바 필연적인 것도, 또 충분한 근거가 있는 것도 아니다"라는 표현에서 명백한 것처럼 A판의 텍스트 배열은 도전 받게 되었으며,[28] 이 같은 도전은 1962년 바네에 의해 발견된 초고 블라트에 의해서도 그 정당성을 획득하게 된다. 따라서 이후의 『독일 이데올로기』, 'I. 포이어바흐"장의 편찬은 A판과는 다른, 이른바 초고의 원형

---

26) 廣松涉, 「『ドイシ・イデオロギー』編輯の問題點」, 『唯物論研究』 21號(1965年 春號), p. 106; 重田晃一, 「『ドイシ・イデオロギー』公刊史に關する覺書」(2), 『關西大學經濟論集』 第12卷1號(1962. 4), p. 66.
27) "역사적-비판적" 전집이란, 확실한 전승(傳承) 자료에 의존하고, 나아가 현대의 텍스트 비판 방법에 의해 철저히 자료를 음미한 전집을 의미한다.
28) IML beim ZK der SED, "Neuveröffentlichung des Kapitels I des 1. Bandes der 'Deutschen Ideologie' von Karl Marx und Friedrich Engels," S. 1198.

에 충실한 텍스트의 재현에 치중하게 되었다.

1960년대에 들어 A판에 도전한 B판과 D판의 경우, 모든 초고의 재현은 큰 묶음의 기저고의 경우 마르크스의 페이지 번호를 근거로 하여 배열하고(여기에는 1962년에 발견된 S. 1~2가 포함된다), 작은 묶음의 초고 단편 또한 엥겔스와 제3자의 보겐 번호를 수용하고 있다. 우선 이들 판본은 좌란의 지문을 본문 텍스트로 하고, 마르크스(와 엥겔스)에 의한 우란의 보유는 성문(成文)으로서 지문과 직접적으로 연결될 경우(연결 위치가 명시된 경우를 포함하여) 해당 부분의 지문에 포함시키고, 지문과 직접 연결되지 않는 독립된 구절은 지문과 지문 사이에 별도로 게재하거나 혹은 짧은 방주나 단어들(주로 편집상의 지시나 정서 시의 참고를 위한 단어나 글들)은 각주에 부기하고, 그 필적이 누구의 것인가를 밝히는 재현 방법을 택하고 있다. 나아가 이들 여러 판본은 초고 원문에서 사선으로 삭제된 부분도 그 위치와 내용을 각주에서 살리고 있다는 점에서, 우리는 이들 판본이 기본적으로 R판으로 회귀하고 있음을 보게 된다.

그러나 기저고를 포함한 모든 초고의 재현 방법에 있어서 획기적인 것은 신MEGA 시쇄판과 H판의 텍스트 재현이다. 이들 양 판은 시각적으로 초고의 원형을 그대로 살려, 2란 혹은 맞보기의 양 페이지를 이용하여 왼쪽에 초고 좌란의 지문을, 그리고 오른쪽에 초고 우란의 보유와 방주, 편집상의 지시 등을 게재함으로써 초고의 원래 모습을 독자들에게 전하고 있다. 그러나 2란 혹은 2페이지 구성이라는 편집상의 획기적인 시도를 한 신MEGA 시쇄판이나 H판 역시 초고 원형의 완벽한 재생이라는 점에서 볼 때 반드시 최선의 것이냐에 대해서는 이론의 여지가 있다고 하겠다.

우선 신MEGA 시쇄판의 경우, 그것이 가지고 있는 결함은 이미 일본의 연구자들에 의해 지적된 바와 같이 학술적 아파라트 wissenschaftlicher Apparat에 붙어 있는 이문명세(異文明細) Variantenverzeichnis의 문제다.[29] 이 이문명세 중 상당한 부분을 차지하는 삭제 또는 말소 부분의 표기를 위해 쓰인 복잡하고도 다양한 부호는 마치 퀴즈 문제를 풀듯 본문과 이문명세를 대조해야 하는 어려움을 동반하고 있다. 따라서 이를 비판하는 일본의 연구자들은 하나같이 이것이 "각판 비교에 쓰이는 병기법(倂記法)을 쓴다면 별다른 부호의 사용이 불필요하여 훨씬 간소화될" 것이라고 보고 있다. 바꾸어 말하면 H판의 경우처럼 삭제 또는 말소 부분을 본문 텍스트에서 특수한 편집 방법으로 살릴 수 있었다면 훨씬 간편하고도 일목요연한 텍스트의 재현이 가능했을 것이라는 주장이다.[30]

한편 H판은 맞보기의 양 페이지 편집을 통해, 그리고 각 블라트에 매겨진 원래의 페이지 번호별로 엥겔스의 지문은 짝수 페이지에, 추보 · 방주 · 편찬상의 지시 등은 기본적으로 홀수 페이지를 이용하고 있다. 나아가 H판은 삭제 혹은 말소 부분도 본문 가운데서 작은 활자로 살리고, 지문은 로만Roman체 활자로, 수정 · 추보 · 방주 · 편찬상의 지시 등은 마르크스와 엥겔스의 필적을 구분하여 전자는 볼드Bold체, 후자는 이탤릭체를 사용하여 구분함으로써 초고의 원형에 일층 접근하고 있음이 사실이다. 그러나 H판은 짝수 페이지의 지문을 마주보는 홀수 페이지의 방대한 지면이 초고의 원형을 살리기

---

29) 土屋保男,「マルクス主義深化の最大の武器としての新メガ」,『新しいメガ―新マルクス=エンゲルス全集』(極東書店ニコース別冊, 東京, 1973), pp. 36~39; 廣松涉,「『ドイツ・イデオロギー』の文獻學的諸問題―新MEGA(試行)版に寄せて」, 前偈書, pp. 205~66.

30) 廣松涉, 앞의 글, pp. 212~17. 인용은 土屋保男, 앞의 글, p. 38. 한편 신MEGA 시쇄판의 결함, 특히 첨삭 부분의 기계적 처리가 지문 문제의 해명에 도움이 되지 못하고 있다는 논의가 고바야시(小林昌人)씨의 앞의 글(주 13) II절에 상세히 기재되어 있다.

보다는 후술하는 작은 묶음의 이고 · 정서고들을 배치하기 위해 이용되고, 메모풍의 난외주기(欄外註記)는 각주로 밀려나고 있으니 이는 편자 자신의 주장이나 변명에도 불구하고 H판의 결함으로 지적되지 않을 수 없는 것이다.[31] 그리고 큰 묶음의 기저고를 다루는 H판의 경우 1960년대의 다른 여러 판과 구별되는 것은 1962년 바네에 의해서 발견된 초고 블라트 중 마르크스에 의해 "1)"과 "2)"로 표기된 페이지 번호를 가진 초고를 "정위불명(定位不明)"이란 이유로 큰 묶음의 첫 블록에 속하는 S. 8~29에 선행하는 S. 1, 2가 아닌 부록으로 처리하고 있는 점이다. 그러나 H판의 이 같은 편집은 편자 자신의 이론적 타당성의 주장에도 불구하고 작은 묶음의 이고 [1?]-cd, [2?]-a와 [5]-abcd를 S. 11~16에 대한 이고로 홀수 면에서 연속적으로 처리한 것이나, [3]-abcd와 {4}-ab를 제2블록과 제3블록 사이의 결여된(분실된?) 초고를 메우기 위해 지문이 배치되는 짝수 면에 게재하고 있다는 점에서 지속적인 논란의 대상이 될 것이 분명해 보인다. 왜냐하면, 우리가 H판의 이 같은 초고 배열을 자의성(恣意性)이란 관점에서 판단한다면, 이는 편자 자신이 그처럼 비판하고 있는 다른 여러 판의 편자들과 크게 다를 바가 없다고 볼 수 있기 때문이다.[32]

---

31) K. Marx/F. Engels, *Die deutsche Ideologie*, Neuveröffentlichung des Abschnittes 1 des Bandes 1. Mit text-kritischen Anmerkungen, hrsg. von Wataru Hiromatsu(Kawadeshobo-Shinsha Verlag, Tokio 1974), p. xvi, 「Ⅳ. 本版의 編輯」 중 Ⅳ · 2 · 4 · 2 및 Ⅳ · 2 · 4 · 4를 보라. 히로마츠 자신이 이 같은 처리의 미진함이나 각주에서의 공관적 방법의 채택이 이루어지지 않은 것이 인쇄 기술이나 인쇄 경비상 부득이 했다는 점을 인정하고 있으나, 하나의 학문적 성과로서의 H판의 공과와는 별개의 문제라고 하겠다. 廣松渉, 『「ドイシ・イデオロギー」研究の現段階』, 앞의 책, p. 294; 정문길, 「1960년대와 70년대 일본 학계의 『독일 이데올로기』 논쟁」, 앞의 책, pp. 269~70의 주 23).

32) Marx/Engels, *Die deutsche Ideologie*, hrsg. von W. Hiromatsu, S. xvii의 Ⅳ · 4 · 1 · 3. 정문길, 『『독일 이데올로기』』, 「Ⅰ. 포이어바흐」장의 재구성」, 앞의 책, pp. 235~36과 이 장의 주 14)도 보라.

4-2. 작은 묶음 초고 단편의 배열 문제

『독일 이데올로기』, "I. 포이어바흐"장의 재현에 있어서 직면하는 또 하나의 어려움은 7매의 초고 단편(여백을 포함하여 모두 26페이지)으로 형성된 작은 묶음의 정서고 및 이고를 이 "I. 포이어바흐"장에서 어떻게 배열할 것이냐의 이른바 배열 순서에 관한 문제이다. 5개 부분으로 구분되는 이들 7매의 초고 단편을 개략적으로 설명하면 다음과 같다.[33]

ⓐ 〔1?〕-ab: "I. Feuerbach"란 표제를 가진 "I. 포이어바흐"장의 전체적 서론으로, 정서고 {1}-ab의 초고이다. 마르크스와 엥겔스에 의한 수정, 말소 부분이 산재한다. 말소 부분이 〔1?〕-c의 윗부분(ⓑ가 시작되는 곳)까지 연결된다.

ⓑ 〔1?〕-cd, 〔2?〕-a: "I. Die Ideologie überhaupt, speciell die deutsche Philosophie/A."라는 표제를 가진 이 부분은 〔1?〕-ab와 같은 보겐을 이용하고 있어 "I. 포이어바흐"장 전체 서론의 연속으로 집필된 것으로 보이나 마르크스의 수정은 전혀 나타나지 않는다. 여기서는 유물론적 역사관의 제전제가 서술되고 있다. 〔2?〕-bcd는 여백.

ⓒ {1}-ab: "I. Feuerbach"란 표제를 갖고 있는 "I. 포이어바흐"장의 전체 서론으로, 초고 〔1?〕-ab의 정서고이다.

ⓓ {2}-abcd: "I. Feuerbach/A. Die Ideologie überhaupt, namentlich die deutsche"란 표제를 가지고 있다. 마르크스의 수정과

---

33) 보겐 번호 표시에 있어서 "〔 〕"로 표시한 것은 엥겔스가, "{ }"로 표시한 것은 제3자(베른슈타인의 필적으로 간주하는 것이 통설이다)가 기록한 것이다. 그러나 각 판본마다 그 필적이 누구의 것인가에 대해서는 의견이 일치하지 않고 있다. 정문길, 『독일 이데올로기』, 「I. 포이어바흐」장의 재구성」, 앞의 책, p. 199의 도표 설명을 참조.

〈표 1〉 리야자노프 이래 각 판본의 "I. 포이어바흐"장 작은 묶음의 배열 순서

판본		R판	A판	B판(D판)	신MEGA시쇄판	H판
작은 묶음	ⓐ [1?]-ab "I. Feuerbach"/ "Wie ⟨unsere⟩ deutsche⟨n⟩ Ideologen ⟨versichern⟩ melden, [⋯] [⋯], der außerhalb Deutschland liegt. ⟨⋯⟩"	I	본문 이고 부분 각주		이고명세	I-1***
	ⓑ [1?]-cd, [2?]-a(bcd)* "I. Die Ideologie überhaupt, speciell die deutsche Philosophie/A."/ "⟨⋯⟩/Die Voraussetzungen [⋯] [⋯] durch die Produktion bedingt."	III	III	III	III	III-1***
	ⓒ {1}-ab** "I. Feuerbach."/ "Wie deutsche Ideologen melden [⋯] [⋯], der außerhalb Deutschland liegt."	생략	I	I	II	I
	ⓓ {2}-abcd "I. Feuerbach/A. Die Ideologie überhaupt, namentlich die deutsche."/ "Die deutche Kritik [⋯] [⋯] eignen materiellen Umgebung zu fragen."	II	II	II	I	II
	ⓔ [3]-abcd, {4}-ab(cd)* "Die Beziehungen verschiedener Nationen [⋯] [⋯] einen Monarchen an der Spitze."	IX****	IV	IV	IV	V*****
	ⓕ [5]-abcd "Die Tatsache ist also die: [⋯] [⋯] an historischen Beispielen erläutern."	IV	V⋯	V	V	III-2***
큰 묶음	S. 1~2	/	/	VI	VI	부록
	[6]~[11] (S. 8~29)	V	?	VII	VII	III
	[20]~[21] (S. 30~35)	VI	?	VIII	VIII	IV
	[84]~[92] (S. 40~72)	VII	?	IX	IX	VI
	[92]-b (마지막 메모)	VIII	부록	X	X	VII

작은 묶음의 보겐 표시 "[ ]" "{ }" 밑에 있는 원문은 앞부분이 초고 단편의 문장의 시작이고, 뒷부분이 마지막 문장의 원문이다([⋯] 내는 생략, ⟨⋯⟩ 내는 말소 부분을 표시한다).

* [2?]-bcd와 {4}-cd는 여백.
** 보겐(4페이지)의 반인 블라트(2페이지)이다.
*** 짝수 면의 본문 주 텍스트에 대응하는 초안이나 개정 이고로 홀수 면에 게재.
I-1: [1?]-ab가 정서고 {1}-ab의 초고이기에 지문 {1}-ab에 대응하는 홀수 면에 게재.
III-1, III-2: [1?]-cd, [2?]-a와 [5]-abcd를 연결시켜 큰 묶음 제1블록의 S. 11~16의 이고로 간주, 홀수 면에 게재.
**** "I. 포이어바흐"장의 텍스트 최후에 배치.
***** [3]-abcd와 {4}-ab를 큰 묶음 제2블록과 제3블록 간의 분실된 S. 36~39를 메우는 것으로 간주, 지문이 배치된 짝수 면에 게재.

말소 부분이 보인다. 제1블록의 서설로 보이기도 한다.

ⓔ 〔3〕-abcd, {4}-ab: 독립된 초고 단편으로 보겐 〔3〕, {4}가 연속 집필되고, 엥겔스의 즉각적인 수정Sofortvariante과 수정·보완이 보인다. 생산과 교통, 분업과 소유의 제형태를 기술하고 있다. {4}-cd 는 여백으로 남아 있는데 이는 앞의 주제의 전개를 위한 것으로 보인다.

ⓕ 〔5〕-abcd: 독립된 초고 단편으로 마르크스와 엥겔스의 수정, 말소 부분이 보인다. 유물론적 역사관의 본질, 사회적 의식이 사회적 존재에 종속되고 있음을 거론하고 있다.

그러나 주지하다시피 이들 5개 단편의 배열 순서에 대해서는 리야자노프 이래의 여러 판본이 하나같이 서로 다른 입장을 보이고 있다. 이를 간략히 도표로 제시하면 앞의 〈표 1〉과 같다.

위의 표에서 우리들이 주목하는 것은 이 같은 작은 묶음의 서로 다른 배열이 어디서 유래하느냐 하는 것이다. 먼저 R판의 경우 주목되는 것은 ⓔ(보겐 〔3〕, {4})를 "I. 포이어바흐"장 전체의 맨 끝으로 보낸 것인데 편자는 이 같은 배열이 그 내용으로 보아 분명하다는 것이다. 그런가 하면 ⓒ({1})와 ⓓ({2})는 ⓐ(〔1?〕-ab), ⓑ(〔1?〕-cd, 〔2?〕-a)의 정서고이고, ⓕ(〔5〕)는 내용으로 보아 큰 묶음(그는 이를 "Hauptmanuskipt"라 지칭한다)의 모두(冒頭)로 집필되었다고 한다. 그리고 그는 "I. 포이어바흐"장 전체의 서론에 정서고(ⓒ) 대신에 이의 초고인 ⓐ를 이용하고 있으므로 기저고 앞 부분에서의 초고 단편의 배열 순서는 ⓐ, ⓓ, ⓑ, ⓕ이다.[34]

한편 A판의 편자는 "I. 포이어바흐"장 전체가 3개의 성층으로 되

---

34) D. Rjazanov, "Aus dem literarischen Nachlaß……," S. 220.

었다고 보고(큰 묶음의 기저고와 작은 묶음의 2개층), 작은 묶음의 보겐 〔1?〕~〔2?〕(ⓐ와 ⓑ)가 정서 이전의 초고 Reinschriftvorlage이고, 보겐 {1}~〔5〕(ⓒ, ⓓ, ⓔ, ⓕ)가 정서시고(淨書試稿)Reinschrift-sversuch이거나 부분적으로 정서고라는 것이다. 그런데 이들 양자의 경우 모두 "I. Feuerbach"(전자의 경우 〔1?〕-a에 "I. Feuerbach"가, 후자의 경우 {1}-a에 "Feuerbach"와 {2}-a에 "Feuerbach/A…")가 동일하게 나타나므로 장의 표제로서 무리가 없으며, 〔1?〕-c의 "Die Ideologie überhaupt, speciell die deutsche Philosophie/A."라는 표제 하의 기사(ⓑ)는 그 내용이 표제와 일치하지 않고, {2}-a의 "I. Feuerbach/A. Die Ideologie überhaupt, namentlich die deutsche"에 지양되고 있다고 보기에 작은 묶음의 초고는 ⓒ(ⓐ의 정서고), ⓓ, ⓑ, ⓔ, ⓕ의 순서로 배열되고 ⓐ는 권말의 본문 이고 Textvarianten 로 처리되고 있다.[35]

"I. 포이어바흐"장 전체를 4개 구성 부분(큰 묶음의 3개 부분과 작은 묶음을 포함)으로 나누는 B판과 D판의 경우,[36] 작은 묶음은 2개의 이고 Varianten(ⓐ, ⓑ의 5페이지)와 나머지의 정서고로 구성된다고 본다. 그리고 이들의 배열 순서는 집필 연대의 고증을 통해 기본적으로 정서고를 중심으로 배열한 뒤 정서 이전의 초고인 ⓐ(〔1?〕-ab)를 ⓒ({1}-ab)의 각주에 보완하고 ⓑ(〔1?〕-cd, 〔2?〕-a)는 정서고 ⓓ({2}-abcd) 다음에 삽입하고 있다. 이는 보겐 〔3〕 이하(ⓔ와 ⓕ)가 앞

---

35) "Die Richtlinien für die Redigierung der Manuskripte. I. Feuerbach," MEGA¹ I/5, S. 561 및 "Textvarianten," 같은 책, S. 566~67.
36) 전체를 4개의 구성 부분으로 하고 이를 26개의 파라그라프 paragraph로 나누는 이들 판본은 B판이 이들 개개 파라그라프에 초고에서 사용한 표제를 포함하여 모두 제목을 붙인데 비해 D판은 원래 초고에 있는 표제만을 텍스트에서 살리고 있다.

부분과는 달리 분업의 발달, 상이한 재산 제형태의 전개를 다루고 있기 때문이라는 것이다. 그러나 여기서 우리가 주목할 것은 B판이 〔1?〕-c의 머리에 있는 표제 "I. Die Ideologie überhaupt, speciell die deutsche Philosophie/A."와 말소 부분을 ⓒ({1}-ab)의 말미 각주에 삽입한데 반해 D판은 이를 ⓓ({2}-abcd) 다음에 표제와 더불어 "A"에 대한 각주 형태로 말소 부분을 삽입하고 있다는 점이다.[37]

한편 텍스트의 재현에 있어서 초고의 성립 연대순과 원형의 재현에 강조를 두는 신MEGA 시쇄판은 큰 묶음의 경우 텍스트의 위치 변화나 구획을 마르크스나 엥겔스의 지시가 있는 곳에만 한정하고 있다. 따라서 신MEGA 시쇄판은 작은 묶음 초고의 재현에 있어서도 다른 여러 판본과 구별되고 있다. "의외로 풍부한 텍스트의 발전 과정"을 보여주는 "I. 포이어바흐"장의 텍스트 배열에 있어 이 판은 그 머리 부분, 즉 작은 묶음의 배열에 있어서 "필적의 현상 형태 handschhriftlicher Befund가 인도하는 인식 안에서 innerhalb der Erkenntnisse" 이를 재구성하고 있다. "역사적-비판적 전집"은 모든 가정을 포괄적으로 검토할 수 있는 근거가 되어야 한다고 주장하는 이 신MEGA 시쇄판은 "I. Feuerbach"라는 장의 표제를 가진 3개의 초고 단편(ⓐ=〔1?〕-ab; ⓒ={1}-ab; ⓓ={2}-abcd) 가운데 ⓓ가 ⓐ 나 ⓒ에 '시기적'으로 선행한다고 주장하면서 ⓓ를 맨 처음에 두고, 다른 모든 판본이 "I. 포이어바흐"장의 서론이라고 간주하는 ⓒ(이의 초안인 ⓐ는 아파라트에서 공관적 방식 synoptische Lösung을 통해 지

---

37) K. マルクス/F エンゲルス著, ゲ・ア・バガトゥーリヤ編集, 花崎皐平譯, 『新版ドイシ・イデオロギー』(合同出版, 東京 1966)〔B판의 일본어 역〕, pp. 194~96, 23~24; IML beim ZK der SED, "Neuveröffentlichung des Kapitel I des I. Bandes der 'Deutschen Ideologie' von Karl Marx und Friedrich Engels," S. 1198, 1251~52, 1202 등 참조.

문을 비롯한 수정 · 추보 · 말소 등을 상세히 보고하고 있다)를 두번째로, 그리고 이어서 ⓑ를 배열한 뒤, ⓔ와 ⓕ를 게재하고 있다.[38]

마지막으로 작은 묶음의 배열에 있어서 지극히 특징적인 H판을 검토해보자. H판은 6보겐 1블라트의 작은 묶음이 기본적으로 기저고의 결손된 부분을 메우기 위해 집필되었다고 본다. 즉 마르크스의 페이지 번호를 중심으로 기저고를 구획하면 제1블록(S. 8~29)에는 그 머리 부분에 7페이지의 결손이, 제2블록(S. 30~35)과 제3블록(S. 40~72) 사이에는 4페이지의 결손이 보이나 이는 진정한 의미의 결손이 아니라 작은 묶음의 정서고로 보완된다고 보고 있다.[39] 3개의 블록으로 나누어진 기저고는 퇴고 과정에서 삭제 · 수정 · 추보되었으나 이 기저고만으로는 "I. 포이어바흐"장의 유기적인 구성이 미흡하다고 보고 이를 신고(新稿)로 집필하거나 아니면 개작할 수밖에 없었는데, 이 경우에 이용된 것이 작은 묶음의 정서고라는 것이다. 여기서 그는 정서고 ⓒ({1}-ab)를 "I. 포이어바흐"장의 서설로 보고, 이를 전체의 모두(冒頭)에 배치하고(ⓐ는 이의 초안이기에 그 오른쪽 홀수 페이지에 배치), ⓓ({2}-abcd)는 제1블록의 서설로서 S. 8~29 앞에 배치하고 있다.[40] 그리고 생산과 교통, 분업과 소유의 제형태를

---

38) Karl Marx/Friedrich Engels, "Die Deutsche Ideologie, I. Band, Kapitel I, Feuerbach, Gegensatz von materialistischer und idealistischer Anschauung," MEGA², Probeband(Dietz Verlag, Berlin 1972), S. 405, 408~09, 416, 419~25. 같은 책, S. 31*~32*도 보라.

39) 히로마츠는 진정한 의미의 결손, 즉 원고의 산실은 S. 29에 한정된다고 보았다. 그리고 이 S. 29는 다행히도 1962년 바네에 의해 발견, 공개된 바 있다. 廣松涉, 「『ドイシ・イデオロギー』編輯の問題點」, 『唯物論研究』 21號(1965年 春號), pp. 108~09.

40) H판은 1962년 바네에 의해 발견된 1매의 블라트(마르크스의 페이지 매김이 있는 S. 1~2)를 제1블록(S. 8~29)의 머리 부분으로 보기에는 의문스럽다고 본다. 원래는 "II. Sankt Bruno"에 속한 것으로 분류된 소재였으므로 "I. 포이어바흐"장에서의 위치는 불분명하고, 기껏 제1블록의 어딘가와 관련이 있다고 볼 수 있으나 H판에서는 이를 "정위불

서술하고 있는 ⓔ([3]-abcd, {4}-ab의 6페이지)를 제2블록과 제3블록 사이의 4페이지의 결손 부분(S. 36~39)을 메우는 정서고로 간주, 지문의 일부로 배열하고, 유물론적 역사관의 출발점을 제시한 ⓑ([1?]-cd)와 ⓕ([5]-abcd)는 연속하여 제1블록 S. 11~16의 이고로 간주, 이의 대응 면인 홀수 페이지에 배치하고 있다.[41]

5. 새로운 텍스트 편찬을 위한 몇 가지 제언——결론에 대신하여

지금까지 우리는 『독일 이데올로기』, 특히 "I. 포이어바흐"장이 그것이 갖는 중요성에도 불구하고 초고의 재현에 있어서 종래의 여러 판본들이 서로 상이한 텍스트의 재현을 시도하고 있음을 확인하게 되었다. 이는 두말할 필요도 없이 이들 여러 판본들이 결국은 '편찬자 자신'의 편찬 원칙, 다시 말하면 그 자신이 형상화한 『독일 이데올로기』상에 근거하여 이를 편집했기 때문이라고 하겠다.

기존 여러 판본의 편자들이 『독일 이데올로기』, 특히 "I. 포이어바흐"장에 대해 갖고 있는 착상Konzept은 우선 이 "I. 포이어바흐"장의 초고가 비록 정서 이전의 것이긴 하나 그것이 하나의 논리 체계를 가진 완형(完形)이냐 아니냐 하는 것이며, 이는 보겐이나 페이지 번호에 나타나는 결손이 산실이냐 아니냐의 문제와 직결된다 하겠다.

명(定位不明)"으로 규정, 부록에 게재한다고 밝히고 있다. Marx/Engels, *Die deutsche Ideologie*, hrsg. von W. Hiromatsu, S. xvii의 IV·4·1·3.

41) 廣松涉, 앞의 글, pp. 117~30; Marx/Engels, *Die Deutsche Ideologie*, hrsg. von W. Hiromatsu, S. x 및 정문길, 앞의 글, pp. 228~37 참조.

우선 R판, A판, H판은 i) 기저고 제1블록의 앞 부분(S. 8~29)에 결여된 5페이지(S. 3~7), 또는 7페이지(S. 1~7)와 ii) 제2블록(S. 30~35)과 제3블록(40~72) 사이에 결여된 4페이지(S. 36~39)의 결손이 실질적으로 산실된 것이 아니라고 보고 있다. 따라서 이들 제판은 A판의 경우처럼 추고를 위한 지시, 방주, 분절선, 삽입 지시를 "변증법적 관계로 해명하여" 초고의 텍스트를 "1846년 7월의 집필 계획에 따라" 대담하게 위치 변경Umstellung시켜 원형의 복원을 시도하거나 H판의 경우처럼 작은 묶음의 초고 단편을 독자적인 초고 단편으로서보다는 기저고의 앞머리나 가운데, 또는 특정 부분의 이고로 간주, 삽입하는 입장을 취하고 있다. 그런가 하면 R판은 편자 자신이 획득한 『독일 이데올로기』 전체 서문과 "II. 브루노 바우어, 1845~1846"을 제외하고는 초고의 분산을 인정치 않고 있다.[42] 이렇게 볼 때 적어도 "I. 포이어바흐"장에 관한 한 초고의 산실은 없는 것으로 판단하고 있다.

한편 1960년대에 발간된 B판과 신MEGA 시쇄판은 i)과 ii) 부분의 산실을 기정 사실로 인정하고 있다. 그러나 B판은 "I. 포이어바흐"장의 초고가 기본적으로 내적 논리에 의해 결합되고, 또 상호 보완하면서 일관되게 유물론적 역사관을 전체적으로 서술하고 있다고 보고 있다. 따라서 서로 분리된 듯 보이는 5개의 초고(작은 묶음의 [1?]-[2?]와 {1}-{5}, 그리고 기저고의 3개 블록)는 서술상의 4개 기본선(基本線)과, 성숙 단계상의 3개 고리[環]에 의해 밀접히 연관되어 있기

---

42) D. Rjazanov, "Aus dem literarischen Nachlaß······," S. 217; D. Rjasanoff, "Neueste Mitteilungen über den literarischen Nachlaß von Karl Marx und Friedrich Engels," *Archiv für Geschichte des Sozialismus und der Arbeiterbewegung*, 11. Jahrgang(Leipzig 1925), S. 388.

에 이들을 비교 대조하면 전체 장의 재구성, 복원이 가능하다고 보고 있다. 물론 B판은 이 같은 재구성이 전혀 결함이 없는 것은 아니나 적어도 이 같은 구조적 · 내용적 분석의 근거 위에서 "I. 포이어바흐" 장의 재구성을 시도했던 것이다.

그리고 다음으로 제기되는 문제는 작은 묶음의 배열 순서와 조판 체제에 관한 문제이다. 먼저 작은 묶음의 배열 순서 문제는 앞에서도 이미 언급한 바와 같이 각판 편자의 편찬 원칙, 즉『독일 이데올로기』, 특히 "I. 포이어바흐"장에 대한 착상이 가장 두드러지게 부각되고 있는 부분이다. 몇 개의 독립된 초고 단편으로 이루어진 이 작은 묶음에 관한 한 어떠한 판본의 편자도 초고의 완전한 유존에 대해서는 이론이 없다. 그러나 이들 초고 단편의 배열 순서는 R판이 초고의 서로 다른 성층(成層)의 차이를 배려하지 않은 채 초고 [3]-{4}를 급박하게 씌어진 기저고의 결론이라 간주하고 이를 맨 마지막에 "〔Teilung der Arbeit und Formen des Eigentums〕"란 표제하에 게재하고 있다.[43] 이러한 R판의 편찬 원칙은 기본적으로 초고에 산실이 없고 따라서 그것이 완형의 것이라는 믿음에서 출발하여, 작은 묶음의 독립성보다는 그 중의 특정 초고 단편이 기저고의 일부를 형성하거나 이고일 것이라고 보는 H판의 입장과도 일맥상통한다 하겠다.

그런가 하면 신MEGA 시쇄판은 신MEGA의 편집 원칙, 즉 집필시기das Datum der Abfassung에 따른 연대기적 배열 원칙에 따라 {2}-abcd를 "I. 포이어바흐"장 전체의 모두(冒頭)에 두고, {1}-ab(〔1?〕-ab의 정서고), [1?]-cd와 [2?]-a를 연결시키고 있다.[44] 그러

---

43) D. Rjazanov, "Aus dem literarischen Nachlaß……," S. 303 Anm. 1.
44) "Editionsrichtlinien der Marx-Engels-Gesamtausgabe(MEGA)," MEGA², *Probeband*, S. 43*, B · II · 1, 2, 3 및 S. 405, 408~09.

나 이 같은 신MEGA의 배열은 신MEGA 자체의 편집 원칙에 충실하려면 이 원칙을 작은 묶음에 한정, 적용하더라도 {1}-ab의 자리에 [1?]-ab가 배열되어야 하며, "I. 포이어바흐"장 전체로 볼 때에는 기저고의 3개 블록이 먼저 게재된 뒤 작은 묶음이 위의 순서대로 배열되는 것이 당연한 논리라 하겠다.

그리고 A판과 B판은 작은 묶음의 초고에 관한 한 이를 기본적으로 {1}에서 [5]에 이르는 보겐 번호를 따라 배열하고, 이고인 [1?]-cd와 [2?]-a를 2개의 독립된 초고 단편인 [3]-{4}와 [5] 앞에 배열하고 있다(R판과 신MEGA 시쇄판도 보겐 [3]-{4}와 {2}의 위치 변화를 제외하면 이고인 [1?]-cd와 [2?]-a를 기본적으로 작은 묶음 초고의 전반({1}, {2})과 후반([3]-{4}, [5])의 중간에 배열하고 있다). 우리는 이 상과 같은 초고 작은 묶음의 상이한 배열 순서가 기본적으로 개개 편자가 가지고 있는 "I. 포이어바흐"장에 대한 그들 각자의 개별적 착상과 밀접히 연결되어 있다고 지적한 바 있다. 그러나 우리는 이 같은 편자 개인의 개별적 착상보다는 좀더 '구체적인 사실'에 근거한 초고의 배열 순서는 무엇일까에 관심을 가지면서 현존하는 초고가 마르크스와 엥겔스, 그리고 베른슈타인Eduard Bernstein을 거쳐 독일 사민당 아키브SPD-Archiv와 국제사회사연구소IISG로 유전(流轉)하는 과정에서 나타나는 작은 묶음의 순서 매김에 주목하게 된다. 다시 말하면 『독일 이데올로기』의 전체 초고, 특히 "I. 포이어바흐"장, 그 가운데서도 이의 작은 묶음의 배열을 초고 오리지널이나 그 포토코피에서 확인하는 방법이다. 왜냐하면 이 초고에는 마르크스와 엥겔스, 그리고 베른슈타인을 비롯한 제3자에 의한 페이지 매김이 산견되고, 그것은 그런대로 초고가 마르크스와 엥겔스의 사후(1883년과 1895년) 베른슈타인을 거쳐, 사민당 아키브로(1924년), 그

〈표 2〉 "I. 포이어바흐" 장 작은 묶음의 정리 번호

I) Engels et al.*	ⓐ[1?]ab → ⓑ[1?]cd-[2?]a→ ⓒ{1}ab → ⓓ{2}abcd → ⓔ[3]abcd-{4}ab　　→ ⓕ[5]abcd
II) Bernstein	41 42→　　　43 44- 번호 없음→1 2→　　　3 4 5 6 → 7 8 9 10-11 12** 　→ 45 46 47 48
III) IISG(A7)	7 8→　　　9 10-11→　　　1 2→　　　3 4 5 6 → 12 13 14 15-16 17　　→ 18 19 20 21

* D. Rjazanov, "Aus dem literarischen Nachlaß …," S. 217~18; MEGA¹ I/5, S. 551.
** 13~14까지의 숫자가 결여되어 있는 것으로 보고되어 있다. 橋本直樹, 『ドイシ・イデオロギー』, "I. フォイエルバッハ"の手橋の編成に關して」, 『マルクヌ・エンゲルス・マルクヌ主義研究』, 第27號(1996年 6月), p. 78 주 15)와 pp. 79~87의 표.

리고 1933년의 나치스 집권기의 소개(疏開)와 국제회사연구소 IISG 에로(1938년) 전전하는 과정에서 유고의 보존과 정리를 위해 매겨진 정리 번호의 의미를 갖기 때문이다.

이들 정리 번호 중의 하나는 베른슈타인이 초고 오리지널의 우측 상단부에 기재한 일련 번호이고, 또 다른 하나는 IISG의 사서(司書) 가 기록한 것으로 보이는 포토코피의 우측 상단(초고 오리지널의 테 두리를 벗어난 포토코피의 우측 상부)에 "A7/1""A7/2"……식으로 매 겨진 일련 번호이다.[45] 이제 이들을 초고의 작은 묶음에 한정하여 간 략히 도표화하면 〈표 2〉와 같다.[46]

---

45) 여기서의 "A7"은 IISG의 구 목록 altes Inventar des Marx-Engels Nachlasses에서의 『독일 이데올로기』, "I. 포이어바흐"장의 표시 번호다.

46) 베른슈타인과 IISG의 정리 번호는 지금까지 마르크스와 엥겔스의 페이지 매김이나 보젠 번호를 설명하는 부차적 자료로만 언급되었을 뿐 본격적이고 체계적인 조사나 연구는 전 무한 형편이었다. 따라서 하시모토(橋本直樹) 교수의 도쿄 국제 세미나 발표 논문(1995 년 11월 2~3일, 「『ドイシ・イデオロギー』, "I. フォイエルバッハ"の手橋の編成に關し て」)은 이러한 공백을 메워주는 중요한 성과의 하나라고 하겠다. 저자도 1988년 1월과 1990년 1월에 IISG에서 이의 포토코피를 검토한 바 있으나 이 자료의 중요성에 대해서는 간과해버렸다. 따라서 이들 정리 번호는 유전하던 초고의 배열 순서, 특히 작은 묶음의 배 열 순서를 해명하는 데 기여할 것으로 생각된다.

여기에서 우리는 위의 번호 매김을 염두에 두고『독일 이데올로기』초고의 유전(流轉) 과정에서 있을 수 있는 배열 순서의 변동 가능성을 추정해볼 필요가 있다고 하겠다. 이 경우 우리가 상정하는 초고의 유전과 배열 순서의 변동 가능성은 1) 마르크스가 이를 보유했던 시기, 2) 마르크스로부터 엥겔스가 유증 받아 보유하던 시기, 3) 베른슈타인이 보관하다가 1924년 사민당 아카이브로 넘겨줄 때까지의 시기에 한정되고 있다. 그리고 또 다른 하나는 사민당 아카이브나 IISG 사서에 의한 변동 가능성이다.

먼저 1)의 경우, 원저자로서의 마르크스 자신의 초고의 수정이나 배열 순서의 변동은 아무런 문제가 될 것이 없다. 더욱이 마르크스의 엄격하고도 세밀한 초고의 정리와 보관은 오늘날 우리들에게 전해진 그의 숱한 유고 — 메모, 발췌, 초안, 노트, 초고는 물론이요, 그에게 붙여진 수많은 서간문과 장서 등 — 를 통해서도 입증되는 것이기에 우리가 이 시기에 의문을 둘 필요는 없다 하겠다. 한편 2)의 경우는 엥겔스가 로라 라파르그Laura Lafargue에게 보낸 1883년 6월 2일자의 편지와『루트비히 포이어바흐와 독일 고전 철학의 종언』의 서문 (1888년 2월 21일자)에서 언급되고 있으나 엥겔스가 이 초고에 직접적으로 손을 댄 흔적은 보이지 않는다.[47] 더욱이 마르크스 사후 그의 노트에 근거한『자본론』2, 3권의 편찬, 집필에 여념이 없었던 엥겔

---

47) 로라 라파르그에게 보낸 편지에서 엥겔스는 "모올Mohr(마르크스)의 초고 가운데서 1848년 이전에 쓴 우리의 공동 저작을 발견했는데, 나는 이중의 일부를 미구(未久)에 출판하려고 한다"는 표현이나 엥겔스가 1888년 2월 21일에 쓴『루트비히 포이어바흐와 독일 고전 철학의 종말』의 서문에 보이는 "1845/46년간의 낡은 초고를 찾아내어 검토했으나 [⋯⋯] 현재의 목적에 적합지 않아 이용하지 않았다"는 언명이 이를 보증하고 있다. Engels an Laura Lafargue, 2. Juni 1883, MEW, Bd. 36, S. 33~34; Engels, "Ludwig Feuerbach und der Ausgang der klassischen deutschen Philosophie," MEW, Bd. 21, S. 264.

스가『독일 이데올로기』의 초고를 본격적으로 재정리했을 가능성은 지극히 희박한 것으로 보인다. 따라서 우리는『독일 이데올로기』의 초고가 엥겔스를 통해 베른슈타인에게 전해질 때까지는 전체 초고의 배열이 당초의 그것과 달라질 가능성은 없었을 것으로 추측할 수 있다.

그러나 3)의 경우, 즉 엥겔스로부터 초고를 물려받은 베른슈타인이 초고 뭉치에 가했을 변경 가능성은 전적으로 배제할 수 없다 하겠다. 우리는 만년의 엥겔스로부터 절대적인 신임을 받은 베른슈타인이 이미 세기말을 전후하여 수정주의자로 변신하고 있었음에 주목할 필요가 있다. 그는 엥겔스로부터 유증 받은 유고를 근거로 1899년과 1903년, 1913년의 세 차례에 걸쳐『독일 이데올로기』의 "칼 그륀"장과 "성 막스"장의 극히 일부를 당의 기관지 등에 공개했으나 많은 부분이 미간인 채로 남아 있었다.[48] 따라서 이들 초고는 세기 전후로부터 1920년대 사이에 메링, 마이어, 리야자노프 등에 의해 지속적인 관심과 열람의 대상이 되었다. 이 과정에서 우리는 초고의 부분적인 분산을 보게 되는데 그것들은 i)『독일 이데올로기』의 서문Vorrede과 ii) 베른슈타인이『독일 이데올로기』의 초고를 사민당 아카이브에 넘기기 이전에 이미 그곳에 소장된 "라이프치히 종교 회의Leipziger Konzil"의 일부분(이는 리야자노프에 의해 "II. Bruno Bauer, 1845~1846"으로 지적되고 있다), 그리고 iii) 1962년 바네가 IISG에서 "국회의원 베른슈타인의 인쇄물"이라고 씌어진 봉투에서 발견한 3매의 초고 블라트다. 이중 마르크스의 필적으로 씌어진 i)은 엥겔스가 초고의 유증을 위한 분류 시에 마르크스의 유고로 판단, 이를 투시

---

48) Bert Andréas, *Karl Marx/Friedrich Engels...Bibliographie*, S. 144~47; 정문길, 「편찬사를 통해서 본『독일 이데올로기』」, 앞의 책, pp. 75~80.

Tussy(마르크스의 막내딸 엘리노 마르크스Eleanor Marx)에게 유증하고, 투시의 사망 이후 이 유고는 로라를 거쳐 리야자노프에게로 넘어가 러시아의 마르크스-엥겔스 연구소에 보관된 것으로 보인다.[49] 그리고 ii)는 리야자노프의 보고에 의하면 1900년 베른슈타인이 보관한 초고를 빌려 본 메링이 이를 베른슈타인에게 돌려주지 않음으로써 『독일 이데올로기』의 원고 뭉치와는 분리되어 사민당 아키브에 보관한 것으로 확인되며,[50] iii)은 주지하다시피 베른슈타인이 『사회주의 도큐멘트*Dokumente des Sozialisten*』지에 이 원고를 발표하는 과정에서(1903년) 잘못 분류되어 별도로 분산된 것으로 판단된다.[51]

이렇게 볼 때 현존하는 『독일 이데올로기』, 특히 "I. 포이어바흐" 장 작은 묶음의 순서에는 제 iii)의 경우 약간의 변동 가능성을 전적으로 배제할 수는 없다고 하겠다. 이는 앞의 〈표 2〉에서 보는 바와 같이 우선 엥겔스와 제3자에 의해 보겐 번호가 매겨진 I)의 순서와 베른슈타인의 정리 번호가 매겨진 II)의 배열 순서가 서로 다르고, 다시 III)의 IISG의 구목록 정리 번호의 순서가 서로 다르기 때문이다. 그런데 이 경우 가장 문제가 되는 것은 미정형의 이고 ⓐ =[1?]ab와 ⓑ=[1?]cd-[2?]a의 위치이다. 즉 I)은 이를 기본적으로 보겐 번호가 있는 초고 단편의 앞부분에 배치한데 대해 II)는 이

49) 리야자노프는 이미 1911년에 로라 라파르그에 유증된 마르크스의 유고 정리에 참여한 바 있는 것으로 보고되고 있다. 따라서 『독일 이데올로기』 서문의 획득은 이때의 작업과 관련이 있는 것으로 추측된다. D. Rjazanov, "Einführung des Herausgebers" an "Briefwechsel zwischen Vera Zasulič und Marx," *Marx-Engels Archiv*, Bd. 1(1926), S. 309.

50) D. Rjasanoff, "Neueste Mitteilungen über den literarischen Nachlaβ...," S. 388; D. Rjazanov, "Aus dem literairschen Nachlaβ...," S. 208.

51) D. Rjazanov, "Aus dem literarischen Nachlaβ...," S. 217; D. Rjasanoff, "Neueste Mitteilungen über den literarischen Nachlaβ...," S. 388; S. Bahne, 앞의 글, S. 93~95.

를 ⓕ=〔5〕abcd의 앞부분에 배치하고, III)은 정서고 ⓒ={1}ab, ⓓ={2}abcd와 초고 단편 ⓔ=〔3〕abcd-{4}ab, ⓕ=〔5〕abcd 사이에 배치하고 있다. 다시 말하면 이고 ⓐ=〔1?〕ab→ⓑ=〔1?〕cd-〔2?〕a는 ⓐ=〔1?〕ab가 ⓒ={1}ab의 피사고(被寫稿)이므로 이를 제외하면 결국 ⓑ=〔1?〕cd-〔2?〕a만 남게 되므로 이의 배치가 I)의 경우에는 맨 앞에, II)의 경우에는 ⓕ=〔5〕abcd를 기저고의 앞부분으로 간주할 때 이와 연결되는 것으로 ⓕ=〔5〕abcd의 앞에 배치하고 있으며, III)은 ⓐ, ⓑ와 ⓔ, ⓕ 사이에 별도로 배치하고 있다.

그러나 여기서 분명한 것은 적어도 작은 묶음의 그 어느 초고 단편에도 마르크스와 엥겔스에 의해 구체적으로 어느 부분에 귀속된다는 표지나 지시가 없으므로 우리는 결국 작은 묶음의 보겐 번호, 즉 엥겔스의 보겐 번호 〔3〕, 〔5〕를 근간으로 하여 제3자가 기재한 {1}, {2}를 그 앞에 배치하고({4}는 〔3〕의 연속이므로 논외이다), 다시 〔1?〕, 〔2?〕를 별도로 ⓒ{1}ab→ⓓ{2}abcd→ⓔ〔3〕abcd-{4}ab→ ⓕ〔5〕abcd의 앞머리에 두는 것이 초고의 원래의 배열 순서에 접근하는 것으로 결론짓지 않을 수 없는 것이다.

마지막으로 우리는 『독일 이데올로기』, ˝I. 포이어바흐˝장의 조판 문제에 대해 언급할 차례가 되었다고 하겠다. 이미 4-1절에서 검토한 바와 같이 초고의 재현 양식, 즉 조판 방법은 『독일 이데올로기』의 결정판으로 자임하는 신MEGA의 편찬에서는 ˝I. 포이어바흐˝장의 경우 신MEGA 시쇄판과 H판의 전례를 십분 고려하여 이를 발전적으로 적용할 필요가 있다고 하겠다. 다시 말하면 신MEGA I/5는 신MEGA I/2에 게재된 『경제학-철학 초고』의 제1, 제2의 재현 방법을 원용하여 제1 재현부의 경우에는 신MEGA 시쇄판이나 H판의 경우처럼 2란, 혹은 맞보기의 양 페이지를 이용하여 추보, 수정, 방주 및 편찬상의 지시를 그대로 재현시키고 나아가 말소된 부분도 최종 문장을 살려서 본문 가운데 재현하는 방법이 고려되어야 할 것으로 보인다. 그리고 이의 수정 부분에 대한 공관적(共觀的) 처리는 기왕의 경우처럼 아파라트를 이용할 수 있을 것이다. 그러나 여기서 분명히 언급하고 넘어가야 할 것은 최초의 지문과 마르크스와 엥겔스의 수정 부분은 H판의 경우처럼 서로 다른 활자체의 다각적 활용이 무엇보다도 바람직한 방법이라는 점이다. 특히 현재 그 편찬 작업이 진행 중인 신MEGA I/5의 경우 이러한 방법의 채택은 최근 점차 그 요구가 높아지고 있는 마르크스와 엥겔스의 지적 자산의 구분 내지는 차별화를 위해서도 필수적이라 하겠다.[52] 한편 일반 독자를 위한 제2 재현부는 초고의 원래 순서에 충실하고, 추보·수정·말소 부분도 문장의 전체적인 흐름을 깨지 않는 범위에서 삽입함으로써 마르크스와 엥겔스의 최초의 공동 저작의 원형을 일반 독자들에게도 밝힐 필요가 있다고 하겠다.

이제 『독일 이데올로기』, "I. 포이어바흐"장의 텍스트 편찬 문제와 관련된 이상의 논의를 요약하면 다음과 같다.

1) 초고의 완형(完形) 여부: 유존하는 "I. 포이어바흐"장의 초고가

---

52) 『메가-연구』 최신호에 게재된 한 논문이 동구 공산권 몰락 이후 신MEGA 출판 사업의 학술화와 국제화das Konzept der Akademisierung und Interantionalisierung des MEGA-Projekts의 기치를 내걸고 이 사업을 인수한 IMES가 당초에 마르크스와 엥겔스의 '공동 저작집' 자체에 대한 엄격한 학문적 검토를 결여함으로써, 결국 IMES까지도 '정치적-이데올로기적' 왜곡으로부터 해방되지 못했다고 비판한 것이 그 대표적 예이다. 바로 이 같은 주장의 근저에는 마르크스와 엥겔스의 차별화 문제가 놓여 있음은 물론이다. Hans-Georg Backhaus und Helmut Reichelt, "Der politisch-ideologische Grundcharakter der Marx-Engels-Gesamtausgabe: eine Kritik der Editionsrichtlinien der IMES," *MEGA-Studien*, 1994/2, S. 101~08.

〈표 3〉 마르크스-엥겔스 유고의 유전(流轉) 과정

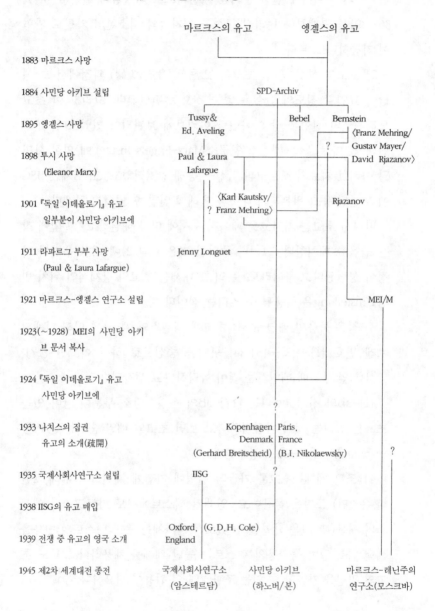

마르크스의 유고　　　엥겔스의 유고

1883 마르크스 사망

1884 사민당 아키브 설립　　　　　　　SPD-Archiv

1895 엥겔스 사망　　　　Tussy&　　　　Bebel　　Bernstein
　　　　　　　　　Ed. Aveling　　　　　　　　〈Franz Mehring/
　　　　　　　　　　　　　　　　　?　　　Gustav Mayer/
1898 투시 사망　　　　Paul & Laura　　　　　　David Rjazanov〉
　　 (Eleanor Marx)　　Lafargue

1901 『독일 이데올로기』 유고　　　〈Karl Kautsky/　　Rjazanov
　　　일부분이 사민당 아키브에　　? Franz Mehring〉

1911 라파르그 부부 사망　　　Jenny Longuet
　　 (Paul & Laura Lafargue)

1921 마르크스-엥겔스 연구소 설립　　　　　　　　　MEI/M

1923(~1928) MEI의 사민당 아키
　　　브 문서 복사

1924 『독일 이데올로기』 유고
　　　사민당 아키브에
　　　　　　　　　　　　　　?

1933 나치스의 집권　　　Kopenhagen Paris,
　　　유고의 소개(疏開)　　Denmark France　　　　　?
　　　　　　　　(Gerhard Breitscheid) (B.I. Nikolaewsky)

1935 국제사회사연구소 설립　　IISG　　　　?

1938 IISG의 유고 매입

1939 전쟁 중 유고의 영국 소개　Oxford, (G.D.H. Cole)
　　　　　　　　　　England

1945 제2차 세계대전 종전　　국제사회사연구소　　사민당 아키브　　마르크스-레닌주의
　　　　　　　　　(암스테르담)　　(하노버/본)　　연구소(모스크바)

완형이냐 아니냐에 관한 논의는 기본적으로 외형상의 결손(S. 3~7, 36~39)은 명백하나 논리적 구성은 저자들의 최소한의 가필로 완형이 가능하다고 본다.

2) 초고의 산실 문제: 초고의 보존 및 유전(流轉) 과정에서 그 행방이 묘연할 정도의 산실은 없는 것으로 판단된다. 그리고 이 초고 오리지널의 원형은 당초 사민당 아키브에 보관되어 있었으며, 1920년대에 '마르크스- 엥겔스 연구소Marx-Engels-Institut'에 의한 사민당 아키브 자료의 포토코피 작성을 통해 인지되었고, 또 현재는 IISG에 보관된 유고 원본과의 대조를 통해 확인할 수 있다고 하겠다.

따라서 초고는 기저고를 페이지 순서에 따라 배열하고, 그 앞에 작은 묶음을 배치한다. 그러나 주의할 것은 1)과 2)에 대한 우리의 가정이 성립된다고 하더라도 '논리'를 내세운 초고의 강제적인 위치 변경Umstellung은 허용될 수 없다는 점이다.

3) 작은 묶음의 배열 순서: 초고에 엥겔스와 제3자에 의해 기재된 보겐 번호 {1}→{2}→[3]-{4}→[5]를 중심으로 하여 이고인 [1?], [2?]를 앞 부분에 배열하는 것이 합당하다고 생각된다.

{1}-ab의 정서고보다는 [1?]-ab의 수정·말소 부분이 남아 있는 초고를 살리는 것이 바람직하다고 보면 초고의 배열 순서는 ⓐ=ⓒ →ⓑ→ⓓ→ⓔ→ⓕ로 정리된다.

4) 조판 체제: 초고를 가급적 원형에 가깝게 재현하기 위해, 2란 (혹은 2면) 조판은 물론이고, 인쇄된 텍스트에서도 마르크스와 엥겔스의 지분(持分)을 확인할 수 있도록 활자체를 통한 텍스트의 변용을 채택하고, 일반 독자용의 텍스트는 통단 체제를 채용하나 그들도 초고의 원형을 가늠할 수 있는 조판 기술의 원용이 필요하다.

제3장 신MEGA I/5, 『독일 이데올로기』의 구성
─『독일 이데올로기』의 편집 문제를 다룬
전문가 회의 참가 보고

1. 글머리에

1996년 10월 24일에서 26일에 이르는 3일간, 칼 마르크스의 출생지인 독일의 트리어Trier에 위치한 에베르트 재단 산하의 '칼-마르크스-하우스 연구 센터 Studienzentrum Karl-Marx-Haus der Friedrich-Ebert-Stiftung'에서는 신MEGA I/5, 『독일 이데올로기』의 구성 문제를 중심으로 한 국제 회의가 개최되었다.[1] 이 회의는 현재 편찬 작업이 진행 중인 신MEGA 1/5(『독일 이데올로기』)에 수록될 텍스트를 확정하고, 나아가 이들 텍스트의 배열 순서를 검토하기 위해 국제 마르크스-엥겔스 재단IMES과 칼-마르크스-하우스가 준비한 전문가 회의였다.

1920년대에 그 일부가 처음으로 출판된 『독일 이데올로기』의 텍스트는 1930년대에 구MEGA I/5 『독일 이데올로기』(1932)로 일단 정

---

1) 이 회의의 정식 명칭은 다음과 같다. Spezialkonferenz "Die Konstitution der 'Deutschen Ideologie'", Trier, 24.~26. Oktober 1996.

착되었으나 1960년대 이래의 연구 성과는 구MEGA의 권위를 부정하면서, 거기에 게재된 텍스트의 진위 여부에 정면으로 도전하게 되었다. 따라서 마르크스 연구자, 특히 『독일 이데올로기』에 특별한 관심을 갖는 많은 연구자들은 1975년 이래 발간되기 시작한 신MEGA에서 『독일 이데올로기』의 표준적인 텍스트가 재현, 출판되기를 기대해왔었다. 그러나 1989년 베를린 장벽의 붕괴에 연이은 동구권 사회주의의 몰락은 신MEGA I/5(『독일 이데올로기』)의 편찬을 주관하던 마르크스-엥겔스 저작부를 포함한 구동독의 '마르크스-레닌주의 연구소IML/B, Institut für Marxismus-Leninismus, Berlin'의 기능을 마비시키고, MEGA 출판 사업 자체는 암스테르담에 본거를 둔 국제 마르크스-엥겔스 재단에 이관되게 되었다. 트리어의 칼-마르크스-하우스는 IMES의 4개 핵심 기관의 하나로서 구동독의 IML/B로부터 바로 이 신MEGA 출판 작업 중 I/4(1844년 8월에서 1845년 12월에 이르는 기간 중의 저작, 논설, 초안), I/5(『독일 이데올로기』), I/6(1846년 1월에서 1848년 2월에 이르는 기간 중의 저작, 논설, 초안) 3권의 편찬 책임을 이양받은 독일-프랑스 연구팀의 주관 연구소이기도 하다.

마르크스와 엥겔스의 사상적 발전, 특히 『독일 이데올로기』를 포함한 3월 혁명 이전기Vormärz의 그들의 사상에 대한 칼-마르크스-하우스의 관심은 1986년 이래 지속적으로 이어져 1988년 『독일의 관념주의와 프랑스 혁명』이란 논문집으로 집성되고,[2] 프랑스 혁명이 200주년을 맞은 1989년 9월과 10월에는 칼-마르크스-하우스 연구센터에서 "프랑스에서의 독일 망명자, 독일에서의 프랑스 망명자 Deutsche Emigranten in Frankreich-französische Emigranten in

---

2) Karl-Marx-Haus, Hrsg., *Deutscher Idealismus und französische Revolution. Vorträge, Schriften aus dem Karl-Marx-Haus, Nr. 37*(Karl-Marx-Haus, Trier 1988).

Deutschland(1685~1945)"라는 전시회를 가지면서 3월 혁명 이전기의 마르크스와 엥겔스의 사상과 행적을 검토하는 5편의 논문이 발표되는 소규모의 국제 회의를 개최했다.[3] 그리고 이때 발표된 논문들은 그 이듬해 2월 12일 전문가 회의를 통해 다시 한 번 검토된 뒤 1990년 말『마르크스의 최초의 파리 체재와 "독일 이데올로기"의 형성』이란 제목으로 출간되었다.[4] 따라서 동구권 사회주의의 붕괴 이후 IMES가 MEGA의 출판 사업을 인계받은 뒤 MEGA의 편찬 작업을 재정립, 분담하는 과정에서 칼-마르크스-하우스가 "독일-프랑스 메가 작업 그룹 Deutsch-französische MEGA-Arbeitsgruppe, Trier/Aix-en-Provence"이란 이름 하에 3월 혁명 이전기의 MEGA 3권(I/4, I/5, I/6)의 편찬 책임을 이양받는 것은 당시의 서구 제국의 마르크스와 마르크스주의의 연구 현황으로 보아 지극히 당연한 일이라 하겠다.

2. 신MEGA I/5의 출판을 위한 준비 개황

『독일 이데올로기』는 구동독과 소련의 IML에 의한 신MEGA의 최초의 준비 과정에서 『반 뒤링 Anti-Dühring』『자연변증법 Dialektik der Natur』 등과 더불어 마르크스와 엥겔스의 포괄적인 저작의 하나

---

3) 저자는 1989년의 체독 기간 중 전자의 소규모 국제 회의(Internationale Arbeitstagung, 4. September 1989)에 참가하는 기회를 가졌다. 저자는 이 회의에서 펠거 Hans Pelger, 그랑종 Jacques Granjonc, 타우베르트 Inge Taubert, 에스바흐 Wolfgang Eßbach 등과 만나게 되었으며, 이후 지속적인 지적 교류를 가지게 되었다.

4) Karl-Marx-Haus, Hrsg., *Studien zu Marx' erstem Paris-Aufenthalt und zur Entstehung der 'Deutschen Ideologie'*, Schriften aus dem Karl-Marx-Haus, Nr. 43(Karl-Marx-Haus, Trier 1990).

로서 연대기적 배열보다는 주제를 중심으로 자료들을 집성한 별권을 형성하도록 편찬 지침에 규정된 바 있다.[5] 따라서 신MEGA의 출판 과정에서 『독일 이데올로기』의 편찬 작업은 일찍부터 타우베르트 Inge Taubert에 의해 수행되었으며,[6] 이의 성과는 1972년의 신 MEGA 시쇄판의 『독일 이데올로기』, 'I. 포이어바흐'장의 재현으로 우선 구체화된 바 있다.[7]

그러나 1970년대 중후반 이후 거의 10여 년 동안 『독일 이데올로 기』에 대한 논의는 일본에서의 열띤 텍스트 논쟁을 예외로 본다면, 『마르크스-엥겔스 연지 *Marx-Engels-Jahrbuch*』에 게재된 골로비나 와 로키챤스키의 논문을 제외하고는 이렇다 할 만한 것이 없었다.[8]

---

5) IML(Institut für Marxismus-Leninismus, Moskau und Berlin), Hrsg., "Editionsrichtlinien der Marx-Engels-Gesamtausgabe(MEGA)," MEGA² *Probeband*(Berlin: Dietz Verlag, 1972), S. 43*, B. II. 6; Vgl. IMES(Internationale Marx-Engels-Stiftung), Hrsg., *Editionsrichtlinien der Marx-Engels-Gesamtausgabe(MEGA)*(Dietz Verlag, Berlin 1993), S. 23, B. II. 5.

6) 1966년 『독일 철학 잡지 *Deutsche Zeitschrift für Philosophie*』(14. Jg. H. 10)에 게재된 'I. 포이어바흐'장의 텍스트는 바가투리야Georgij A. Bagaturija의 신편집안을 근거로 한 원문 텍스트의 재현이며, 이의 편자인 틸하인Inge Tilhein은 타우베르트와 동일인이다. 정문길, 『마르크스의 사상 형성과 초기 저작—『독일 이데올로기』와 『마르크스-엥겔스 전집』연구』(문학과지성사, 서울 1994), pp. 218~27 참조.

7) Marx/Engles, "Die deutsche Ideologie. I. Band. Kapitel I. Feuerbach. Gegensatz von materialistischer und idealistischer Anschauung," : MEGA² *Probeband*(Dietz Verlag, Berlin 1972): Text, S. 33~119, Apparat, S. 399~507.

8) 정문길, 「1960년대와 70년대 일본 학계의 『독일 이데올로기』 논쟁—일본 마르크스학의 이 해를 위한 하나의 구체적 실례로서」(『문학과사회』 25호, 1994년 봄), 정문길, 앞의 책, pp. 249~320. Galina Golowina, "Das Projekt der Vierteljahrsschrift von 1845/1846: Zu den ursprünglichen Publikationsplänen der 'Deutschen Ideologie'," *Marx-Engels-Jahrbuch*, 3(1980), S. 260~74; Jakow Rokitjanski, "Zur Geschichte der Beziehungen von Karl Marx und Friedrich Engels zu Moses Heß in Brüssel 1845/1846," *Marx-Engels-Jahrbuch*, 9(1986), S. 223~67. 정문길, 「『독일 이데올로기』는 계간지용 원고로 집필되었나?—『독 일 이데올로기』 성립사에 대한 최근의 논의를 중심으로」(『문학과사회』 22호, 1993년 여 름), 정문길, 같은 책, pp. 127~84도 참조하라.

따라서 1989년 IML/B의 마르크스-엥겔스 저작부가 발간하는 『마르크스-엥겔스 연구 논집 Beiträge zur Marx-Engels-Forschung』 26호의 MEGA I/5(『독일 이데올로기』)의 준비 상황을 보고하는 5편의 논문은 당시의 상황에서 머잖아 출판될 신MEGA I/5의 전모를 이해하는 데 중요한 근거를 제공했던 것이다.[9] 사실 신MEGA I/5의 편찬 책임을 맡은 타우베르트는 베를린 장벽이 붕괴되기 2개월 전인 1989년 9월 초, 트리어에서의 저자와의 대화에서 『독일 이데올로기』의 편집 원칙이 이미 확정되고 준비 작업도 상당히 진척된 상황이라 이의 출판은 1990년 말이나 1991년이 될 것이라고 밝힌 바 있다.[10] 그러나 동구 사회주의권의 몰락은 결국 이 같은 당초의 출판 계획을 허물어버리고 전술한 바와 같이 그 작업은 트리어/엑스의 독일-프랑스 메가 작업 그룹으로 넘어가게 된 것이다.

IMES가 구동독과 소련으로부터 MEGA 출판 사업을 이양받을 시점에서 진행 중이던 개개의 권별(卷別) 메가 편찬 작업은 원칙적으로 기왕의 연구 작업팀의 인력과 노하우를 그대로 이용한다는 것이었다. 이러한 입장에서 볼 때 『독일 이데올로기』를 포함한 신MEGA I/4, I/5, I/6의 편찬 작업이, 특히 그 편집이 상당한 정도로 진척된 신MEGA I/5(『독일 이데올로기』)가 트리어/엑스의 독일-프랑스 메가 작업 그룹으로 이양된 것은 특기할 만한 일이라 하겠다. 따라서

___

9) IML/B, 1989, "Aus der Arbeit an der Vorbereitung des Bandes 5 der Ersten Abteilung der MEGA²(*Deutsche Ideologie*)," *Beiträge zur Marx-Engels-Forschung*, 26(1989), S. 99~194.
10) 정문길, 「편찬사를 통해서 본 『독일 이데올로기』─신MEGA I/5(『독일 이데올로기』)의 발간을 기대하며」(『문학과사회』 11호, 1990년 가을), 정문길, 앞의 책, pp. 71~126. 특히 pp. 72~73의 주 3) 및 "자료 5: 신MEGA 목록"(같은 책, pp. 415~20) 가운데 C)항을 보라. C)항은 신MEGA의 출판을 담당한 디츠 출판사(Dietz Verlag, Berlin)가 1986년에 발간한 신MEGA의 출판 예정을 알린 팸플릿에 근거한 것이다.

『독일 이데올로기』의 출판은 당초 1995/96년경으로 점쳐졌으나, 1993년의 신MEGA 편찬 지침의 변경,[11] 1995년 9월에 확정된 신MEGA 출판 계획의 전면적 수정,[12] 그리고 1996년 10월의 트리어 회의에서의 『독일 이데올로기』의 형성을 둘러싼 논의의 내용으로 보아 신MEGA I/5의 완간에는 좀더 긴 시간이 필요한 것으로 보인다.

지금까지 저자는 1996년 10월, 『독일 이데올로기』의 구성 문제를 중심으로 한 전문가 회의의 배경을 간략히 소개했다. 그러므로 저자는 다음에서 이 회의의 개략을 이를 주관한 독일-프랑스 메가 작업 그룹이 작성한 신MEGA I/5 『독일 이데올로기』의 구성안, 즉 신MEGA I/5에 편입될 텍스트의 기본적 구성을 다룬 페이퍼 1과 이를 해설하는 타우베르트의 페이퍼 2를 필요한 정도로 우선 소개하려고 한다.[13] 이어서 저자는 이 회의를 위해 사전에 저자에게 송부된 이들 2개 페이퍼를 근거로 작성하여 그 회의에 제출된 저자 자신의 소견서를 제시한 뒤, 3일간에 걸쳐 논의된 전문가 회의의 중요 논점만을 간단히 소개하고자 한다.

---

11) IMES, Hrsg., *Editionsrichtlinien der Marx-Engels-Gesamtausgabe (MEGA)* (Dietz Verlag, Berlin 1993); IMES, "Die neuen Editionsrichtlinien der Marx-Engels-Gesamtausgabe(MEGA), mit einer Vorbemerkung von Jacques Grandjonc," *MEGA-Studien*, 1994/1, S. 32~59.

12) Jacques Grandjonc und Jürgen Rojahn, "Der revidierte Plan der Marx-Engels-Gesamtausgabe," *MEGA-Studien*, 1995/2, S. 62~89.

13) Konferenzpapier 1: Karl-Marx-Haus, "Die Konstitution von MEGA² I/5 'Deutsche Ideologie'" (1996); Konferenzpapier 2: Inge Taubert, "Zur Konstitution von MEGA² I/5 'Deutsche Ideologie'" (1996); Konferenzpapier 3: Inge Taubert, "Die Manuskripte 'Deutsche Ideologie'-Überlieferungsgeschichte" (1996).
  신MEGA I/5는 I/4, I/6과 더불어 그랑종과 펠거의 책임 하에 편찬 작업이 이루어지고 있으나 I/5 『독일 이데올로기』에 관한 한 그 편집의 실제가 타우베르트에게 맡겨져 있는 것으로 판단된다. 타우베르트의 페이퍼 3은 회의 시작 전날에 현지에서 저자에게 전달되었다. 이 제3논문의 내용은 디테일에 약간의 차이가 있으나 정문길, 「편찬사를 통해서 본 『독일 이데올로기』」, 정문길, 앞의 책, pp. 71~126에서도 상세히 논의되고 있다.

3. 신MEGA I/5 『독일 이데올로기』의 구성

신MEGA I/5 『독일 이데올로기』에 편입될 텍스트를 우선 주 텍스트Haupttext와 부록Anhang(Die Mitarbeit von Moses Heß an der "Deutschen Ideologie")의 두 부분으로 나눈 페이퍼 1은 이들 각각을 다음과 같이 열거하고 있다.[14]

■ 주 텍스트의 수록 목록Textzeugen des Haupttextes

수록될 텍스트들Edierte Texte
MEGA I/5-1 〔Karl Marx:〕 Gegen Bruno Bauer

① *Brüssel, 20. November. Bruno Bauer stammelt in Wigand's Vierteljahrsschrift, 3r Band pag. 138 ff., . . .

② 논설

③ 비독립적 인쇄 형태

---

14) 신MEGA의 준비 작업에는 텍스트의 구체적 고증을 위해 00001(Textzeugenbezug)에서 10000(Erfassungsdatum/Bearbeiter)에 이르는 다양한 카테고리가 설정되고, 이들 각각을 일정한 양식에 의해 충족시키도록 되어 있다. 그러나 이 글에서 이를 전부 수록하기는 어려우므로 논의의 전개와 독자의 편의를 위해 최소한의 범주, 즉 초고와 단편의 목록 Textzeugenbezug(00001)을 제시하고 그 아래에 ① 텍스트의 첫머리 Textanfang(02100), ② 문헌의 형식 Literarische Form(03020), ③ 유존(遺存) 형태Art der Überlieferung(03030), ④ 원고의 형성 시기Datierung zur Entstehung(04100)〔드물게 집필 시기 Datierung Niederschrift(04200)가 기록된 경우에는 이를 부기한다〕, ⑤ 텍스트의 규모Umfang des Textzeugen(05101) 등만을 소개하고자 한다. 그리고 I/5-1과 I/5-4는 MEGA나 저작집에의 수록Abdrucke MEGA/Werkausgaben(06000) 여부와 페이지를, 'I. 포이어바흐"장에 해당하는 I/5-3과 I/5-5에서 I/5-9에 이르는 텍스트에서는 필요한 경우, 엥겔스(〔 〕)와 베른슈타인({ })의 보겐 번호(〔1?〕, 〔2?〕, {1}, {2}, 〔3〕, 〔4〕, 〔5〕)와 마르크스의 페이지(S. X)나 블라트의 페이지 순서 표지인 abcd를 ⑥에 병기하도록 한다.

④ 1845. 11. 20

⑤ 인쇄로 4란

⑥ MEGA¹ I/5, S. 541~44

MEGA I/5-2 Karl Marx: Vorrede

① Die Menschen haben sich bisher stets falsche Vorstellungen über sich selbst gemacht, . . .

② 초안 Entwurf

③ 원고 Handschrift

④ 1846. 05. 01/1846. 06. 30[1846년 5/6월로 추정]

⑤ 원고 2페이지

⑥ MEGA¹ I/5, S. 3

MEGA I/5-3 Karl Marx, Friedrich Engels: I. Feuerbach. Entwurf

① Wir werden uns natürlich nicht die Mühe geben, unsre weisen Philosophen darüber . . .

② 『독일 이데올로기』 제1부 제I장의 초안

③ 원고(엥겔스와 마르크스의 육필)

④ 1845. 11. 30~1846. 01. 30[제I 부분인 S. 1~2와 [6]-[11](=S. 8~ 29)은 1845년 11월 말과 1846년 1월 사이로 추정];

1846. 02. 01~1846. 06. 30[제I 부분에 대한 우란에의 수정 · 보완이 1846년 2월과 6월 사이에 이루어진 것으로 추정];

1846. 02. 01~1846. 04. 30[제II 부분인 [20]-[21](=S. 30~35)와 제III 부분인 [84]-[92](=S. 40~72와 [92]-b)가 1846년 2월부터 늦어도 4월 말까지로 추정]

⑤ 68페이지의 원고

⑥ 기저고 Urtext, 또는 큰 묶음 große od. alte Konvolute으로 불린다

MEGA I/5-4 Friedrich Engels, Karl Marx : I. Feuerbach

① a) Feuerbach's ganze Philosophie läuft heraus auf . . .

② 포이어바흐의 『장래 철학의 근본 명제』에 대한 테제. "I. 포이어바흐"장을 위한 예비 원고 Vorarbeit

③ 원고(엥겔스와 마르크스의 육필)

④ 1846. 02. 01~1846. 06. 30[1846년 2월과 6월 사이로 추정]

⑤ 원고 2페이지

⑥ MEGA¹ I/5, S. 538~40

MEGA I/5-5 Karl Marx, Friedrich Engels : I. Feuerbach.
A. Die Ideologie überhaupt, namentlich die deutsche

① Die deutsche Kritik hat . . .

② 장의 첫머리 Kapitelanfang

③ 원고(엥겔스의 육필)

④ 1846. 02. 01~1846. 06. 30[1846년 2월과 6월 사이로 추정]

⑤ 원고 4페이지

⑥ {2}-abcd

MEGA I/5-6 Karl Marx, Friedrich Engels : I. Feuerbach.
Wie unsre deutschen Ideologen versichern

① Wie unsre deutschen Ideologen versichern . . .

② 장의 첫머리

③ 원고(엥겔스와 마르크스의 육필)

④ 1846. 02. 01~1846. 06. 30[1846년 2월과 6월 사이로 추정]

⑤ 원고 5페이지

⑥ [1?]-ab, [1?]-cd-[2?]-a

MEGA I/5-7 Karl Marx, Friedrich Engels : I. Feuerbach.
Wie deutsche Ideologen melden

① Wie deutsche Ideologen melden . . .

② 장의 첫머리

③ 원고(엥겔스의 육필)

④ 1846. 02. 01~1846. 06. 30[1846년 2월과 6월 사이로 추정]

⑤ 원고 2페이지

⑥ {1}-ab

MEGA I/5-8 Karl Marx, Friedrich Engels: Die Beziehungen verschiedener Nationen unter einander

① Die Beziehungen verschiedener Nationen unter einander . . .

② 단편 Fragment

③ 원고(엥겔스의 육필)

④ 1846. 02. 01~1846. 06. 30[1846년 2월과 6월 사이로 추정]

⑤ 원고 6페이지

⑥ [3]-abcd, {4}-ab

MEGA I/5-9 Karl Marx, Friedrich Engels: Die Thatsache ist also die: bestimmte Individuen

① Die Thatsache ist also die: bestimmte Individuen . . .

② 단편

③ 원고(엥겔스의 육필)

④ 1846. 02. 01~1846. 06. 30[1846년 2월과 6월 사이로 추정]

⑤ 원고 4페이지

⑥ [5]-abcd

MEGA I/5-10 Karl Marx, Friedrich Engels: Das Leipziger Konzil

① Im dritten Bande der Wigand'schen Vierteljahrsschrift für 1845. . .

② 『독일 이데올로기』 제1부 제II장, 제III장 서론의 인쇄용 원고

③ 원고(엥겔스의 육필)

④ 1846. 02. 01~1846. 04. 30[1846년 2월과 4월 말 사이로 추정]

⑤ 원고 3페이지

MEGA I/5-11   Karl Marx, Friedrich Engels : II. Sankt Bruno

① 1. "Feldzug" gegen Feuerbach. Ehe wir der feierlichen Auseinandersetzung . . .

②『독일 이데올로기』제1부 제II장의 인쇄용 원고

③ 원고(엥겔스와 마르크스의 육필)

④ 1845. 11. 30/1845. 12. 01~1846. 04. 30[빨라도 1845년 11월 말/12월 초부터 늦어도 1846년 4월 말까지로 추정](집필은 1846. 02. 01~ 1846. 04. 30[1846년 2월과 4월 말 사이로 추정])

⑤ 원고 14페이지

MEGA I/5-12   Karl Marx, Friedrich Engels : III. Sankt Max

① "Was jehen mir die jrinen Beeme an?" Der heilige Max exploitirt . . .

②『독일 이데올로기』제1부 제III장의 인쇄용 원고

③ 원고(엥겔스, 바이데마이어 및 마르크스의 육필)

④ 1846. 02. 01~1846. 04. 30[1846년 2월부터 늦어도 4월 말 사이로 추정]

⑤ 원고 425페이지

MEGA I/5-13   Karl Marx, Friedrich Engels : Der wahre Sozialismus

① Dasselbe Verhältniß, das wir im ersten Bande . . .

②『독일 이데올로기』제2부 서론의 인쇄용 원고

③ 원고(엥겔스의 육필)

④ 1846. 02. 15~1846. 02. 28[1846년 2월 중순에서 2월 말 사이로 추정]

⑤ 초고로 4페이지 Manuskriptseiten

MEGA I/5-14   Karl Marx, Friedrich Engels : Die "rheinischen Jahrbücher," oder die Philosophie des wahren Sozialismus

① A. "Kommunismus, Sozialismus, Humanismus." Rhein. Jahrb
I Bd. p 167 ff. . . .

②『독일 이데올로기』제2부 제I장의 인쇄용 원고

③ 원고(엥겔스의 육필)

④ 1846. 02. 15~1846. 02. 28[1846년 2월 중순과 2월 말 사이로
추정]

⑤ 초고로 36페이지

MEGA I/5-15   [Friedrich Engels:] Karl Beck: "Lieder vom armen Mann," oder die Poesie des wahren Sozialismus

① Die Lieder vom armen Mann beginnen . . .

② 2회 연속의 논설(유존하지 않는 인쇄용 원고는 『독일 이데올로
기』제2부의 제II장과 제III장으로 추정된다)

③ 비독립적 인쇄 형태

④ 1846. 03. 31~1846. 05. 31[1846년 3월 말과 5월 말 사이로 추
정]

⑤ 인쇄로 18란 Druckspalten

MEGA I/5-16   Karl Marx: IV. Karl Grün: Die soziale Bewegung in Frankreich und Belgien(Darmstadt 1845) oder: die Geschichtschreibung des wahren Sozialismus

① "Wahrlich, gälte es hier nicht, zugleich eine ganze Rotte zu
zeichnen . . .

②『독일 이데올로기』제2부 제IV장의 인쇄용 원고

③ 원고(엥겔스와 마르크스의 육필)

④ 1845. 09. 30/1845. 10. 01~1846. 03. 31[빨라도 1845년 9월
말/10월 초부터 늦어도 1846년 3월 말 사이로 추정]

⑤ 원고로 56페이지

변형된 텍스트들 Variante Texte

MEGA I/5 - 1a　[Karl Marx:] Gegen Bruno Bauer

① *Brüssel, 20. November. Bruno Bauer stammelt in Wigand's Vierteljahrsschrift, 3r Band pag. 138 ff., . . .

② 논설

③ 비독립적 인쇄 형태

④ [아직도 조사 필요]

⑤ 인쇄로 4란

MEGA I/5 - 16a　Karl Marx: Karl Grün: Die soziale Bewegung in Frankreich und Belgien(Darmstadt 1845) oder Die Geschichtschreibung des wahren Sozialismus

① "Wahrlich, gälte es hier nicht zugleich eine ganze Rotte zu zeichnen . . .

② 2회 연속의 논설

③ 비독립적 인쇄 형태(월간지)

④ 1847. 04. 03～1847. 08. 31[1847년 4월 3일과 8월 말 사이]

⑤ 인쇄로 46페이지

■ 부록의 텍스트들 Textzeugen des Anhangs

수록될 텍스트들 Edierte Texte

MEGA I/5 - 17　[Moses Heβ:] Die letzten Philosophen

① *Wenn es sonst Dinge zwischen Himmel und Erde gab, . . .

② 논설

③ 비독립적 인쇄 형태

④ 1845. 10. 16/1845. 10. 18～1846. 01. 22/1846. 01. 24[빠르면 1845년 10월 16/18일부터 늦어도 1846년 1월 22/24일 사이]

1845. 11. 24/25~1846. 01. 01〔1845년 11월 24/25일과 1846
년 1월 초 사이로 추정〕

⑤ 인쇄로 1/2란

MEGA I/5-18 Moses Heβ: Dottore Graziano's Werke. Zwei
Jahre in Paris, Studien und Erinnerungen von A. Ruge. Unter
Mitarbeit von Karl Marx.

① Dottore Graziano, der sich früher viel darauf einbildete, . . .

② 2회 연속의 논설(현재 유존하지 않는 이의 원고는 『독일 이데올
로기』 제1부 제Ⅳ장의 인쇄용 원고)

③ 비독립적 인쇄 형태

④ 1845. 11. 06/1845. 11. 08~1846. 03. 31〔빠르면 1845년 11월
6/8일부터 늦어도 1846년 3월 말일 사이〕
1845. 11. 24/1845. 11. 25~1846. 03. 31〔최초로 1845년 11월
24/25일부터 늦어도 1846년 3월 말 사이가 명백하다〕

⑤ 인쇄로 10 1/2란

MEGA I/5-19 〔Moses Heβ:〕 Umtriebe der kommunistischen Pro-
pheten

① *In der Schweiz scheinen die Propheten besser zu gedeihen,
als anderwärts. . . .

② 논설

③ 비독립적 인쇄 형태

④ 1845. 10. 01~1845. 11. 15〔빠르면 1845년 10월 초부터 늦어
도 11월 중순 사이〕

⑤ 인쇄로 5란

MEGA I/5-20 Moses Heβ: August Beckers Monatsschrift: Die
Fröhliche Botschaft von der religiösen und socialen Bewegung

① Die Kuhlmann'sche Gemeinde . . .

② S. 15에서 시작하는 초안

③ 원고

④ 1845. 11. 24/1845. 11. 25~1846. 03. 31〔빠르면 1845년 11월 24/25일부터 늦으면 1846년 3월 말 사이〕

⑤ 원고로 11페이지

MEGA I/5-21   Moses Heβ: V. "Der Dr. Georg Kuhmann aus Holstein," oder die Prophetie des wahren Sozialismus. Die neue Welt oder das Reich des Geistes auf Erden. Verkündigung. Unter Mitarbeit von Karl Marx und Friedrich Engels

① "Es fehlte von einem Manne," heißt es im Vorworte, . . .

② 『독일 이데올로기』 제2부 제V장의 인쇄용 원고

③ 원고(바이데마이어의 육필)

④ 1845. 11. 24/1845. 11. 25~1846. 03. 31〔빠르면 1845년 11월 24/25일부터 늦어도 1846년 3월 말 사이〕

⑤ 원고로 12페이지

변형된 텍스트들 Variante Texte

MEGA I/5-17a   〔Moses Heβ:〕 Die letzten Philosophen

① *Wenn es sonst Dinge zwischen Himmel und Erde gab, . . .

② 논설

③ 비독립적 인쇄 형태

④ 〔아직도 조사 필요〕

⑤ 인쇄로 1란

MEGA I/5-19a   〔Moses Heβ:〕 Umtriebe der kommunistischen Propheten

① *In der Schweiz scheinen die Propheten besser zu gedeihen, als anderwärts. . . .

② 논설

③ 비독립적 인쇄 형태

④ [아직도 조사 필요]

⑤ 인쇄로 5란

4. 『독일 이데올로기』의 구성안과 타우베르트의 해석에 대한 저자의 견해[15]

새삼스러운 말이긴 하나 마르크스와 엥겔스의 연구에 있어서 『독일 이데올로기』가 차지하는 위치는 독특하다고 하겠다. 이들 두 사람의 공동 저작은 『신성 가족』에서 『자본론』에까지 광범하게 걸쳐 있고, 그들의 이론적 성장은 언제나 일체화되어 있는 것으로 간주되어왔다. 그러나 이들 두 사람의 이론적 성장이 마르크스-엥겔스 일체론에도 불구하고 다양한 스펙트럼을 보여주고 있음은, 공동 저작 자체의 완성된 모습에 대한 두 사람의 합의가 전적으로 결여된 『신성 가족』, 양인의 사상이 한데 어우러져 융합된 『공산당 선언』, 그리고 각자의 응분의 역할에 대한 충분한 인식에 근거한 『자본론』을 통

---

15) 이 부분은 "Einige Bemerkungen über die Papiere der Spezialkonferenz 'Die Konstitution der *Deutschen Ideologie*,' Trier, 24.~26. Okt. 1996"라는 제목으로 트리어 회의에 제출되었던 원고를 부분적으로 보완한 것이다. 이 원고는 약간의 수정을 거쳐 『독일 이데올로기』의 구성 문제를 중점적으로 다루게 될 *MEGA-Studien* 1997/2에 게재될 예정이다. 따라서 이 부분은 이 장의 흐름과 서술 방식이 다른 경우에도 이를 수정하는 것을 피했다[*이 원고는 잡지의 출판이 예정보다 수개월, 혹은 1년여씩 늦어지는 과정에서 게재가 불가능하게 되었다. 저자의 『정문길 교수의 보룸 통신』(문학과지성사, 1998), p. 44를 보라].

해서도 확인된다고 하겠다.

『독일 이데올로기』는 이처럼 다양한 두 사람의 공저 가운데서도 특이한 것으로서, 그것은 미완성의 초기 저작으로 공저의 구체적 형태가 초고 가운데 그대로 남아 오늘날에 전해지는 드문 사례의 하나라고 하겠다. 그리고 우리는 바로 이 저작의 초고를 통해 1) 공동 저술의 형성기의 이들 두 사람의 작업의 양태를 확인하고, 나아가 2) 그들 각각의 이론적 몫을 가늠함으로써 마르크스주의의 성립 과정을 문헌을 통해 추적할 수 있는 근거를 확보했다고 하겠다. 따라서 『독일 이데올로기』는 마르크스-엥겔스의 그 어떤 저작과도 달리 초고의 원형을 그대로 재현하는 것이 연구자의 편의를 위해 최선의 방법이라고 본다. 따라서 신MEGA I/5에서의 『독일 이데올로기』 텍스트의 재현은 『MEGA 편찬 지침 Editionsrichtlinien der MEGA』(1993)의 엄격한 적용보다는 융통성 있는 변용이 필요하다고 하겠다. 마르크스와 엥겔스의 필적을 서로 다른 활자로 표기한다든지, 삭제 보완된 부분을 텍스트에서 재현하는 것 등이 이 같은 융통성 있는 변용의 예라고 하겠다.

저자는 페이퍼 1에 제시된 편집안을 중심으로 거기에 포함된 초고들과 그것의 배열 Anordnung에 대해 간단한 소견을 밝히고, 마지막으로 초고의 텍스트 재현 Textwiedergabe에 관련된 몇 가지 의견을 제시하려고 한다. 특히 초고의 재현과 관련하여 제시된 의견은 한국과 일본에서 광범한 동의를 얻고 있는 견해이다.

4-1. 신MEGA I/5에 구체화된 『독일 이데올로기』의 구성

페이퍼 1에 제시된 제반 초고의 편집 계획은 기본적으로 타우베르트가 주도하는 구IML/B의 MEGA I/5 작업 그룹의 연구 성과에 근거하고 있는 것으로 보인다. 이러한 사실은 I/5-4, I/5-15의『독일 이데올로기』에의 편입과 I/5-5를 "I. 포이어바흐"장 작은 묶음의 맨 앞에 배치한 것으로 보아 확인된다

["Aus der Arbeit an der Vorbereitung des Bandes 5 der Ersten Abteilung der MEGA^2 (Deutsche Ideologie)," *Beiträge zur Marx-Engels-Forschung*, 26(1989), S. 98~194를 보라. 특히 Inge Taubert, "Zur Entstehungsgeschichte des Manuskripts 'Feuerbach' und dessen Einordnung in den Band I/5 der MEGA^2," S. 101~09; Elke Röllig, "Deutscher Sozialismus in Versen und Prosa. 1) Karl Beck: 'Lieder von armen Mann, oder die Poesie des wahren Sozialismus'"—ein weißer Fleck in der Marx-Engels-Forschung," S. 110~25; MEGA *Probeband*, S. 405, 416 참조].

이러한 사실은 부록Anhang의 경우에도 동일하다

[Inge Taubert, "Zur Mitarbeit von Moses Heß an der 'Deutschen Ideologie'—Auseinandersetzung mit Arnold Ruges Werk 'Zwei Jahre in Paris. Studien und Erinnerungen,' Leipzig 1846," *Beiträge zur Marx-Engels-Forschung*, 26(1989), S. 146~71; Christine Ikker, "Zur Mitarbeit von Moses Heß an der 'Deutschen Ideologie'—das Kapitel V des zweiten Bandes," Ibid., S. 171~94; Jakow Rokitjanski, "Zur Geschichte der Beziehungen von Karl Marx und Friedrich Engels zu Moses Heß in Brüssel 1845/1846," *Marx-Engels-Jahrbuch*, 9(1986), S. 223~67].

4-2. 타우베르트, 또는 페이퍼 1의『독일 이데올로기』상(像)

페이퍼 1, 2는『독일 이데올로기』의 출판 양식을 기본적으로 골로비나, 로키챤스키, 타우베르트의 연구 성과를 근거로 하여 계간지 Vierteljahrsschrift → 두 권의 저서 zwiebändige Publikation → 별도의 개별적 출판 Separatdruck des einzelnen Bandes으로 변경되었다고

간주하고 있다. 그러나 이 경우에 우리가 주의해야 할 점은 신MEGA I/5의 편집에서 이러한 변화를 어떻게 수용하느냐 하는 것이다. 즉 이 3개의 단계를 모두 고려하는 경우와 특정한 단계만을 고려할 경우 『독일 이데올로기』의 구성 Konstitution der *Deutschen Ideologie*의 변용은 불가피하다.

* 로키챤스키의 견해에 따른 『독일 이데올로기』상(像)

제1단계: 마르크스와 엥겔스의 초고는 아직도 계간지를 구성하는 원고의 일부로 간주되다.

제2단계: 이 초고들을 분리하여 출판하려는 계획을 구상.

[Rokitjanski, "Zur Geschichte der Beziehungen von Karl Marx und Friedrich Engels zu Moses Heß in Brüssel 1845/1846," S. 260 Anm. 38]

* 타우베르트는 여기에 이행 과정으로서 2권본의 『독일 이데올로기』를 상정.

출판 계획이 무산됨에 따라 2권분의 초고는 각각 분리하여 다른 출판사들에 맡기려는 노력이 행해지면서 텍스트의 보완이 본격적으로 진행되었다. 그리고 때에 따라서 장절(章節)은 해체되어 논설로 출판되기도 했다. 그러므로 미완성의 『독일 이데올로기』는 시기적으로 1846년 5월 말/6월 초에 마감된다고 본다(Inge Taubert, Konferenzpapier 2, S. 3).

[Engels an Marx, um den 18. Oktober 1846, MEGA² III/2, S. 51; Bernays und Engels an Marx, 2. November 1846, MEGA² III/2, S. 63; Engels an Marx, 15. Januar 1847, MEGA² III/2, S. 83]

[Galina Golowina, "Das Projekt der Vierteljahrsschrift von 1845/1846," *Marx-Engels-Jahrbuch*, 3(1980); Rokitjanski, "Zur Geschichte der Beziehungen von Karl Marx und Friedrich Engels zu

Moses Heß in Brüssel 1845/1846.";Inge Taubert, "Wie entstand die Deutsche Ideologie von Karl Marx und Friedrich Engels?," *Studien zu Marx' erstem Paris-Aufenthalt und zur Entstehung der Deutschen Ideologie*(Karl-Marx-Haus, 1990)]

페이퍼 1, 2는 이들 3개의 출판 형태 중 어떤 경우를 수용한다는 입장을 밝히지 않은 채 신MEGA I/5, 『독일 이데올로기』에 포함되는 텍스트들을 다음과 같이 한정하고 있다.

i) 신MEGA I/5는 주제 중심의 권(卷)이다thematisches Band.

ii) 이 책에 포함되는 초고의 집필 시기는 1845년 11월부터 1846년 5월 말/6월 초까지이다.

그러나 이 같은 기준은 i)에 포함될 수 있는 상당수의 초고 단편을 ii)의 기준 때문에 배제해야 하는 결과를 가져왔다.

a) 주 텍스트 부분Hauptteil

* 텍스트 중 I/5-1[1845년 11월 20일 집필],[16] I/5-4[1846년 2월 1일~6월 30일], I/5-15[1846년 3월 말~5월 말]는 앞의 i)과 ii)의 기준을 만족시킨다.

* 그러나 다음의 초고 단편이나 논설들은 동일한 주제를 다루었으나 ii)의 기준에 의해 신MEGA I/5에 포함되지 않는다.

① Marx, ad Feuerbach[MEGA¹ I/5, S. 531, 533~35]: aus Marx' Notizbuch

② Engels, Wenn es sonst Dinge [······]

[Bert Andréas, Karl Marx / Friedrich Engels: Das Ende der

---

16) "[ ]" 안의 날짜는 페이퍼 1이 형성 시기Datierung zur Entstehung(카테고리 04100)로 고증한 부분이다.

klassischen deutschen Philosophie... Bibliographie, Schriften aus dem Karl-Marx-Haus Nr. 28(Trier, 1983), S. 140에는 "Notiz von Engels(vgl. unten 1*)"로 되어 있으나 지정한 곳에서 이를 확인할 수 없다]

③ Engels, Karl Grün: "Über Göthe vom menschlichen Standpunkte," Darmstadt 1846[MEGA¹ I/6, S. 47~71]. *Deutsche-Brüsseler Zeitung*, Nr. 93~98(1847. XI. 21, 25, 28, XII. 2, 5, 8)[빨라도 1846년 10월 초](Konferenzpapeir 2, S. 11~12).
[Dieter Deichsel, "Deutscher Sozialismus in Versen und Prosa. 2) Karl Grün: 'Über Göthe vom menschlichen Standpunkte' Darmstadt 1846," *Beiträge zur Marx-Engels-Forschung*, 26(1989), S. 124~45; Andréas, *Karl Marx/Friedrich Engels...* Bibliographie, S. 143 Anm. 20.]

④ Engels, Die wahren Sozialisten[MEGA¹ I/6, S. 73~116]. 1847년 1월~7월
[MEGA¹ I/6, S. 665; Andréas, *Karl Marx/Friedrich Engels...Bibliographie*, S. 141, 143 Anm. 21.]

⑤ [Der Status quo in Deutschland][MEGA¹ I/6, S. 229~49]. 1847년 3월
[MEGA¹ I/6, S. 230, 669; Andréas, *Karl Marx/Friedrich Engels...* Bibliographie, S. 141.]

b) 부록 Anhang: (부록을 다룬 다음의 4-4를 보라)

신 MEGA I/5를 i)의 원칙에 따라 주제 중심의 권(卷)이라고 한다

면 라이프치히 종교 회의 das Leipziger Konzil에 포함된 모든 교부들 allen Kirchenväter od. deutsche Philosophie überhaupt과 진정 사회주의자들과 관련되어 계간지에 실리기로 한 다른 필자들의 논설들도 이 신 MEGA I/5에 수용되어야 한다.

한편 ii)의 원칙에 따라 초고나 단편의 형성 시기를 한정한다면 1845년 10월에 집필된 I/5-17, I/5-19는 제외되어야 한다.

4-3. 주 텍스트의 배열과 관련된 몇 가지 문제

i) 종래의 『독일 이데올로기』와는 달리 신편집안에는 I/5-1, I/5-1a 가 편입되어 있다

이 인쇄된 문건 Druckfassung의 형성 시기 Datierung der Entstehung는 "*Brüssel, 20. November. Bruno Bauer stammelt in Wigand's Vierteljahrsschrift,..."라는 텍스트의 첫 구절 Textanfang을 근거로 1845년 11월 20일임이 확인된다. 특히 이 글은 "II. 성 브루노"의 결론 부분("II. Sankt Bruno," Schlußteil des Abschnitt 3)과의 텍스트 비교를 통해서 신 MEGA I/5, 『독일 이데올로기』와 높은 주제상의 연관성을 갖고 있음을 확인할 수 있다. 나아가 이 글의 직접적 집필 기연 unmittelbarer Anlaß이 『계간 비간트』 3호에 게재된 「포이어바흐의 특징 Charakteristik Ludwig Feuerbach」과 연결되어 있으므로 『독일 이데올로기』에 포함될 개연성은 높다.

그러나 이 글이 신 MEGA I/5에 편입되는 데는 다음과 같은 문제가 설명되어야 한다.

a) 『독일 이데올로기』가 집필된 계기는 『계간 비간트』 3호에 게재된 "포이어바흐의 특징"에 유래하는 것이나 이의 기필을 헤스가 독일에서 그들의 저작, 혹은 계간지의 출판 가능성을 타진하고 브뤼셀로

돌아온 뒤(Heβ' Rückkehr nach Brüssel, 24/25. November 1845)라고
할 때 이는 분명히 그 이전이다.

[Golowina, "Das Projekt der Vierteljahrsschrift von 1845/1846," S.
261~62; Rokitjanski, "Zur Geschichte der Beziehungen von Karl Marx
und Friedrich Engels zu Moses Heβ in Brüssel 1845/1846," S. 229~30,
261 Anm. 46; Inge Taubert, "Wie entstand die Deutsche Ideologie von
Karl Marx und Friedrich Engels?" S. 41]

물론 페이퍼 2, S. 3~4는 Band I/4, I/5, I/6, 특히 I/4와 I/5가
1845년 11월에서 1846년 5월 말/6월 초라는 짧은 기간 중에는 중복
되고 있다고 함으로써 I/5-1을 수록될 텍스트에 포함시키고 있으나,
"1845년 11월"의 문제는 『독일 이데올로기』의 출판 형태에 관한 입
장의 정립이 선행되어야 한다. 그렇지 않을 경우, 편의적인 견강부회
의 혐의가 높다.

  b) 주제 중심의 권으로서 신MEGA I/5:

  앞의 a)의 주장을 수용할 경우, 이 I/5-1을 I/5-11의 "3. Sankt
Bruno contra die Verfasser der 'heiligen Familie'"의 결론 부분
(MEGA¹ I/5, S. 90/14~92/7; MEW Bd. 3, S. 96~98)에 대한 변형
텍스트[異稿]Varianter Text로 배치함이 어떨까?

  ii) I/5-2: Karl Marx, Vorrede[1846년 5월/6월로 추정]: "서
문"이기에 특별한 경우!?

  ER B. II. 1에 일치하지 않는다. 어차피 집필 시기와 무관하게 내
용을 근거로 한 배열이라면(I/5 『독일 이데올로기』가 주제 중심)
I/5-1보다 선행하여 배치해야 하지 않을까?

  iii) I/5-3["I. 포이어바흐"장의 큰 묶음]: 내용보다는 연대기적 배열
원칙이 적용된 대표적 경우. 이는 원칙상으로 I/5-2의 배치와 바로 충

돌한다.

이러한 원칙에서 볼 때 I/5-2의 문제는 다시금 논란의 여지가 있다.

iv) I/5-4: Friedrich Engels, Karl Marx: Feuerbach(MEGA¹ I/5, S. 538~40)

초고의 집필 시기와 형태에 대한 묘사

a) 페이퍼 1:

집필 시기: 1846년 2월 1일~1846년 6월 30일

형태: 2페이지의 원고.

b) MEGA¹ I/5(1932):

집필 시기: "1846년 10월경 파리에서 집필"(MEGA¹ I/5, S. 530)

형태: "이 메모(혹은 각서Notizen)는 엥겔스에 의해 **장방형의 편지지**langen Streifens Papier(4절 블라트의 한 장eine Spalte eines Quartblattes) 양면에 씌어져 있다. 여러 가지 형태를 살펴보건대, 이는 엥겔스가 브뤼셀 통신 위원회의 마르크스에게 보낸 편지에 동봉하여 보낸 듯하다(……이의 정확한 연대는 확정하기 어렵다)"(MEGA¹ I/5, S. 639).

c) Taubert, "Aus der Arbeit an der Vorbereitung des MEGA² I/5" (1989):

집필시기 1): "빠를 경우 1845년 10월 말에 기초되었으나, 집필은 아마 1845년 12월, 또는 1846년 1월 이전으로 보이지는 않는다 [형성 시기에 관한 논거는 **다른 곳에서**an anderer Stelle 언급될 것이다]"!

[Taubert, "Zur Entstehungsgeschchichte des Manuskripts 'Feuerbach' und dessen Einordnung in den Band I/5 der

MEGA², " S. 107, 109]

— 어디에서?

집필 시기 2): "……, 이 초고는 당초에 초안의 윤곽을 잡기 위해 씌어졌다[……여러 가지 정황으로 보아 1846년 4월 중순으로 보인다. 이의 논거는 **다른 곳**에서 언급될 것이다]"!

[Taubert, op. cit., S. 109 Anm. 31]

— 어디에서?

형태: "이 「포이어바흐」 초고는 암스테르담의 국제사회사연구소 IISG Amsterdam에 마르크스-엥겔스 유고 번호 H 1(구번호)/H 2(신번호)로 보관되어 있다. 그것은 폴리오보겐에서 찢어낸 종이에 씌어졌다. 종이의 치수나 질 Format und Papiersorte로 보아 그것은 『독일 이데올로기』의 일부에서 사용한 폴리오보겐과 동일한 것으로 보인다. 무엇보다도 보겐으로 이용한 종이의 길이(317밀리미터)나 폭(99밀리미터), 그리고 종이의 모양이 브루노 바우어의 「루트비히 포이어바흐의 특징 Charakteristik Ludwig Feuerbach」이란 글과 논쟁을 전개한 폴리오보겐 6에서 11에 이르는 초안에 이용된 것과 일치한다."

[Taubert, op. cit., S. 101, 108]

— 이렇다 할 논거가 제시되지 않은 채 형성 시기가 자의적으로, 또 서로 다르게 규정되고 있다.

특히 b) [MEGA¹ I/5]와 c) [타우베르트에 의해] 문자로 서술된 부분은 이들 초고가 서로 같은 것이라고는 결코 쉽사리 이해되지 않는다. 단지 이들의 서술상의 차이는 이 초고 단편의 팍시밀리를 검토함으로써 그 동일성이 금방 이해될 수 있다.

— "langen Streifens Papier"와 "eine gerissene Spalte eines Blattes von einem Foliobogen"을 어떻게 동일한 용지의 묘사라고 보겠는가? 따라서 새로이 출판될 신MEGA I/5에는 더 많은 팍시밀리의 제시가 필요하다.

위의 여러 가지 차이에도 불구하고 초고의 형성 시기나 형태는 다음의 2가지 점이 부각되어야 한다.

1)『독일 이데올로기』의 초고: 세로쓰기quer-beschrieben의 2란 zwei Spalte 형태!

2) 텍스트의 보완은 1846년 10월 이후에 나타난다!

〔Taubert, Konferenzpapier 2, S. 3〕

v) I/5-5: I/5-6을 2개의 이고Variante로 규정하고, I/5-6과 I/5-7(〔1〕-ab)을 하나의 텍스트Textzeuge로 간주

유존하는 이들 2개의 이고(異稿)의 배열 순서에 대해 마르크스와 엥겔스는 아무런 명백한 지시도 하지 않고 있다. 따라서 I/5-5(=〔2〕-abcd)를 I/5-6(=〔1?〕-abcd-〔2?〕-a)에 선행시키는 데에는 설명이 필요하다. 즉 I/5-6은 프롤로그(Prolog: 〔1?〕-ab)와 "1. Die Ideologie überhaupt, speciell die deutsche Philosophie"(〔1?〕-cd-〔2?〕-a)의 2개 부분으로 나누어지고, 앞부분(=〔1?〕-ab)이 I/5-7(=〔1〕-ab)에 청서된 후 삭제되어 있으므로, I/5-6과 I/5-7을 "하나"의 텍스트로 간주하여 연속적으로 배치한다. 따라서 I/5-5가 I/5-6에 선행한다고 주장〔Konferenzpapier 2, S. 7~8〕.

* 이러한 설명만으로는 배열 순서의 확정이 미흡함으로 게재 순서를 결정할 때는 베른슈타인E. Bernstein, 국제사회사연구소IISG 등의 정리 번호Anordnungsnummer를 고려하는 것이 필요하지 않을까?

* I/5-5, I/5-6, I/5-7은 형성 시기가 모두 "1846년 2월과 6월

〈표 4〉 "I. 포이어바흐"장 작은 묶음의 배열 순서

I) Engels et al.*	ⓐ[1?]ab→ ⓑ[1?]cd–[2?]a→ ⓒ{1}ab→ ⓓ{2}abcd → ⓔ[3]abcd~{4}ab→ ⓕ[5]abcd		
II) Bernstein**	41 42→ 43 44–번호 없음→ 1 2→ 3 4 5 6→ 7 8 9 10-11 12***)→ 45 46 47 48		
III) IISG(A7)	7 8→ 9 10- 11→ 1 2→ 3 4 5 6→ 12 13 14 15-16 17→ 18 19 20 21		

* D. Rjazanov, "Aus dem literarischen Nachlaß von Marx und Engels: Marx und Engels über Feuerbach," *Marx-Engels Archiv*, Bd. 1[1926], S. 217~18; MEGA¹, Bd., I/5, S. 551.
** 「포이어바흐」의 초고 오리지널에는 『독일 이데올로기』의 다른 초고들과는 달리 베른슈타인에 의한 텍스트의 수정, 삭제, 보완이 없다. 그러나 86페이지의 초고는 베른슈타인에 의해 보라색 연필로 페이지가 매겨져 있다. 그리고 잉크로 씌어진 3개의 페이지 숫자Paginierungszahlen는 베른슈타인에 의한 것으로 추정된다. 그외에도 연필로 된 몇 개의 표지가 있으나 이들은 포토 코피가 만들어지던 20년대 초에는 없었던 것이다." MEGA² *Probeband*, S. 407.
*** S. 13~40은 결번(缺番)이다. 베른슈타인은 "L. Feuerbach"라는 방대한 원고를 정리하는 과정에서 S. 1~116에 이르는 일련 번호를 부여했는데 거기에는 엥겔스가 1841/42년간에 발췌한 다른 원고("Studien zur Kritik der Evangelien")가 포함되어 있음을 확인했다고 리야자노프는 보고하고 있다. 따라서 후자에 매겨진 베른슈타인의 연번호가 S. 15~40(26페이지분)이므로 실제의 결여 페이지 수는 S. 13, 14와 보겐 [9]와 [10] 사이에 1보겐에 해당하는 S. 65~68의 4 페이지를 포함하여 모두 6페이지이다(한편 1841/42년간의 엥겔스의 발췌 초고는 용지를 세로 쓰기quer beschrieben로 운용했으나 2란이 아닌 전단으로 집필되었기에 2란 구성의 『독일 이데올로기』 원고와는 확연히 구별된다. 따라서 이를 "I. 포이어바흐"장에 포함시켜 일련 번호를 매긴 베른슈타인의 의도는 쉽사리 납득되지 않는다고 하겠다). 橋本直樹, 『「ドイツ・イデオロギ」「I. フォイエルバッハ」の手稿の編成に關して」, 『マルクス·エンゲルス·マルクス主義研究』, 27(1996. 6), p. 78 주 15) 및 pp. 79~80의 참고표; Rjazanov, 위의 글, S. 209; MEGA² IV/1, S, 873~76 및 S. 389 Faksimile.

사이"로 추정되고 있을 뿐, I/5-5(={2}abcd)가 I/5-7(={1}ab)이나 그 피사고(被寫稿)인 I/5-6(=[1?]abcd-[2?]a)에 선행한다는 아무런 논거가 없다. 그리고 〈표 4〉에서 보이는 바와 같이 I/5-5(={2}abcd)는 어떤 경우에도 I/5-7(={1}ab)을 선행하지 않고 있다는 사실은 I/5-5가 I/5-6과 I/5-7에 후속된다는 주장에 힘을 실어주는 것으로 보인다.

이렇게 볼 때 I/5-5(= {2}abcd)가 I/5-6(= [1?]abcd-[2?]a)을 선행한다는 페이퍼 1의 주장은 I/5-3(Urtext, große Konvolute)을 집필 연대순이라는 이유로 작은 묶음의 초고 단편(I/5-5에서 I/5-9까지) 앞에 배치하는 원칙과도 바로 충돌한다.

vi) I/5-15: Engels, Karl Beck: "Lieder vom armen Mann," oder…

ii)항의 원칙(『독일 이데올로기』의 집필 시기를 1845년 11월~1846년 5월 말/6월 초로 한정)이 전체적으로 수록할 텍스트의 편입 문제에서 철저히 지켜지지 않는다면 Engels: "Karl Grün: Über Göthe vom menschlichen Standpunkte'. Darmstadt, 1846"[MEGA¹ I/6, S. 47~71]도 포함시켜야 한다는 주장이 제기되지 않을까?

4-4. 부록과 관련된 문제

i) 부록에 수록될 텍스트의 문제

I/5-18, I/5-21은 일반적으로 편집된 텍스트edierte Texte로서 예상 가능하다. 그러나 I/5-17, I/5-19, I/5-20과 변형된 텍스트 I/5-17a, I/5-19a의 처리는 간단치 않다.

신MEGA I/5를 주제 중심의 권이라면서 헤스의 논설만이 부록에 수용되는 것은 그가 예정된 계간지 편집인의 한 사람이기 때문인가?

──만약 I/5-17, I/5-19, I/5-20, I/5-17a, I/5-19a가 텍스트로 수용된다면 다음에 열거한 필자들의 논설도 고려되지 않으면 안 된다. 왜냐하면 다음의 글들은 1845년 11월에서 1846년 6월 사이에 마르크스 등에게 보내졌기 때문이다(『독일 이데올로기』의 계간지설과 연결될 경우 더욱 심각하다).

[정문길, 『마르크스의 사상 형성과 초기 저작─『독일 이데올로기』와

『마르크스-엥겔스 전집』 연구』(문학과지성사, 서울 1994), pp. 141~48]

a) Georg Weerth, M. S. Preiss

[Georg Weerth an Karl Marx, 18. Dezember 1845, MEGA² III/1, S. 493, 853. 한편 1846년 6월 5일 혹은 6일경으로 보이는 마르크스에게 보낸 베르트의 편지에도 "초고"에 관한 언급이 있으나 그것이 이 원고와 동일한 것인지는 확인되지 않는다. Vgl. Bert Andréas/Wolfgang Mönke, "Neue Daten zur 'Deutschen Ideologie' : Mit einem unbekannten Brief von Karl Marx und anderen Dokumenten," *Archiv für Sozialgeschichte*, Band VIII(1968), S. 75]

b) Karl Ludwig Bernays, Über Verbrechen und Kriminaljustiz

[Bernays an Marx, [Engels und Heß], 21. Januar 1846; 23. Februar 1846; 2. März 1846; 7. März, 1846; 26. März, 1846, MEGA² III/1, S. 498, 504, 509, 512, 520. Vgl. Andréas/Mönke, 위의 글, S. 28~29, 56~59. 베르나이스의 이 글은 1844년 말/1845년 초 다름슈타트의 레스케 출판사 Leske in Darmstadt에서 출판되었으나 앞부분의 인쇄가 불량하여 재출판을 고려하던 중 마르크스의 계간지에의 참여 요구로 원고가 브뤼셀로 송부되었다. 이 같은 저간의 사정과 이 원고의 내용에 관해서는 Andréas/Mönke, 위의 글, S. 29 Anm. 62와 Bernays an Marx, 10. März 1845, MEGA² III/1, S. 456~57을 보라]

c) Roland Daniels, Rezension über Karl Grün, Über Goethe...
Roland Daniels, Rezension über V. Hansens Werk

[G. Bagaturija, "Roland Daniels," *Marx und Engels und die ersten proletarischen Revolutionäre*(Berlin, 1965), S. 209~60. G. Golowina, "Das Projekt der Vierteljahrsschrift von 1845/46," S. 264에 의함]

d) Wilhelm Weitling, Gerechtigkeit: Ein Studium im 500 Tage

[Weitling an Marx, 24. Mai 1846, MEGA² III/2, S. 210. Ernst Barnikol, Hrsg., *Christentum und Sozialismus. Quellen und Darstellungen, I. Weitling der Gefangene und seine "Gerechtigkeit"* (Walter G. Mühlau Verlag, Kiel 1929), S. 266~67. MEGA² III/2, S. 802(Erläuterungen); Vgl. Wilhelm Weitling an Hermann Kriege, 16.

Mai 1846, MEGA² III/2, S. 871~72 및 Rokitjanski, "Zur Geschichte der Beziehung von Karl Marx und Friedrich Engels zu Moses Heβ in Brüssel 1845/1846," S. 263 Anm. 91도 참조]

부록의 텍스트 가운데 I/5-17, I/5-19는 ii)의 기준(시간적으로 1845년 11월~1846년 5월 말/6월 초)에 의해 신MEGA I/5에의 포용 범위를 벗어난 것이다.

4-5. 인쇄 형식 문제

* 마르크스와 엥겔스의 이론적 성장 과정을 보여주기 위해 초고 오리지널에 나타나는 수정, 삭제, 보완 등의 첨삭 과정을 있는 그대로 재현하는 문제가 심각히 고려되어야 한다.

〔정문길, 『마르크스의 사상 형성과 초기 저작』, pp. 246~48; 정문길, 「『독일 이데올로기』 연구에 있어서 텍스트 편찬의 문제」, 『문학과사회』 33호(1996년 봄), p. 447〕

a) 2란 혹은 2-페이지 형식의 배려.

b) 단어의 변경, 문장의 수정 · 보완, 방주 및 편집상의 지시의 원형으로의 재현 문제.

c) 삭제, 말소된 부분을 지문 Grundtext에서 재현하는 방법의 배려.

d) 마르크스와 엥겔스의 필적을 서로 다른 활자체로 표기하는 방법의 고려.

── 이 경우 기존의 편집 지침 Editionsrichtlinien을 좀더 융통성 있게 변용시켜야 한다.

5. 트리어 회의에서 논의된 중요 쟁점들

모두 10명이 참가한 이번 회의는 10월 24일, 그랑종과 펠거의 사회로 칼-마르크스-하우스 연구 센터 1층 회의실에서 열렸다.[17] 회의는 먼저 독일-프랑스 메가 작업 그룹이 제시한 신MEGA I/5 『독일이데올로기』의 구성안(페이퍼 1)과 타우베르트의 두 편의 논문을 중심으로 개략적인 논의를 전개하다가 좀더 구체적인 논의를 요구하는

---

17) 이 회의에는 바가투리야Georgij Bagaturija, Moskau(1965년에 『독일 이데올로기』, 'I. 포이어바흐"장의 신편집판을 상자했으며, 1971년 『독일 이데올로기』 연구로 박사 학위를 받았다. IMES의 편집 위원회 위원), 정문길(鄭文吉)Moon-Gil Chung, Seoul, 에스바흐 Wolfgang Eβach, Freiburg(『헤겔파 — 인텔리 그룹의 사회학 Die Hegelianer』(1988)의 저자로 청년 헤겔파와 슈티르너에 대한 연구가 있다), 그랑종Jacques Grandjonc, Aix-en-Provence(신MEGA I/5의 편집 책임자. 마르크스를 포함한 초기 사회주의(자) 연구의 권위자), 클렌너Hermann Klenner, Berlin(헤겔의 법철학 연구자로 IMES의 학술 자문 위원), 펠거Hans Pelger, Trier(칼-마르크스-하우스 연구 센터 소장으로 신MEGA I/5의 편집 책임자. 초기 사회주의 연구의 권위자), 페펠레 부부Heinz und Ingrid Pepperle, Berlin(청년 헤겔파 연구자로 그들의 앤솔로지 『헤겔 좌파 Die Hegelsche Linke』(1985)는 이 분야의 필수적 텍스트다), 로얀Jürgen Rojahn, Amsterdam(유럽 노동 운동사 연구자이나 그의 『경제학-철학 초고』에 대한 최초의 문헌 연구는 이 분야의 획기적 업적이다. IMES의 사무국장이다), 시부야 타다시(渋谷 正)Tadashi Shibuya, Kagoshima(일본의 초기 마르크스 연구자로 『독일 이데올로기』, 'I. 포이어바흐"장의 연구판 번역자)의 10명이 참석했다. 한편 이 회의에 2개의 페이퍼를 내놓은 타우베르트Inge Taubert, Wandlitz는 감기로 이 회의에 참석치 못했다. 저자는 그녀를 회의 전날 펠거의 집무실에서 만난 바 있다. 이 회의에는 당초 이상의 11명(타우베르트 포함) 이외에도 7명이 더 초청되었으나 골로비나Galina Golovina, Moskau(신MEGA III/1, III/2 『초기 서간집』의 편집자로 『독일 이데올로기』 계간지설을 주장), 잔트퀼러Hans Jürg Sandkühler, Bremen(마르크시스트로서 독일 관념론철학 연구의 권위자), 자스Hans-Martin Sass, Bochum(청년 헤겔학파 연구의 권위자), 위장하Wei Jianhua, Beijing(중국 측의 IMES 편집 위원회 위원)는 당초에 불참을 통고해왔고, 다익셀Dieter Deichsel(구IML/B에서의 신MEGA I/5의 편찬에 참여), 헬름즈Hans G. Helms, Köln(슈티르너 연구자로 『익명적(匿名的) 사회의 이데올로기 Die Ideologie der anonymen Gesellschaft』(1966)의 저자), 슈펜하우어 Werner Schuffenhauer, Berlin(포이어바흐 연구자로 1967년 이래 발간되고 있는 『포이어바흐 전집』의 편자)는 회의 직전에 개별적 사정으로 불참을 통고해왔다.

사회자의 요구에 따라 페이퍼 1에 대한 집중적인 토론에 들어갔다. 그러나 페이퍼 1에 대한 논의는 곧장 『독일 이데올로기』란 "주제"를 중심으로 한 신MEGA I/5의 치명적인 아킬레스건(腱)을 건드리지 않을 수 없었다.

『독일 이데올로기』의 편집 문제에 당면하여 모든 연구자들이 직면하는 가장 큰 어려움은 『독일 이데올로기』는 과연 하나의 "체계적인" 저술인가? 그렇다면 거기에 포함되는 텍스트는 무엇무엇인가라는 것이다. 따라서 논의는 곧장 페이퍼 1에 제시된 구체적인 텍스트들이 과연 신MEGA I/5에 포함될 수 있느냐 그렇지 않느냐는 문제로 전개되게 되었다. 이에 저자는 앞 절의 4-2항에서 지적한 바와 같이 페이퍼 1의 『독일 이데올로기』상(像)이 1) 계간지 → 2) 2권의 저서 → 3) 별도의 개별적 출판 중 어느 단계에 속하느냐 하는 문제를 제기하면서, 『독일 이데올로기』의 구체적 텍스트 구성은 이 같은 입장의 정리가 선행되지 않으면 안 된다는 의견을 제시했다. 그런가 하면 에스바흐Wolfgang Eβbach는 신MEGA I/5를 독립된 주제 중심의 권ein isoliertes thematisches Band으로 파악한다면 이는 철학자들(독일의 관념론자들)을 다룬 제1부와 진정 사회주의자를 다룬 제2부의 접점Anhaltspunkt을 바로 포이어바흐에서 찾아야 한다고 주장하면서 1846년 7월의 『독일 이데올로기』상을 제시했다. 그리고 잉그리트 페펠레 역시 이에 긍정적인 의견을 제시했다.[18] 여기에서 토의

---

18) 『독일 이데올로기』에서의 포이어바흐의 중요성은 'I. 포이어바흐'장(페이퍼 1의 I/5-3에서 I/5-9에 이르는 원고들)이 사상적으로 보아 『독일 이데올로기』의 핵심부를 형성한다는 사실에만 그치는 것이 아니다. 마르크스와 엥겔스에 있어서 포이어바흐는 당대의 가장 중요한 [관념론적] 철학자였으며, 그의 인간주의는 프루동을 통해 프랑스 식으로 해석되고 있었다. 따라서 포이어바흐의 사상은 개혁적 사회주의, 또는 진정 사회주의의 이름으로 마르크스와 엥겔스가 그들의 세력 기반으로 생각한 독일의 망명객들에게 광범위하게

는 『독일 이데올로기』의 형성 단계를 검토하면서 결국 "1846년 7월"을 기점(基點)으로 한 "2부 구성의 『독일 이데올로기』"라는 대전제에 합의하기에 이르렀다.[19]

그런데 이러한 논의 과정에서 가장 두드러진 주장은 바가투리야 교수에 의한 『독일 이데올로기』 계간지설의 강력한 부정이다. 사실이 『독일 이데올로기』의 계간지설은 1980년 골로비나에 의해 제시된후, 1986년 로키챤스키에 의해 긍정적으로 받아들여지고, 이어서 이러한 견해를 타우베르트가 수용함으로써 광범한 호응을 얻은 것이 사실이다.[20] 그러나 바가투리야 교수는 골로비나의 이 같은 주장이 애초부터 어불성설이라면서 『독일 이데올로기』는 그것의 최초 형성

유포되면서 그들의 지지 기반을 잠식하고 있었다. 따라서 마르크스와 엥겔스의 포이어바흐에 대한 적극적 관심은 『독일 이데올로기』에서의 'I. 포이어바흐'와 진정 사회주의를 다룬 제2부만이 아니라 그 이전인 1845년 여름의 마르크스의 포이어바흐에 관한 노트(MEGA¹ I/5, S. 531, 533~35), 그리고 그 이후인 1846년 10월의 엥겔스의 포이어바흐 단편(MEGA¹ I/5, S. 538~40)에도 지속적으로 나타나고 있다. 정문길, 앞의 책, pp. 306~11도 보라.

19) 1846년 7월은 마르크스와 엥겔스의 『독일 이데올로기』 출간 계획이 객관적으로 불가능한 것으로 판단되기 이전으로, 이 시기에 이들 두 사람이 구상한 『독일 이데올로기』를 재현해야 한다는 주장은 이미 구MEGA I/5에서도 강조된 바 있다. MEGA¹ I/5, S. XVII.

20) Galina Golowina, "Das Projekt der Vierteljahrsschrift von 1845/1846: Zu den ursprünglichen Publikationsplänen der 'Deutschen Ideologie'," *Marx-Engels-Jahrbuch*, 3(1980), S. 260~74; Jakow Rokitjanski, "Zur Geschichte der Beziehungen von Karl Marx und Friedrich Engels zu Moses Heß in Brüssel 1845/1846," *Marx-Engels-Jahrbuch*, 9(1986), S. 223~67. Inge Taubert, "Wie entstand die Deutsche Ideologie von Karl Marx und Friedrich Engels?" *Studien zu Marx' erstem Paris-Aufenthalt und zur Entstehung der Deutschen Ideologie*(Karl-Marx-Haus, Trier 1990), S. 9~87; 정문길, 「『독일 이데올로기』는 계간지용 원고로 집필되었나? ─『독일 이데올로기』 성립사에 대한 최근의 논의를 중심으로」(『문학과사회』 22호, 1993년 여름). 정문길, 같은 책, pp. 127~84. 저자는 1995년 11월, 도쿄에서 열린 "엥겔스 사후(死後) 100년" 국제 회의에서 골로비나를 만나 저자의 논문, 「『독일 이데올로기』는 계간지용 원고로 집필되었나?」(정문길, 앞의 책, pp. 127~84)를 전하면서 장시간에 걸쳐 이 문제를 논의했으나 그녀는 자신의 주장을 결코 굽히지 않았다.

단계에서부터 이미 하나의 체계적인 저술이었다는 점을 역설했다.

여기에서 바가투리야 교수는『독일 이데올로기』가 이미 1845년 초에 구상되었으며, 이러한 맥락에서 "포이어바흐에 관한 11개의 테제"가 갖는 의미를 강조하고 있다. 나아가 그는 적어도『독일 이데올로기』가 내용상으로 볼 때 체계적이기에 페이퍼 1이 제시한 시간적 한정을 넘어서서 초고의 정확한 재현이 필요하다고 주장했던 것이다. 다시 말하면 그는 마르크스와 엥겔스의『독일 이데올로기』상이 1846년 여름 이래 1847년 여름에 이르기까지 결코 붕괴된 적이 없다는 것이었다. 따라서『독일 이데올로기』를 구성하는 그의 텍스트 목록은 시간적으로 1845년 11월에서 1847년 4월에 이르고 있다.[21]

그러나 회의는 바가투리야의 이 같은 주장에 의해 다시 원점으로 돌아가는 듯했다. 다시 말하면 주제를 중심으로 한『독일 이데올로기』의 텍스트 구성은 ― 특히 진정 사회주의자들(크리게Hermann Kriege와 베크Karl Beck 등)에 대한 1846/47년의 마르크스와 엥겔스의 논쟁을 감안한다면 ― 1846년 7월의 시점을 훨씬 능가하여 한없이 확대될 가능성이 큰 것이다.[22] 그리고 이러한 원칙의 확대 해석은『독일 이데올로기』의 주 텍스트는 물론이요 부록에까지도 영향을 미치게 되는 것이다. 따라서 이번 회의가 1846년 7월을 기점으로『독일 이데올로기』에 포함될 제반 초고와 논설들에 대한 사체 해부 Autopsie라는 사회자의 강조에도 불구하고, 특정 초고나 논설의 포함 여부는 확정되지 않은 채 여전히 문제로 남아 있게 된 것이다.

---

21) 그가 회의 제3일에 참석자들에게 나누어준 그의 학위 논문「마르크스주의 역사에 있어서의『독일 이데올로기』의 위치 Mesto "Nemeckoj ideologii" Marksa i Engel'sa v istorii marksizma(Filosovskoe obosnovanie naucnogo kommunizma)〔621-teorija naucnogo kommunizma Moskva 1971〕」, pp. 227~29의 카피에 보이는 2개의 표에 의하면 모두 16개의 텍스트가 열거되어 있다.

	출　판*	집필 기간(최대한)	추정 집필 시기
① "I. Feuerbach," I. Teil	MEF, 32~58　[MEF, II, 23~49]	XI 1845-IV 1846	XI-XII 1845
② "II. Sankt Bruno"	MES, 3, 82~102 [MEW, 3, 81~100]	XI 1845-IV 1846	XII 1845
③ "Das Leipzig Konzil /Einführung"	MES, 3, 79~81　[MEW, 3, 78~80]	XI 1845-IV 1846	XII 1845
④ "III. Sankt Max," Anfang	MES, 3, 102~163 [MEW, 3, 101~159]	XI 1845 IV 1846	XII 1845-I 1846
⑤ "I. Feuerbach," II. Teil	MEF, 59~63　[MEF, III, 50~55]	XI 1845-IV 1846	I 1846
⑥ "III. Sankt Max," Mitte	MES, 3, 163~350 [MEW, 3, 159~338]	XI 1845-IV 1846	I-III 1846
⑦ "I. Feuerbach," III. Teil	MEF, 64~101　[MEF, IV, 56~96]	XI 1845-IV 1846	III 1846
⑧ "III. Sankt Max," Ende	MEF, 350~452 [MEW, 3, 338~436]	XI 1845-IV 1846	III-IV 1846
⑨ "Schluß des Leipziger Konzil"	MES, 3, 453~454 [MEW, 3, 437]	XI 1845-IV 1846	IV 1846
⑩ "V. Dr. Georg Kuhlmann…"	MES, 3, 535~544 [MEW, 3, 521~530]	XI 1845-VI 1846	XII 1845-III 1846**
⑪ "IV. Karl Grün. . ."	MES, 3, 489~534 [MEW, 3, 473~520]	I-VI 1846	IV-V 1846
⑫ "Der wahre Sozialismus"	MES, 3, 457~459 [MEW, 3, 441~443]	I-VI 1846	V 1846
⑬ "I. Rheinisch Jahrbücher"	MES, 3, 460~483 [MEW, 3, 445~472]	I-VI 1846	V 1846
⑭ "I. Feuerbach," IV. Teil	MEF, 18~31　[MEF, I, 9~21]	XI 1845-IV 1846	Anfang VI-Mitte VII 1846
⑮ "Vorrede"	MEF, 15~17　[MEW, 3, 13~14]	XI 1845-VIII 1846	zwischen 28. VII-15.VIII 1846
⑯ "Die wahre Sozialisten" *** "Dottore Graziano	MES, 3, 545~586 [MEGA¹ I/6, 73~116]	I-IV 1847 XI 1845-IV 1846	XII 1845-III 1846

* 출판 전거의 페이지는 러시아판 Marks / Engel's, *Fejerbach* (MEF), hrsg. von G. Bagaturija(1966); Marks/Engel's, *Socinenija*, 3(MES, 3)으로 추정된다. 따라서 독자의 편의를 위해 전자는 Marx/Engels, *Feuerbach. Gegensatz von materialistischer und idealistischer Anschuung*(Dietz Verlag, Berlin 1972)[MEF]에서, 그리고 후자는 Marx / Engels, Werke(MEW), Bd. 3의 페이지를 [ ] 안에 병기했다(후자의 페이지 대비는 バガトゥーリヤ(坂間眞人譯), 「『ドイツ・イデオロギ—』第一篇の再構成」, 『情況』1974年 1月號, p. 95를 참고함).

** p. 229에는 "IV 1846(?)"으로 되어 있으나 pp. 227~28의 표에는 위와 같이 나와 있다.

*** MEGA¹ I/6 S.73~116에 게재된 이 초고는 일반적으로 『독일 이데올로기』에 포함되지 않으나 바가투리야는 이를 그의 도표 가운데 포함시키고 있다.

그의 학위 논문은 지금까지 공개되지 않아 타우베르트가 제출한 페이퍼 2에서도 논문의 첫머리에 이를 참고치 못한 아쉬움을 피력하고 있다. 그는 이번 회의에 참석하면서 이 학위 논문을 칼-마르크스-하우스에 기증했다. 저자는 이 논문의 요약을 다음의 일본어로 읽은 바 있다. Г. А. バガトゥーリア, 「マルクス主義の歴史における『ドイツ・イデオロギ』の位置」, 『情況』, 1973年 1月, pp. 61~78.

22) 여기에는 바가투리야가 열거한 "Die wahren Sozialisten"(MEGA¹ I/6, S. 73~116)만이 아니라 MEGA¹ I/6에 게재된 Marx und Engels, "Der Volkstribun, redigiert von Hermann Kriege"(S. 3~21), Engels, "Deutscher Sozialismus in Versen und Prosa"라는 제목 하의 2개의 글(S. 33~71) 등이 당연히 포함되게 된다.

한편 『독일 이데올로기』의 편집과 관련하여 지속적으로 논쟁이 야기되고 있는 또 다른 문제는 "I. 포이어바흐"장을 구성하고 있는 초고와 단편들의 배열 순서이다. 바가투리야는 이미 1965년의 그의 신편집안과 그것에 근거한 신판을 출판한 바 있고, 또 타우베르트 역시 바가투리야의 주장을 수용한 독일어 원문을 1966년에 편집, 출판한 바 있다. 그러나 타우베르트는 1972년의 신MEGA 시쇄판에서 "I. 포이어바흐"장의 작은 묶음kleine Konvolute 단편들의 순서를 연대순이란 명분으로 변경하더니 이번의 페이퍼 1에서는 다시 큰 묶음 große od. alte Konvolute의 기저고Urtext를 작은 묶음의 앞에 배열하는 변경을 가하고 있다.[23] 그러나 참석자들은 『독일 이데올로기』의 전체 서문Vorrede을 1846년 7~8월에 씌어졌음에도 불구하고 그 이전에 씌어진 다른 텍스트보다 앞자리에 위치짓는 것처럼, 큰 묶음의 집필 시기가 작은 묶음에 선행한다 하더라도 작은 묶음의 단편들을 큰 묶음의 앞부분에 배치해야 한다는 데 의견의 일치를 보게 되었다. 한편 작은 묶음의 초고 단편의 배열 순서에 대해서는 저자가 이 장 4-3에서 제시한 〈표 4〉를 중심으로 논의가 이루어지고, 이에 대해 바가투리야 교수도 긍정적인 반응을 보였다.[24]

---

23) 타우베르트는 신MEGA 시쇄판에서 연대순이란 명분으로 "I. 포이어바흐"장의 작은 묶음을 {2}-{1}-{1?}cd{2?}a-{3}{4}-{5}의 순서로 큰 묶음의 앞 부분에 배치하더니({1?}ab는 이고명세로 아파라트에 게재), 이번 회의의 페이퍼 1에서는 똑같은 명분으로 "Gegen Bruno Bauer"(I/5-1), "Vorrede"(I/5-2) 다음에 큰 묶음(I/5-3)을 배치하고, 이어서 작은 묶음을 {2}-{1?}{2?}-{1}-{3}{4}-{5}의 순서로 배열하고 있다.
정문길, 1994b, 「『독일 이데올로기』, "I. 포이어바흐"장의 재구성 — 리야자노프 이래의 각종 텍스트에 대한 비교 검토」(『세계의 문학』 59호, 1991년 봄; 60호, 1991년 여름). 정문길, 앞의 책, pp. 185~248. 특히 p. 218 이하를 참고하라.

24) 이와 관련하여 일본에서 광범위한 호응을 얻고 있는 히로마츠(廣松渉)의 편집안, 특히 작은 묶음의 초고 단편의 배치나 S. 1~2의 부록으로의 배치는 현지에서의 히로마츠판(廣松版)의 열람에도 불구하고 이렇다 할 반향을 일으키지 못했다는 점이 지적되어야겠다. 정

138

마지막으로 저자는 신MEGA I/5의 편집 체제 문제와 관련하여 일본 학계에서 광범위하게 논의되고 있는 요구들을 히로마츠판(廣松版)의 체제와 편집상의 특징을 예로 들어 설명했다. 그러나 회의의 참석자들은 일본의 과민 반응에 오히려 놀라면서 문제 자체의 중요성에 대해서는 지극히 부정적인 반응을 보였다. 다시 말하면 그들은 텍스트나 아파라트의 재현Darbietung을 위한 편찬 지침의 신축적인 변용의 필요성에 대해 이렇다 할 관심을 표명치 않았다.[25]

한편 마지막 날의 회의에서 참석자들은 모두가 신MEGA가 갖는 연구를 위한 학술적 전집Studienband od. wissenschaftliches Band 으로서의 의의를 새삼 인정하면서 이의 편집을 더욱 세련시킬 것을 근년에 독일에서 발간된 다른 전집이나 저작의 편찬 예를 들어 역설했다. 물론 그들은 일반 독자들을 위한 대중판 Leseband od. benutzerfreundes Band의 중요성을 과소평가하지는 않으나 최근의 학술 논문에서 MEGA의 인용 빈도 수가 높아지고 있음을 지적하면서 IMES의 MEGA 속간 사업을 격려하기도 했다.

1990년, 이렇다 할 독자적 재원도 없이 구동독과 소련 정부의 재정적 지원을 받아 수행되던 방대한 MEGA 사업을 위양받은 국제 마르크스-엥겔스 재단IMES은 그동안 재정과 연구 인력의 확보를 위해 다각적인 노력을 해왔다. IMES는 우선 특정 국가나 국제적인 연

문길, 「1960년대와 '70년대 일본 학계의 『독일 이데올로기』 논쟁.」 앞의 책, 특히 pp. 262~63 참조.

25) 최근에 발표된 바 있는 신MEGA의 수정된 출판 계획은 신MEGA의 시쇄판에 게재된 『독일 이데올로기』, "I. 포이어바흐"장의 이문명세(異文明細)Variantenverzeichnis가 본문의 텍스트에 필적한다는 점을 지적하고, 앞으로 발행될 신판에서는 오히려 이를 대폭적으로 축소해야 한다고 지적하고 있다. Grandjonc/Rojahn, 앞의 글, S. 68.

구 재단의 지원(주로 독일과 네덜란드)을 확보하거나 관심 있는 독지가나 학자들이 참여하는 국제적인 모금 운동을 전개함으로써 기왕의 메가 작업 그룹의 활동을 유지시키면서, 내적으로는 과거의 방만한 출판 계획을 수정, 축소시키는 작업도 병행해왔다. 1993년의 IMES 자체의 새로운 『편찬 지침』의 발표나 1995년 9월에 확정된 수정된 MEGA 출판 계획 등이 후자의 경우이다.[26] 그리고 우선 구동독과 소련의 숙련된 메가 작업팀의 인력을 확보하여 MEGA의 편찬 작업에 계속 참여케 하는 것이 전자의 경우이다. 그리하여 비교적 완만한 속도이긴 하나 1991년 이후 IMES의 이름으로 발간한 MEGA가 4권에 이르게 되었다(1995년 현재).[27] 그리고 상당수의 MEGA가 IMES와 독일의 브란덴부르크/베를린 아카데미 BBAW: Berlin/Brandenburgische Akademie der Wissenschaft의 재정적 지원 하에서 아직도 그들의 작업을 통해 지속적으로 진행되고 있다. 한편 1990년의 IMES의 창립 이후에 MEGA 작업에 참여한 비동구권의 학자들이 칼-마르크스-하우스와 암스테르담의 국제사회사연구소 IISG의 지원으로 수권의 MEGA 편찬 작업을 진행하고 있다. 그리고 이 가운데 가장 주목할 만한 MEGA 편찬 작업이 바로 칼-마르크스-하우스가 주관하는 독일-프랑스 메가 작업 그룹의 신MEGA I/4, I/5, I/6이다. 이들 3권은 어떤 의미에서는 IMES가 그 설립 취지에서 밝힌 바와 같이

---

26) IMES, *Editionsrichtlinien der Marx-Engels-Gesamtausgabe(MEGA)*; Grandjonc und Rojahn, "Der revidierte Plan der Marx-Engels-Gesamtausgabe."

27) 구동독과 소련의 IML에 의한 연간 MEGA 출판 권수는 평균 3권이었으나 1991년 이후 1995년에 이르는 기간 중에는 I/21(1992), II/4.2(1992), II/10(1991), IV/9(1991)의 4권에 불과하다. 그리고 현재 작업이 진행 중인 MEGA는 I부에 9권, II부에 7권, III부에 6권, 그리고 IV부에 10권 등 모두 32권이다. Grandjonc/Rojahn, 앞의 글, S. 66~77 및 S. 79~89의 Anhang 1-4.

MEGA의 출판이 당파성을 벗어난 국제화와 학술화das Konzept der Internationalisierung und Akademisierung der Edition[28]를 이루었을 때 그것이 어떠해야 할 것인가를 보여줄 수 있는 하나의 대표적 사례가 될 수 있기 때문이다. 따라서 이번의 신MEGA I/5, 『독일 이데올로기』의 편찬 문제를 다룬 국제 회의는 바로 이 같은 과업을 수행하는 하나의 필수적 단계로서 그 의미가 적지 않다고 하겠다.

[* 이 전문가 회의에 대한 IMES 측의 보고는 다음에 정리되어 있다. Jürgen Rojahn, "Bericht: Spezialkonferenz 'Die Konstitution der "Deutschen Ideologie", 24.~26. Oktober 1996. Trier," *MEGA-Studien*, 1997/1, S. 147~57.]

---

28) Jürgen Rojahn, "Und sie bewegt sich doch! Die Fortsetzung der Arbeit an der MEGA unter dem Schirm der IMES," *MEGA-Studien*, 1994/1, S. 16.

제4장 일본에서 출판된『독일 이데올로기』,*
"I. 포이어바흐"장의 신판에 대한 검토와 비판

마르크스와 엥겔스의 사후, 그들의 유고에 근거하여 출판된 저작 가운데서 그들 두 사람의 공저인『독일 이데올로기 *Die Deutsche Ideologie*』, 특히 그 제1부 제I장 "포이어바흐 Feuerbach"만큼 다양한 판본을 가진 저작은 없다고 하겠다. 마르크스와 엥겔스의 유저(遺著) 출판에 있어서 최대의 관건은 초기에는 텍스트의 판독 문제였으나 최근에는 초고의 배열 순서나 초고의 재현 양식으로 그 초점이 이행하고 있음을 보게 된다.『경제학-철학 초고 *Ökonomisch-philosophische Manuskripte*』의 경우 1960년대 말 이래 라핀N.I. Lapin과 타우베르트에 의해 제기된 집필 순서에 대한 논쟁이 1982년에 발간된 신MEGA I/2에 수용된 것도 이러한 예의 하나라 하겠다.

『독일 이데올로기』제1부 제I장 "포이어바흐"는 독일어 원문의 경

* 마르크스/엥겔스,『초고 완전 복원판. "독일 이데올로기"』, 시부야 타다시 편·역(カー
ル·マルクス/フリードリヒ·エンゲルス,『草稿完全復元版 ドイツ·イデオロギー』〔序
文·第1卷 第1章〕, 渋谷 正 編·譯, 新日本出版社, 東京 1998, xiv + 181;〔付〕別卷/注記·
解題, 210).

우, 1926년 리야자노프에 의해 그것이 최초로 공개된 이후, 구MEGA 판(1932), 독일어 신판(1966: 일명 바가투리야판Bagaturija Ausgabe), 신MEGA 시쇄판(MEGA² *Porbeband*, 1972) 등 주목할 만한 판본들이 출판되었다.[1] 그러나 이상의 그 어느 판도 결정판이라 할 수 없다는 것이 전문가들의 일반적 견해이기에 많은 사람들은 곧 출간될 신 MEGA I/5가 이러한 역할을 수행해줄 것을 기대하고 있다.

바로 이러한 시점에서 최근 일본에서 발간된 시부야(渋谷 正) 교수의 『초고 완전 복원판(草稿完全復元版), 독일 이데올로기(序文 · 第1卷 第1章)』는 중요한 의미를 갖는다고 하겠다. 일본의 경우『독일 이데올로기』의 "I. 포이어바흐"장은 리야자노프판, 구MEGA판, 그리고 바가투리야판의 번역본이 이미 수종씩 출판되었고, 1974년에는 독일어 원문으로 초고의 복원을 시도한 히로마츠판도 출판된 바 있다.[2] 그럼에도 불구하고 최근 독일-프랑스 그룹에 의해 주도되고 있는 신MEGA I/5의 편집 원칙 확정을 목전에 두고서, 일본에서는 하토리(服部文男) 교수의 신역(1996)과 시부야 교수의 초고 완전 복원판이 연속하여 출판되고 있는 이유는 무엇일까? 저자는 시부야의 일본어로 된『초고 완전 복원판, 독일 이데올로기』를 논하기 전에 이 문제를 우선 검토해보고자 한다.

『독일 이데올로기』, "I. 포이어바흐"장의 새로운 판본(版本)이 지속적으로 출판되는 이유로는 초기에는 초고의 부분적 산실(散失)이, 1960/70년대에는 초고의 배열 순서와 관련된 문제가, 그리고 최근

---

1) 그밖에도 우리는 란츠후트/마이어판Landshut/Mayer Ausgabe(1932), 리버/푸르트판 Lieber/Furth Ausgabe(1971), 히로마츠판Hiromatsu Ausgabe(1974) 등을 열거할 수 있다.
2) Marx/Engles, *Die Deutsche Ideologie. Neuveröffentlichung des Abschnittes 1 des Bandes 1 mit text-kritischen Anmerkungen*, hrsg. von Wataru Hiromatsu(Kawadeshobo-Shinsha Verlag, Tokio, 1974).

에는 초고의 재현 양식과 관계된 논의가 거론될 수 있을 것이다. 구 MEGA판이 기왕의 리야자노프판과 구별되는 것은 이의 편자가 "1846년 7월 그들[마르크스와 엥겔스]의 출판 계획이 좌절되기 이전에 계획된 형태로 복원"시키기 위해 초고의 산실된 부분을 무시하고 "미완성으로 남아 있는 이 초고를 마르크스가 남겨둔 수많은 방주를 길잡이"로 하여 그 배열 순서를 대폭 변경, 자의적으로 편집했던 점이다.[3] 따라서 이 판은 편자가 원하는 바 내용상의 체계성은 획득할 수 있었을지 모르나 초고의 실상을 왜곡시켰다는 결정적인 약점을 모면하기 어렵다고 하겠다.

한편 1966년에 출판된 바가투리야의 독일어 신판은 구MEGA판이 시도한 "텍스트의 치환이 [······] 필연적인 것도, 충분한 것도 아니라"고 규정하면서 "I. 포이어바흐"장이 서로 다른 시기와의 관련 하에서 씌어진 5개의 부분으로 구성되어 있다고 주장한다.[4] 따라서 그는 기저고(基底稿)의 부분적 산실을 기정 사실로 수용하면서 초고를 마르크스와 엥겔스, 그리고 제3자가 기입한 보겐 번호 및 페이지 번호에 따라 배열하고 있다. 그는 초고의 단절을 근거로 기저고를 3개 부분으로 나누고, 이 기저고 앞부분에 한 개의 정서고(淨書稿)와 2개의 이고(異稿), 그리고 2개의 초고를 배치하고 있다. 따라서 독일어 신판 이후 초고의 배열 순서는 "I. 포이어바흐"장의 편집에서 지속적인 관심사로 부각되고 있다.

그런가 하면 1972년에 발간된 신MEGA 시쇄판은 초고의 배열 순

---

3) Marx/Engels, Gesamtausgabe(MEGA¹), I/5. *Die Deutsche Ideologie*(Frankfurt a. M., 1932), S. XVII.

4) "Neuveröffentlichung des Kapitels I des I. Bandes der 'Deutschen Ideologie' von Karl Marx und Friedrich Engels," *Deutsche Zeitschrift für Philosophie*, 14. Jg. Heft 10(1996), S. 1198.

서를 집필 연대순이라는 신MEGA의 편찬 원칙에 따라 재배열하면서
텍스트의 게재 양식에서 괄목할 만한 변화를 시도하고 있다. 즉 종래
의 여러 판본이 초고의 완벽성을 주장하는 데 반해 신MEGA 시쇄판
은 초고의 현상 형태를 재현하는 데 주력하고 있다. 이 판은 초고 오
리지널에서와 같이 본문Grundschicht을 좌란에, 그리고 초고의 우
란에 보이는 수정, 삽입, 방주 등을 그것이 기재된 위치에 배열, 게재
하고 있다. 그리고 본문에 대한 다층적 수정 부분은 권말(卷末)의 이
고명세 Variantenverzeichnis에서 공관적(共觀的) 방식 eine
synoptische Lösung으로 보완하고 있다(1974년에 발간된 일본의 히로
마츠판은 1965년 이래의 그 자신의 독자적인 연구에 근거하여 초고를
재배열하고 있지만 이의 재현 양식은 신MEGA 시쇄판과 유사하다).

우리는 기존 여러 판본의 특징을 고찰하는 과정에서 오늘날 『독일
이데올로기』 "I. 포이어바흐"장의 편찬이 직면하는 논쟁의 초점이 무
엇인가를 확인하게 된다. 다시 말하면 신MEGA I/5(『독일 이데올로
기』)가 그 편찬에 즈음하여 해결해야 할 문제는 첫째로는 초고의 연
대기적 배열 순서요, 다음으로는 초고의 재현 양식이라는 점이다. 그
리고 최근에는 트리어의 전문가 회의(1996년 10월)에서 제기된 1845
년 11월에서 1846년 5월 말/6월 초 사이에 집필된 다른 초고의 편입
문제가 거론되고 있다. 『독일 이데올로기』에 새로운 초고나 문건을
편입시키는 문제는 종래 이들이 MEGA I/5의 부록이나, 별개의 문
건으로 출판되었으나 주제 중심의 『독일 이데올로기』를 일정 시기의
소작으로 보고, 그 기간 중에 집필된 모든 초고를 모두 신MEGA I/5
에 망라하게 되면서 제기된 사안이다.[5]

5) Jürgen Rojahn, "Spezialkonferenz 'Die Konstitution der "Deutschen Ideologie"' 24.~26.
Oktober 1996. Trier," *MEGA-Studien*, 1997/1, S. 147~57; Inge Taubert, Hans Pelger,

오늘날『독일 이데올로기』의 편찬에 있어서 가장 중요한 논쟁의 대상을 이상과 같은 3가지 관점으로 정리할 때 우리가 서평의 대상으로 하는 시부야 교수의 초고 완전 복원판은 주로 초고의 재현 양식에 그 편집의 초점이 모아진 것으로 판단된다. 물론 편자는 "I. 포이어바흐"장 각 초고의 형성 과정을 면밀히 검토하면서 집필 시기의 선후를 따지고 있다(별권: 주해 · 해설편, pp. 194~208). 그러나 그는 이 같은 집필 시기의 연대기적 검토를 초고의 배열 순서를 결정하기 위해서보다는 각 초고의 조성 과정을 해명하기 위해 이용하고 있을 뿐이다. 거기에다 그는 1996년 트리어 회의 이후에 제기된 문제, 즉 MEGA I/5(『독일 이데올로기』)를 특정한 기간 중에 씌어진 주제별 초고의 집성이라 할 때 거기에 편입될 수 있는 여타의 초고에 대한 배려를 전적으로 배제하고 있다.[6] 따라서 시부야판은 앞부분에 하나의 정서고[I/5-7]와 2개의 이고[I/5-6, I/5-5], 그리고 보겐 번호가 있는 2개의 초고[I/5-8, I/5-9]로 구성된 작은 묶음을 게재한 뒤, 3개의 초고로 구성된 큰 묶음의 기저고[I/5-3]를 배치하고 있다. 이는 초고의 배열에 있어서 독립된 이고[I/5-5]를 선행시키는 기존 여러 판본과 달리 "I. 포이어바흐"장의 서론의 정서고[I/5-7] 다음에 이의 피사고(被寫稿)와 거기에 연속된 이고[I/5-6]를 게재

Jacques Grandjonc, "Die Konstitution von MEGA² I/5 'Karl Marx, Friedrich Engels, Moses Heβ: Die deutsche Ideologie. Manuskripte und Drucke(November 1845 bis Juni 1846)'," *MEGA-Studien*, 1997/2, S. 49~102.

6) "I. 포이어바흐"장과 관련해서는 신MEGA I/5(『독일 이데올로기』)를 편찬하는 독일-프랑스 작업 그룹이 제기한 이 시기의 다른 초고, 즉 [MEGA I/5-4] "Friedrich Engels, Karl Marx: Feuerbach"가 논의의 대상으로 부각되어야 할 것으로 보인다. Taubert, u. a., "Die Konstitution von MEGA² I/5," 앞의 책, S. 68~69. 〔 〕안의 기호는 독일-프랑스 작업 그룹이 신MEGA I/5에 포함될 각 텍스트에 붙인 일련 번호이다. 같은 글, S. 57~102를 보라. 이하 초고에 부가된 "[I/5-X]"식의 번호도 모두 같은 것이다.

하고 있는데 이는 계속적으로 집필된 번호가 없는 보겐의 연속성을 중요시한 편자의 의도를 보여주는 것이라 하겠다.[7]

그러나 시부야 교수의 이 책이 갖는 가장 큰 장점은 『독일 이데올로기』, "I. 포이어바흐"장 초고의 재현 양식이다. 그는 기왕에 발표한 논문을 통해 기존의 여러 판본이 시도한 초고의 재현이 만족스럽지 못하다고 지적하면서 오리지널에 충실한 초고의 재현을 주장한 바 있다.[8] 이렇게 볼 때 시부야 교수가 편집하고 일본어로 번역한 이 신판은 일본의 연구자들이 희망하고 주장하는 『독일 이데올로기』, "I. 포이어바흐"장의 구체적인 모습이 어떠한 것인가를 보여주는 대표적인 예라 하겠다.[9] 특히 1974년의 히로마츠판이 초고의 오리지널이나 포토코피를 검토하지 않은 채 기간(旣刊)의 독일어 여러 판본을 비교·편집한 것인데 비해 이 책은 편자가 암스테르담 국제사회사연구소 Internationaal Instituut voor Sociale Geschiedenis: IISG에서의 10개월에 걸친 포토코피와 오리지널의 엄밀한 검토에 근거한 판본이기에 충분히 주목할 만한 가치가 있다고 하겠다.

사실 시부야 교수의 신판은 비록 원어가 아닌 일본어 번역이지만 초고 오리지널의 좌우 양란을 짝수 면과 홀수 면으로 구분한 뒤 좌란

---

7) 이는 지금까지의 여러 판본이 서론의 피사고 부분과 거기에 연속된 이고를 분리시켜 게재한 데 반해, 이를 하나의 초고로 규정한 독일-프랑스 그룹의 분류와도 일치한다. 앞의 글, S. 71.

8) Tadashi Shibuya, "Probleme der Edition der 'Deutschen Ideologie'," *MEGA-Studien*, 1996/1, S. 108~16.

9) "Anforderung an die Edition des Manuskripts 'I. Feuerbach' im Band I/5 der MEGA²," Tokio, 11. November 1995, gez. Naoki Hashimoto(Ms.); "Die Forderungen an die Redaktionskommission des Bandes I/5 der MEGA² über die Edition der 'Deutschen Ideologie'," 19. November 1995, gez. Tadashi Shibuya(Ms.). 『독일 이데올로기』, "I. 포이어바흐"장의 편집 방침에 대한 일본 측 연구자들의 이러한 요구는 MEGA의 편집 위원회에 서면으로 제기되었다.

의 본문 텍스트를 짝수 면에, 우란의 수정 · 삭제 · 삽입 · 보유를 홀수 면의 해당 지점에 배치하고, 마르크스와 엥겔스의 필적은 텍스트 전체를 통해 각각 고딕체와 명조체로 구분하고 있다. 그리고 행간의 수정은 이탤릭체로, 말소 부분은 횡선(橫線) 삭제와 종선(縱線) 삭제를 시간적 전후까지 배려하여 구별, 표시하고 있다. 이렇게 볼 때 시부야 교수의 신판『독일 이데올로기』는 초고를 활자화했을 때 가능한 오리지널 재현의 가장 모범적인 예의 하나라고 하겠다. 특히 이 신판의 별권 주해본에는 지금까지의 독일어 판본들이 보고하지 않은 수많은 수정과 첨삭 부분이 일일이 보고되어 있다. 그리고 신MEGA 시쇄판이 공관적 방법으로 제시한 문장이나 문단의 복잡한 수정 · 첨삭 · 단어의 전위(轉位) · 삭제와 중복된 수정과 문법적 변화 등이 보통 2분의 1페이지, 길 경우에는 1페이지 이상에 걸쳐 일일이 순차적으로 서술 · 설명되고 있다. 따라서 시부야판은 원문이 아닌 일본어 번역이라는 취약점에도 불구하고, 첨부된 수 페이지의 사진과 재현된 텍스트를 통해 독자들에게 초고의 원형에 대한 아이디어를 제시하는 데 훌륭히 기여하고 있다고 판단된다. 그리고 이는 편자가 주장하고 있듯이 마르크스와 엥겔스의 공동 집필의 양상을 밝힘으로써 (별권: 주해 · 해제편, pp. 188~194) 그들의 사상 형성 과정을 추적할 수 있는 높은 가능성을 담보해주고 있다.

그러나 저자는 시부야 교수의 이 신판을 재삼 통독하는 과정에서 시부야판의 가장 큰 장점, 즉 초고를 가능한 한 정확하게 복원시키는 것이 바로 초고로 남아 있는 저작의 출판에 있어서 왕도(王道)냐라는 질문에 새삼스럽게 봉착하게 되었다. 저자는 마르크스와 엥겔스의 다른 저작과는 달리,『독일 이데올로기』, "I. 포이어바흐"장의 인쇄 형태로의 재현은 초고의 원형에 충실한 텍스트의 복원이라고 주장한 바 있다.[10] 하지만 저자는 시부야판의 "I. 포이어바흐"장을 읽으면서 커다란 혼란을 경험하게 되었다. 크고 작은 갖가지 활자체와 부호를 동반한 문장의 복잡한 수정·삭제·첨삭·보유가 상세히 기재된 시부야판에는 전후의 문장이나 단어가 단절, 혹은 중복되어 서술됨으로써 독자들이 마르크스와 엥겔스의 사상적 전개 과정을 일관성 있게 추적하는 데 오히려 방해가 되고 있는 것이다. 이러한 사실은 복잡한 초고에 충실한 서술적 텍스트가 결과적으로는 텍스트의 독해나 인용에 상당한 어려움을 줄 수 있다는 독일-프랑스 작업 그룹의 우려를 정당화해주고 있다.[11] 나아가 본문 텍스트에 삽입된 복잡한 텍스트의 전개 과정을 더욱 구체적으로 이해하기 위해서는 본문과 맞먹는 주기본(注記本)을 일일이 대조해야 하는 번거로움을 감수해야만 하는 것이다.[12] 따라서 임박한 신MEGA I/5의 편찬 지침 확정에 영향을 주기 위한 일본 학계의 가장 구체적이고도 공세적인 입장의 표현이기도 한 시부야판은 신MEGA I/5, "I. 포이어바흐"장의 편

---

10) 정문길, 「신MEGA I/5, 『독일 이데올로기』의 구성 ──『독일 이데올로기』의 편집 문제를 다룬 전문가 회의 참가 보고」, 『한국정치학회보』, 30집 4호(1996), p. 479 및 이 논문의 별쇄 독일어 부록, Moon-Gil Chung, "Einige Bemerkungen über die Papiere der Spezialkonferenz 'Die Konstitution der 'Deutschen Ideologie'," Trier, 24.~26. Oktober 1996 ; Moon-Gil Chung, "Einige Probleme der Textedition der *Deutschen Ideologie*, insbesondere in Hinsicht der Wiedergabe des Kapitels 'I. Feuerbach'," *Beiträge zur Marx-Engels-Forschung*, N. F., 1997, S. 60. Inge Taubert, Hans Pelger, Jacques Grandjonc, "Die Darbietung der Handschriften im Edierten Text und im Variantenverzeichnis: eine Erwiderung auf Kritik am Probeband der MEGA² von 1972 und an den Editionsrichtlinien der MEGA² von 1993," *MEGA-Studien*, 1997/2, S. 170~71도 보라.
11) Inge Taubert, u. a., "Die Darbietung der Handschriften im Edierten Text und im Variantenverzeichnis," 앞의 책, S. 172 Anm. 10.
12) 시부야판은 본문 텍스트편의 사진을 제외할 경우 텍스트와 주기(注記)의 페이지 수가 꼭 맞먹고 있다.

찬에 있어서, 적어도 텍스트 부분의 편찬에서는 신MEGA 편찬 지침의 부분적 변경이 불가피하다는 지금까지의 저자의 입장을 크게 동요하게 만들었다고 하겠다. 특히 신MEGA I/5가 기왕의 MEGA 편찬 지침에서 사용하기로 한 부호나 글자체에다 시부야판이 이용한 각종 글자체나 부호를 첨가할 경우 "I. 포이어바흐"장의 텍스트의 제시는 전문가들에게는 텍스트 연구를 위한 좋은 기회를 제공할지 모르나 일반 독자들에게는 지극히 번삽하고도 난해한 읽을거리를 제공하지 않을까 우려되는 바이다. 다시 말하면 초고에 가장 충실한 텍스트의 제시가 일반 독자들로 하여금 "I. 포이어바흐"장을 난해하게 만들고, 결과적으로 이의 독해를 회피하게 한다면 그것은 결코 바람직한 텍스트의 재현이라고 보기는 어려울 것이다.[13]

저자는 종래 신MEGA I/5의 "I. 포이어바흐"장을 신MEGA I/2의 『경제학-철학 초고』의 경우처럼 제1 재현부와 제2 재현부로 구체화할 것을 희망했었다.[14] 그러나 새로이 『마르크스-엥겔스 전집』의 편찬을 주관하는 국제 마르크스-엥겔스 재단 IMES이 1993년과 1995년에 새로운 편찬 지침을 확정하면서 2중 인쇄 Doppelabdruck는 더

---

13) *Editionsrichtlinien der Marx-Engels-Gesamtausgabe*(MEGA), hrsg. von der Internationalen Marx-Engels-Stiftung Amsterdam(Berlin, 1993)[이하 *ER*]. 독일-프랑스 작업 그룹의 편집자들은 인용 및 기타의 번잡을 피하기 위해 기왕에 MEGA²가 사용하고 있는 저자 및 편자용 활자(*ER*, B. III. 1. 3-5)와 강조의 단계에 따른 별도의 활자체의 사용(*ER*, B. III. 1. 9)에 덧붙여 다시 마르크스와 엥겔스의 필적을 구분하기 위해 또 다른 활자체를 사용하기는 어렵다는 점을 분명히 하고 있다. Inge Taubert, u. a., "Die Darbietung der Handschriften im Edierten Text und im Variantenverzeichnis," 앞의 책, S. 172 Anm. 10.

14) 정문길, 「『독일 이데올로기』, ‘I. 포이어바흐’ 장의 재구성」, 『마르크스의 사상 형성과 초기 저작―『독일 이데올로기』와 『마르크스-엥겔스 전집』 연구』(문학과지성사, 서울 1994), p. 248의 주 4). Moon-Gil Chung, "Einige Probleme der Textedition der *Deutschen Ideologie*, insbesondere in Hinsicht der Wiedergabe des Kapitels ‘I. Feuerbach’," 앞의 책, S. 60 Anm. 10.

150

이상 있을 수 없다고 명시적으로 천명하고 있으므로,[15] 저자는 시부야판을 포함한 일본과 한국 학계의 학문적 성과가 아파라트를 통해 보강될 것을 주장하는 바이다. 따라서 신MEGA I/5는 텍스트 부분에서는 MEGA의 편찬 지침을 따르되, 신MEGA 시쇄본보다 더욱 적극적으로 수정·삽입·첨가 부분을 명시·활용할 것을 기대하며(*ER*, B. III. 2.3-5), 아파라트의 이문명세에서는 시부야 교수의 치밀한 초고 판독과 더불어, 서술적으로 기재된 시부야판의 이문의 제시가 어떠한 양식으로든 수용되어야 하리라 생각된다. 그리고 바로 이러한 관점에서 독일-프랑스 작업 그룹의 시부야판의 부분적 수용 여부는 마르크스-엥겔스 연구의 국제화가 갖는 진정한 학술적 교류가 무엇인가를 보여주는 하나의 시금석으로 평가될 수 있을 것이다.

---

15) Jacques Grandjonc, Jürgen Rojahn, "Der revidierte Plan der Marx-Engels-Gesamtausgabe," *MEGA-Studien*, 1995/2, S. 66의 2.1.2.a). 1993년의 *ER*, B. I. 1을 1976년에 확정된 *ER*, B.I.1과 비교해보라. *ER*, S. 22, 129.

III. 『마르크스-엥겔스 전집』의 편찬

제5장 마르크스-엥겔스의 장서에 나타나는
난외방주의 의의와 이의 출판 문제
——신MEGA IV/32(선행판)의 발간에 즈음하여

1. 글머리에

1999년 말에 발간된 『칼 마르크스-프리드리히 엥겔스 전집』
(MEGA) IV/32의 선행판[1]은 1967년, 베를린의 마르크스-레닌주의
연구소 Institut für Marxismus-Leninismus/Berlin(이하 베를린의
IML)가 발행한 『칼 마르크스-프리드리히 엥겔스의 장서』,[2] 1979년
모스크바의 마르크스-레닌주의 연구소 Institut für Marxismus-

---

1) Karl Marx/Friedrich Engels, *Gesamtausgabe*(MEGA). Vierte Abteilung. *Exzerpte ·
Notizen · Marginalien. Vorauspublikation zu Band 32. Die Bibliotheken von Karl Marx
und Friedrich Engels. Annotiertes Verzeichnis des ermittelten Bestandes.* Bearbeitet von
Hans-Peter Harstick, Richard Sperl und Janno Strauss. Unter Mitarbeit von Gerald
Hubmann, Karl-Ludwig König, Larisa Mis'kevič und Ninel' Rumjanceva.
Herausgegeben von der Internationalen Marx-Engels-Stiftung(Akademie Verlag, Berlin
1999), 738 S. 이하 MEGA² IV/32(Vorauspublikation)로 줄임.
2) *EX LIBRIS. Karl Marx und Friedrich Engels. Schicksal und Verzeichnis einer Bibliothek,*
Einleitung und Redaktion: Bruno Kaiser, Katalog und wissenschaftlicher Apparat: Inge
Werchan. Hrsg. von Institut für Marxismus-Leninismus beim Zentralkomitee der SED
(Dietz Verlag, Berlin, 1967), 228 S.

Leninismus/Moskau(이하 모스크바의 IML)가 발행한 『칼 마르크스-프리드리히 엥겔스 장서의 러시아어 책』[3] 이후 가장 주목할 만한 장서 목록이다. 특히 신MEGA IV/32의 선행판은 1920년대 구MEGA 편집진이 독일 사민당의 아키브를 중심으로 마르크스와 엥겔스의 유고와 장서를 조사 복원하려는 노력이 시작된 지 70~80년이 경과한 뒤에 이루어진 성과로서, 수록된 장서 목록의 확장이나 개개 장서에 대한 상세한 설명은 앞으로 출판될 신MEGA IV/32의 최종 결정판이나 신MEGA 편찬의 전체적 전망을 가늠하게 하는 중요한 하나의 이정표라 할 수 있겠다.

마르크스와 엥겔스의 소장 도서를 조사 · 복원하려는 노력은 소위 "과학적 공산주의의 고전적 창시자"의 신성화를 시도하려는 것이 아니라, 그들의 지적 성장 과정을 그들의 장서에 남겨진 독서의 흔적을 통해 추적하려는 데 있다. "저명한 저자들의 장서와 그것들에 대한 기술은 그들의 생애의 저작이나 그것이 동시대의 주변 환경에 어떻게 위치해 있느냐를 연구하는 데 불가결한 것이다"[4]라는 표현은 당대의 정치적 · 사회적 사건에 실천적으로 깊숙이 개입하면서 연구 활동에 전념한 마르크스와 엥겔스의 경우에 지극히 적중하는 것이라 하겠다.

마르크스는 이미 1840년대 초부터 구입하거나 읽어야 할 도서의 목록을 작성하고, 자기가 읽은 책을 요약 발췌한 방대한 노트를 남기고 있다. 그리고 그가 읽어야 하거나 읽은 책에 대한 정보나 논평을 엥겔스를 비롯한 친구들에게 보낸 편지 가운데서 자주 언급하고 있

---

3) *Russkie knigi v bibliotekach K. Marksa i F. Èngel'sa [Russische Bücher in den Bibliotheken von K. Marx und F. Engels]*(Moskau: 1979), XVIII+272 S.

4) MEGA² IV/32(Vorauspublikation), S. 18.

음은 잘 알려진 사실이다. 따라서 그들의 저작이나 사상의 발전 과정을 체계적으로 추적하려는 연구자들이 누구나 그들의 저작과 더불어 서간문과 발췌 노트, 그리고 그들의 개인 장서에 나타나는 독서의 흔적을 병행하여 검토하는 일은 지극히 당연한 수순이라 하겠다. 그러기에 구MEGA와는 달리, 제I부와 제II부의 저작과는 별개로 제III부에 서간문을, 그리고 제IV부의 제1편에는 발췌 노트를, 제2편에는 그들의 장서와 거기에 나타난 독서의 흔적을 방주본의 형식으로 재현시키려는 신MEGA 편집진의 당초의 편집 기획은[5] 마르크스와 엥겔스 사상의 완벽한 연구를 위한 충실한 자료의 제공이라는 측면에서 많은 연구자들의 기대를 모았던 것이 사실이다.

그러나 1989년 이래의 동구 사회주의의 몰락과 이에 따라 MEGA 편집권이 국제 마르크스-엥겔스 재단IMES으로 이양된 다음 지금까지 방만하다고 할 정도로 방대했던 MEGA의 출판 계획은 객관적 여건의 변화에 적응하지 않을 수 없었다. 특히 통독 이후 재정적 파탄에 이른 베를린과 모스크바의 IML을 재정적으로 지원하며 기왕의 연구자들에게 좀더 많은 연구직을 확보해야 하는 IMES는 한정된 재원과 시간의 단축 때문에 종래의 MEGA 출판 계획에 긴축을 가하지 않을 수 없었다.[6] 따라서 1992년 이래 편집 원칙의 수정을 위한 수차의

---

5) 신MEGA를 기획한 옛 소련과 동독의 마르크스-레닌주의 연구소 IML/Moskau und Berlin 는 신MEGA 제IV부를 1, 2편으로 나누고, 제1편은 40권의 발췌와 메모로, 제2편은 30권의 난외방주본으로 구상했었다. Jacques Grandjonc/Jürgen Rojahn, "Der revidierte Plan der Marx-Engels-Gesamtausgabe," *MEGA-Studien* 1995/2, S. 62 및 S. 73~74의 §2.4.1: Marx/Engels, *Gesamtausgabe(MEGA). Vierte Abteilung (Exzerpte · Notizen · Marginalien. Probeheft). Marginalien · Probestücke. Text und Apparat*(Dietz Verlag, Berlin 1983), S. 24*~25*.

6) 정문길, 「전환기의 풍경—공산권 붕괴 이후의 『마르크스-엥겔스 전집』 속간 사업」, 정문길, 『마르크스의 사상 형성과 초기 저작』(문학과지성사, 서울 1994), pp. 421~56을 볼 것.

국제 회의가 열리고, 그것을 토대로 한 신MEGA 전체의 편집 계획을 수정하는 기본 원칙이 1995년 9월 15일, IMES 이사회의 최종적인 인준을 받게 되었다. 그러나 이 같은 MEGA 규모의 축소를 위한 편집 원칙의 수정 과정에서 당초 30권으로 예정된 제IV부 제2편의 난외방주본(欄外傍註本)은 다른 부분과는 달리 MEGA^2 IV/32의 단 1권으로 극단적으로 축소되고 말았다.[7]

2. 마르크스-엥겔스 연구에 있어서 난외방주의 의의

마르크스와 엥겔스의 장서에 나타나는 난외방주가 그들의 사상 형성과 지적 발전 과정을 이해하는 데 지극히 중요한 문건의 하나라는 사실에 대한 인식이나 평가는 리야자노프에 의한 마르크스-엥겔스의 체계적인 전집의 편찬 발행과 밀접히 연결되어 있다고 하겠다. 1923년 이래 수년간 마르크스와 엥겔스의 전집 출판을 위한 기초 작업으로 독일의 사회민주당 아키브Archiv der Sozial-demokratischen Partei Deutschlands에 소장된 그들의 유고와 장서를 조사하여 이를 복사하기 시작한 마르크스-엥겔스 연구소MEI의 소련 학자들은 1932년 그들 연구소의 내부용 자료로서 마르크스-엥겔스 장서의 서지 목록Liste der Bücher aus den Bibliotheken von Marx und Engels을 작성한 것으로 알려지고 있다.[8] 그리고 이러한 자료의 수집

---

7) 이때 결정된 MEGA 각부의 축소 내용은 다음과 같다. 제I부(저작, 논문): 32권(당초 33권 예정), 제II부(『자본론』과 준비 노작): 15권 24책(당초 16권 24책), 제III부(왕복 서간): 35권(당초 45권 예정), 제IV부 제1편(발췌, 메모): 31권(당초 40권 예정), 제2편(장서와 난외방주): 1권(당초 30권 예정). Jacques Grandjonc/Jürgen Rojahn, 앞의 글, S. 62~89를 볼 것.

과 조사에 근거하여 구MEGA를 기획한 리야자노프는 1929년 구
MEGA 제I부 제1권 제2분책(MEGA¹ I/1.2)의 서문 Einleitung에서
다음과 같은 주목할 만한 발언을 하고 있다.

마르크스는 격정적인 독서가이다. 이는 그가 방대한 양의 책을 읽
었다는 의미에서만이 아니라 격렬하고도 왕성하게 책을 읽었다는 의
미이다. 그의 이처럼 원기 왕성한 독서열은 한편으로는 그가 읽은 책
에 남긴 엄청난 수의 밑줄과 옆줄, 느낌표와 물음표, 그리고 난외의
방주로, 다른 한편으로는 그의 생애를 통해 지속적으로 계속된 발췌
본의 작성으로 나타나고 있다.

마르크스가 읽은 책의 자가용본 die Handexemplare은 거의 250권
에 달하는 그의 발췌 노트와 마찬가지로, 마르크스주의 일반의 연구
와 특히 마르크스의 개별 저작에 대한 비판적 역사를 위해서는 지극
히 중요한 전거(典據)를 형성하고 있다. 이런 관점에서 볼 때 마르크
스와 엥겔스의 장서가 완벽하게 우리들에게 전해지지 않는 것은 마르
크스 연구에서 커다란 손실이 아닐 수 없다 하겠다.[9]

---

8) *EX LIBRIS. Karl Marx und Friedrich Engels*, S. 15. 이때 조사된 저작은 1만 2,525권, 1만
7,503책이고, 그 외에 685권의 신문과 잡지가 포함되어 있다. 이 가운데 마르크스/엥겔스
의 장서는 1,130타이틀, 1,414권이며, 131권의 책에 방주 Marginalien가 있는 것으로 조사
되었다. MEGA² Vierte Abteilung. *Marginalien · Probesütcke*, S. 20*. Richard Sperl, "Die
Marginalien in den Büchern aus den persönlichen Bibliothek von Marx und Engels : ihr
Stellenwert für biographische und wissenschaftsgeschichtliche Forschungen——
Möglichkeit und Grenzen ihrer Edition," *editio. Internationales Jahrbuch für
Editionswissenschaft*, Jg. 9(Tübingen 1995), S. 152; MEGA² IV/32, S. 61~64, 특히 S.
63~64. 슈페를에 의하면 마르크스/엥겔스의 장서 목록은 니콜라예브스키 Boris Ivanovic
Nikolajevskij에 의해 1928년에 작성되고(Nikolajevskij-Liste), 방주가 집중된 131권의 책에
대한 포토코피도 이루어진 것으로 보고되고 있다.

1840~1843년간의 마르크스의 발췌 노트에 대해 말하면서 이와 병행하여 난외방주의 중요성을 지적하는 리야자노프는 마르크스(와 엥겔스)의 연구에서 난외방주가 갖는 학술적 의미에 주목한 최초의 학자라 하겠다. 다시 말하면 그는 격정적인 다독주의자 마르크스의 독서 흔적이 한편으로는 그 자신의 장서에 보이는 많은 양의 밑줄과 옆줄, 그리고 다양한 부호와 난외방주로 나타나고, 다른 한편으로는 그가 평생 동안 보관하며 집필에 이용한 발췌 노트에 집약되고 있음을 지적하고 있다. 따라서 마르크스주의 일반의 연구나 마르크스의 개별 저서에 대한 비판적 역사를 그 원천에서 추적하기 위해서는 발췌 노트나 장서의 독서 흔적에 대한 병행적 연구가 필수적이라는 점을 리야자노프는 분명히 하고 있다. 그러나 발췌 노트와 장서에 나타나는 독서 흔적의 중요성에 대한 리야자노프 자신의 이러한 인식에도 불구하고 구MEGA 프로젝트의 때 이른 중단은 지극히 한정된 발췌 노트의 일부가 출판되는 데 그치게 하고 말았다.[10]

발췌 노트와 난외방주의 작성은 마르크스와 엥겔스의 독서 및 연구 과정에서 기본적으로 병행되었고, 따라서 이들의 상호관계는 공통성이 높은 것으로 평가된다. 왜냐하면 이미 1983년에 발간된 『MEGA 제IV부, 난외방주: 시작본(試作本) MEGA² Vierte Abteilung. *Marginalien · Probesütcke*』의 편자가 지적한 바와 같이 그들이 읽고 있는 책이 개인 소장의 경우에는 시간의 절약을 위해 책에다 줄을 긋고 방주를 달아놓는 것은 지극히 당연한 일이기 때문이다. 그러나 그것이 파리나 브뤼셀, 런던, 맨체스터 등의 공공 도서관에서

---

9) MEGA¹ I/1. 2. S. XVII.
10) 정문길, 「미완의 꿈 『마르크스-엥겔스 전집』 출판」, 정문길, 앞의 책, pp. 323~420을 보라.

대여한 경우 이와 같은 시간 절약을 위한 방법은 기본적으로 통용되지 않는다 하겠다. 다시 말하면 이 경우 도서관에서 빌려 온 책에서 필요한 인용 부분을 필사하는 발췌 노트의 형식을 취하는 것이 불가피한 작업 방법일 수밖에 없었을 것이다.[11]

따라서 1970년대까지 비록 부분적이기는 하나 그 일부가 공개된 바 있는 발췌, 개요, 메모장과는 달리 지금까지 공개된 바 없는 난외방주를 신MEGA 제IV부에 별도로 재현하려는 편집 계획이 신MEGA의 구상 단계에서 이미 구체화되고 있음은 흥미 있는 일로 주목된 바 있다.[12] 우리는 신MEGA의 구상 단계에서 난외방주의 중요성이 부각된 이유를 다각도로 추론할 수 있겠으나 저자로서는 우선 논리적으로 볼 때 난외방주와 발췌 노트와의 밀접한 상호 연관성에 주목한 리야자노프 이래의 신구 MEGA 편집진의 학문적 안목에 근거하는 것이 아닌가 추측한다. 다시 말하면 전집의 편찬 과정에서 발췌 노트의 중요성이 증대되면서 발췌 노트와 동일한 수준에서 이와 병행하여 진행된 난외방주는 마르크스와 엥겔스의 작업 현장과 창조 과정에 대한 통찰을 가능하게 하는 귀중한 자료라는 점에 대한 확고한 인식이다. 그리고 이에 덧붙여 우리가 주목하는 객관적 상황은 1920년대 이래 제2차 세계대전의 와중이나 전후의 혼란기에도 마르크스와 엥겔스의 장서를 복원하려는 모스크바와 베를린의 마르크스-레닌주의

---

11) MEGA² Vierte Abteilung. *Marginalien · Probesütcke*. S. 11*~12*. 책의 난외에 직접 방주를 쓰거나 줄을 긋는 일은 별도의 발췌 노트를 만드는 것보다 시간을 절약하는 일이지만 모든 공공 도서관은 이러한 일이 "책에 대한 범죄"라는 관념을 심어줌으로써 책을 보존해 오고 있다. H. J. Jackson, *Marginalia: Readers Writing in Books*(New Haven: Yale University Press, 2001), pp. 10, 73~74, 88.
12) MEGA² *Probeband. Editionsgrundsätze und Probestücke*(Dietz Verlag, Berlin 1972), S. 41*의 A. III. 1. 4; MEGA² I/1(1975), S. 45,* 46.*

연구소를 비롯한 암스테르담의 국제사회사연구소, 트리어의 칼-마르크스-하우스 등의 꾸준한 노력이 1960~1970년대에 이르러 상당한 성과를 거두었다는 사실이다.[13]

마르크스의 장서 목록은 마르크스가 1844~1847년에 이용한 메모장[14]에 기록된 것이 처음이며, 이후 1850년 다니엘스Roland Daniels가 작성한 마르크스의 장서 목록,[15] 1881년 마르크스 자신이 작성한 장서 일람표, 그리고 1882년 "내 서가의 러시아어 책Russisches in my bookstall"이란 제목으로 작성된 장서 목록이 있다.[16] 그의 장서는 비교적 정연하게 보관된 것으로 보이나 1883년 그가 사망한 뒤 장서를 물려받은 엥겔스는 이를 모두 수용할 수 없어 부분적으로 분산시킨 바 있다.[17] 그러나 엥겔스는 그의 말년에 마르크스의 두 딸, 로라와 엘리노에게 마르크스와 그 자신의 장서 모두를 독일의 사민당 아카브에 넘길 것을 제의하였고, 이들이 소유했던 모든 장서는 그의 사후

---

13) EX LIBRIS. Karl Marx und Friedrich Engels; Russkie knigi v bibliotekach K. Marksa i F. Èngel'sa; Maja Dvorkina/Boris Rudjak, "Karl Marx erbt die Bibliothek von Wilhelm Wolff, 1864. Zur Geschichte der Bibliotheken von Marx und Engels," Nachmärz-Forschungen. Beiträge(Trier 1994)[Schriften aus Karl-Marx-Haus Trier. Nr. 47], S. 187~244 등을 보라.

14) Karl Marx, "Notizen aus den Jahren 1844~1847," MEGA² IV/3. Karl Marx, Exzerpte und Notizen. Sommer 1844 bis Anfang 1847(Akademie Verlag, Berlin 1998), S. 5~30.

15) 이 장서 목록은 1848~1849년의 3월 혁명 기간 중 독일에서 활동하던 마르크스가 영국으로 돌아가면서 그의 동지인 다니엘스에게 맡겨둔 책을 다니엘스가 목록으로 정리한 것이다. 이 목록은 EX LIBRIS. Karl Marx und Friedrich Engels, S. 211~28에 게재되어 있다.

16) MEGA² Vierte Abteilung. Marginalien · Probestücke, S. 17*.

17) 이 시기 마르크스 소장 도서의 분산에 관한 구체적 보고는 다음을 보라. MEGA² Vierte Abteilung. Marginalien · Probestücke, S. 18*; Hans-Peter Harstick, "Zum Schicksal der Marxschen Privatbibliothek," International Review of Social History, XVIII(1973), S. 216~19; Heinz Stern/Dieter Wolf, Das große Erbe. Ein historische Reportage um den literarischen Nachlaß von Karl Marx und Friedrich Engels(Dietz Verlag, Berlin 1972), S. 166~67.

인 1895년 10월 베를린에 도착하였다.[18] 그러나 우리가 여기서 유감으로 생각하는 것은 이 같은 마르크스와 엥겔스의 장서가 카탈로그화되지 않았다는 점이다. 그리고 한층 더 애석한 일은 이들 장서가 독립되어 보관된 것이 아니라 기존의 사민당 보유 장서와 섞여서 보관되고 열람, 대출되었다는 사실이다.[19] 따라서 이들 마르크스와 엥겔스의 장서는 1920~1930년대에 모스크바의 마르크스-엥겔스 연구소의 연구원들이 사민당 아키브 소장의 마르크스-엥겔스 유고의 정리 복사 과정에서 장서 목록을 작성할 때까지 분산, 산실되었으니 이 기간 중에 많은 장서들이 사민당 간부들에 의해 제3자에게 증정되거나 대출된 뒤 반납되지 않은 채 1933년의 히틀러의 집권에 따른 사민당의 폐쇄 조치(6월 22일)를 맞게 된 것이다.

사민당의 폐쇄는 당연히 사민당 아키브의 폐쇄와 그 장서의 몰수를 의미한다. 따라서 이처럼 압수된 1만 7,500여 권의 장서는 프로이센 기밀 공문서 보관소Preußische Geheimen Staatsarchiv in Berlin-Dahlem에 합병되고, 그중 일부 장서는 프로이센 국립도서관 Preußische Staatsbibliothek, 국립연구원 Institut für Staats-forschung in Berlin-Wannsee 등의 도서 결본을 메우거나 장서를 채우는 데 우선권이 주어졌던 것이다.[20] 그러나 무엇보다도 특기할 사항은 1933~1945년간의 전쟁 기간 중에 분실된 상당량의 마르크스-엥겔

---

18) Hans-Peter Harstick, 앞의 글, S. 203~04; MEGA² Vierte Abteilung. *Marginalien · Probestücke*. S. 18*.

19) MEGA² Vierte Abteilung. *Marginalien · Probestücke*. S. 18*~19*. MEGA¹ I/1.2, S. XVIII도 보라.

20) Stern und Wolf, 앞의 책. S. 168~70; *EX LIBRIS. Karl Marx und Friedrich Engels*. S. 15~16; MEGA² Vierte Abteilung. *Marginalien · Probestücke*, S. 20*~21*. 이 가운데 특히 주목되는 것은 후자에 합병된 장서 중의 일부는 전쟁 중에 프라하로 이송, 보관되었는데 이들 중 상당 부분이 전후에 산실되고 말았다는 점이다.

스의 장서는 전후, 이의 회복을 위해 소련의 점령군이나 동독 정부가 체계적이고도 집중적인 노력을 기울였음에도 불구하고 완전한 복원이 어렵게 되었다는 점이다.[21]

이처럼 어려운 객관적 사정에도 불구하고 베를린의 IML은 1967년 모두 504타이틀, 700책에 이르는 『마르크스-엥겔스의 장서』를 출판하고, 모스크바의 IML 또한 1979년에 364타이틀, 526책의 『마르크스-엥겔스 장서의 러시아어 책』을 발간하게 된다.[22] 그러나 마르크스와 엥겔스의 장서 목록과 관련하여 마르크스와 엥겔스의 연구사에서 가장 획기적인 사건은 신MEGA의 기획 단계에서 장서의 목록과 더불어 난외방주본을 출판하겠다는 결정이라 하겠다.

---

21) 종전 후의 마르크스-엥겔스의 장서를 복원하려는 소련과 동독 정부의 노력에 대해서는 다음을 보라. MEGA² Vierte Abteilung. *Marginalien · Probestücke*, S. 21*~23*; MEGA² IV/32(Vorauspublikation), S. 69~73. 특히 종전 후 소련에 의한 마르크스-엥겔스의 장서에 대한 징발은 극히 계획적이고 집중적인 것이었다. 모스크바의 마르크스-엥겔스-레닌 연구소 Marx-Engels-Lenin Institut(이는 MEI의 후신이다)는 동 연구소의 학술 협동 연구자 오시포프 M. V. Osipov로 하여금 소련의 독일 점령군 사령부 Sowejtische Militräadministration in Deutschland: SMAD의 스톨리야로프 소좌 Major Alexander Stoljarov와 더불어 1945년 11월부터 독일 내의 마르크스-엥겔스 관련 문건을 수색, 징발했다. 이때 징발된 문건은 1946년 2월까지 프로이센 국립도서관 소장의 옛 사민당 장서가 1,000권을 상회하고(그 가운데 243권은 Karl-Marx-Haus Trier의 장서인이 찍혀 있다), 베를린 시립도서관의 『신 라인 신문 *Neue Rheinische Zeitung*』을 비롯한 중요한 신문철을 포함하여 독일 내의 여러 도서관으로부터 귀중 도서 libri rari와 연구소 소장 도서의 결본을 메울 책들을 전리품으로 징발하여 소련으로 후송했다. MEGA² IV/32(Vorauspublication), S. 70~71, 특히 S. 70 Anm. 153을 보라.

22) Heinz Stern/Dieter Wolf, 앞의 책, S. 172~74.

164

3. 신MEGA에서의 난외방주의 재현

신MEGA의 기획 단계에서 부각된 난외방주에 대한 구상은 MEGA의 편집진이 마르크스와 엥겔스의 장서에 나타나는 독서 흔적의 중요성을 발췌 노트에 필적하는 것으로 보고, 또 그것과 병행하는 작업 형태의 하나로 간주한 데서 출발한다고 하겠다.[23] 그러나 그들의 이러한 구상은 1983년 『MEGA 제IV부, 난외방주: 시작본』을 발간하면서 구체화되고 있다. 다시 말하면 그들은 1980년대 초에 이르러서 마르크스와 엥겔스의 장서에 나타나는 난외방주를 신MEGA 제IV부의 제2편에 집중시키기로 결정한 것이다.

MEGA의 편집진은 우선 마르크스와 엥겔스의 난외방주와 '줄긋기'를 크게 다음의 3가지로 구분하고 있다. 첫째로 가장 중요한 것은 마르크스와 엥겔스가 자기 자신의 저서에 수정을 가하고 밑줄과 옆줄을 그은 것이고, 둘째로는 책이나 사진에 씌어진 마르크스와 엥겔스의 헌정사와 마르크스와 엥겔스에게 보내진 증정사, 그리고 셋째는 타자의 저서에 나타나는 마르크스와 엥겔스의 난외방주와 줄긋기이다.[24]

MEGA의 편집자들이 『철학의 빈곤』과 『자본론』 제1권을 포함한 마르크스와 엥겔스의 저서와 그들 자신의 원고에 대한 수정이나 밑줄 및 옆줄 등의 표시가 있는 첫째의 경우를 가장 중요하게 생각하는 것은 물론이다. 이 범주에는 모두 108타이틀, 1,687페이지가 확인되

---

23) MEGA² *Probeband, Editionsgrundsätze und Probestücke*(Dietz Verlag, Berlin 1972), S. 41*의 A. III. 1. 4; MEGA² I/1(1975), S. 45*~46*.

24) MEGA² Vierte Abteilung. *Marginalien · Probestücke*, S. 24*.

고 있는데, 이들 문건에 나타나는 방주나 줄긋기는 기본적으로 MEGA의 제I부나 제II부의 저작 부분에서 다루게 된다. 그리고 마르크스-엥겔스와 당대의 인사들의 지적 교류사를 이해하는 데 불가결한 둘째 번의 자료들은 제III부의 별권으로 발행하려고 기획하고 있다. 그리고 세번째의 경우가 바로 우리가 주목하는 MEGA 제IV부 제2편에 포괄되게 된다. 1980년대 초에 확인된 마르크스와 엥겔스의 독서 흔적이 남아 있는 장서는 모두 655타이틀 3만 6,650페이지로서, 이를 완전히 재현하는 데는 1만 8,000메가 페이지 MEGA-Seiten[25]가 필요하다. 여기에다 현재 계속되고 있는 발굴 작업 결과에 따른 자료의 증가, 신문 스크랩에 붙인 메모와 제3자의 원고에 남아 있는 그들의 교열주까지를 계산하면 대략 2만 5,000메가 페이지가 되므로, 이를 수용하기 위해서는 30권의 MEGA가 필요하다고 베를린과 모스크바 IML의 MEGA 편집진은 전망하고 있었다.[26]

한편 신MEGA 편집진은 그들이 구상하는 난외방주본을 구체적으로 어떠한 모습으로 제시할 것인가에 고심하고 있는 것으로 보인다. 그리하여 그들은 『MEGA 제IV부, 난외방주: 시작본』에서 마르크스가 사용한 장서 5권, 엥겔스가 사용한 장서 2권, 그리고 그들 양자가 공동으로 이용한 장서 1권을 예로 들어 이를 어떻게 재현시킬 것인지를 보여주고 있다.

MEGA 편집진의 난외방주 재현 방법에 대한 구상은 그들 스스로가 인정하다시피 1979년부터 출판되기 시작한 『볼테르의 난외방주』

---

25) 메가 페이지란 옛 동독과 소련의 마르크스-레닌주의 연구소가 『마르크스-엥겔스 전집 MEGA』을 발간하면서 이의 판형을 종래와는 구별되는 독자적인 판형을 사용한 데서 유래한다. 따라서 MEGA-Seiten, MEGA-Bände란 말은 이 새로운 판형을 전제로 한 것이다.
26) 앞의 책, S. 24*~25*.

를 모범으로 하고 있는 것으로 보인다.[27] 지금까지의 난외방주의 재현 방법으로는 1) 책의 텍스트와 난외방주를 병행하여 재현하는 방법, 2) 책의 텍스트가 없이 방주만 제시하는 방법, 그리고 3) 방주를 기술하는 방법이 이용되어왔다. 신MEGA의 편찬진은 "역사적-비판적" 전집을 자임하는 MEGA에서는 1)의 방법을 채용하는 것이 지극히 당연한 일이라고 주장하면서 다음과 같은 5가지의 원칙을 제시하고 있다.[28]

1. 마르크스와 엥겔스의 난외방주는 완벽하게 재현되어야 한다.

2. 난외방주의 재현은 그것의 이해에 필수적인 책의 본문과 연계하여 출판되어야 한다.

3. 난외방주의 실질적인 배열은 시각적으로 충실한 위치의 변화보다는 책의 본문과의 관계를 우위에 둔다.

4. 난외방주에 사용된 서로 다른 필기의 소재Schreibmaterialien는

---

27) *Corpus des notes marginales de Voltaire*. T. 1-8(Akademie-Verlag, Berlin 1979ff.). 베를린의 과학 아카데미, 옥스퍼드의 볼테르 재단, 레닌그라드의 에르미타쥬 도서관이 1961년에 출판한 『볼테르의 장서 목록*Bibliothèque de Voltaire. Catalogue des livres*. M.-L.』 (1961)에 근거, 6,814책에 나타나는 볼테르의 난외방주를 모두 재현시킨 이 방주본의 발행은 그 자체가 전집 출판사에 있어서 하나의 이벤트라고 하겠다. MEGA² Vierte Abteilung. *Marginalien · Probestücke*, S. 41*. 한편 MEGA 편집진의 난외방주본 구상에 참고가 된 것으로는 볼테르 이외에도 하르스틱H.-P. Harstick의 다음 편서가 거론되고 있다. *Karl Marx über Formen vorkapitalistischer Produktion. Vergleichende Studien zur Geschichte des Grundeigentums 1879~80*. Aus dem handschriftlichen Nachlaß, hrsg. und eingeleitet von Hans-Peter Harstick(Campus Verlag, Frankfurt/NewYork 1977); M. M. Kovalevskij, *Obščinnoe zemlevladenie, pričiny, chod i posledstvija ego razloženija, čast' pervaja[Der Gemeindelandbesitz. Ursachen, Verlauf und Folgen seines Zerfalls.-Erster Teil]*. Unveränderter fotomechanischer Nachdruck der 1879 im Verlag F. B. Miller, Moskau, erschienen Ausgabe mit einer Einleitung von Hans-Peter Harstick(Campus Verlag, Frankfurt/New York 1977).

28) MEGA² Vierte Abteilung. *Marginalien · Probestücke*, S. 41*~42*.

정확하게 보고한다.

5. 표로 기재된 난외방주 — 특히 주의 기호 — 의 서로 다른 형태는 인쇄 시에 양식화하지만 가급적이면 이를 [원래와] 동일한 모양으로 재현한다.

그러나 이와 같은 난외방주의 재현은 앞에서도 말한 바와 같이 1990년대 이후 MEGA의 편집권이 IMES로 이양되면서 MEGA의 전체적 규모를 축소하는 과정에서 1차적 희생을 감수하지 않을 수 없게 되었다. IMES는 1991년 편집 지침 A. III. 1.4.1에서 "마르크스/엥겔스의 난외방주는 완전히 망라되어 [MEGA] 각부의 아파라트에 이용된다. 이들을 어떻게 학문적으로 이용하게 하느냐의 문제는 주어진 시기에 따라 결정될 것이다"라고 규정한 뒤, 곧이어서 "제IV부의 한 권에서는 새로이 발견된 마르크스/엥겔스의 장서표가 붙은 책들을 거기에 포함된 독서의 흔적을 포함하여 기술하기로 한다."[29] 다시 말하면 당초 30권으로 예정되었던 MEGA 제IV부 제2편이 MEGA^2 제IV부에서 단 1권으로 축소되고 그 재현 방법도 "역사적-비판적" 전집과는 어울리지 않는 방주의 "기술"에 그 중심이 옮겨 가고 있음을 확인하게 된다. 이처럼 MEGA의 편집권이 IMES로 이양되던 시기인 1990년 당시까지만 해도 명확하지 않았던 MEGA^2 제IV부 제2편(난외방주본)의 구상은 1995년 IMES가 MEGA의 발행 계획을 최종적으로 수정·확정하는 과정에서, 제IV부의 별도의 편이 아닌 단 한 권의 정규적 형태의 MEGA^2 IV/32로 발행하도록 결정되게 된 것이다.[30]

---

29) *Editionsrichtlinien der Marx-Engels-Gesamtausgabe(MEGA)*. Hrsg. von der Internationalen Marx-Engels-Stiftung, Amsterdam(Berlin: Dietz Verlag, 1993), S. 19의 *ER*. A. III. 1.4.1.

그러나 당초 30권으로 예정된 난외방주본을 정규적 형태의 MEGA 단 1권으로 출판하는 데에는 상당한 무리가 따를 수밖에 없다고 하겠다. 사실 편집 계획의 이 같은 대폭적인 축소는 MEGA² IV/32의 편집진에게 자료의 선택을 불가피하게 강요하게 된다. 그러나 IMES 의 새로이 수정된 편집 계획이 지적하고 있는 것처럼 MEGA에의 게재 여부를 결정하는 자료의 선택에서 보편적으로 타당한 기준이란 있을 수 없다는 점을 감안할 때, 이 축소된 MEGA — 특히 난외방주 본의 경우 — 의 발행 계획이 진지한 전문가들을 모두 만족시킬 수 없음은 물론이다.[31]

그러기에 우리는 1995년에 확정된 MEGA 발행의 수정 계획 2. 4. 5. e)항이 "마르크스/엥겔스의 장서표가 붙은 새로 발견된 책들에 대한 주석이 달린 목록을 포함하는 이 책[MEGA-Band IV/32] 에서는 장서에 나타나는 독서의 흔적이 체계적인 형태로 망라될 것이다. '무언의' 방주(옆줄, 밑줄, 주의 기호)는 서술될 것이고, '유언의' 방주(난외주, 느낌표, 물음표)는 문맥의 요구와 상응하는 형태로 편집될 것이다"[32]라는 표현에 주목하면서 MEGA² IV/32의 출판에 기대를 모았던 것이다. 다시 말하면 우리는 MEGA² IV/32가 주석이 달린 장서 목록과 더불어 어떤 형태의 난외방주본으로 마르크스와 엥겔스의 독서 흔적을 재현할 것인가에 대해 커다란 관심을 가졌음이 사실이다.

---

30) Jacques Grandjonc/Jürgen Rojahn, 앞의 글, S. 73, 89.
31) 앞의 글, S. 75.
32) 앞의 글, S. 76.

4. 난외방주본의 디지털화가 갖는 의미——결론에 대신하여

『칼 마르크스와 프리드리히 엥겔스의 장서——조사된 도서의 주석 목록*Die Bibliothek von Karl Marx und Friedrich Engels. Annotiertes Verzeichnis des ermittelten Bestandes*』이란 제목이 보여주듯 MEGA² IV/32의 선행판은 마르크스와 엥겔스 장서에 주석이 달린 목록에 불과하다. 마르크스와 엥겔스의 독서의 흔적을 담은 난외방주본 Edition der Marginalien이 제외된 이 선행판에는 전세계의 20여 곳에 분산되어 있는 마르크스/엥겔스의 장서 1,450타이틀, 2,100책에 대한 목록이 수록되어 있다. 이들 목록에는 마르크스/엥겔스의 모든 장서의 3분의 2가 복원되어 그 규모의 방대함을 보여주고 있다.[33]

먼저 이들 장서의 주석 목록은 저자의 알파벳순으로 배열되어 있고, 저자의 이름이 밝혀지지 않은 경우 책이나 팸플릿의 타이틀을 이용하고 있다. 그리고 목록은 개별 장서의 구체적 묘사(저자명과 타이틀의 완전하고 구체적인 복원, 권·호와 이에 부가된 제목, 출판지, 출판사, 발행 연도, 페이지 수 등)에 뒤이어 오리지널의 소장처, 도서관의 장서인, 헌정사, 마르크스/엥겔스의 난외방주와 책장의 귀접이 여부, 텍스트의 손상 여부, 소장자, 타이틀의 표기, 발췌, 언급 등의 주석이 상세히 부가되어 있다. 물론 이 선행판은 헥커Rolf Hecker가 지적하듯이 신MEGA가 완결되지 않은 상태에서 타이틀의 발췌, 타이틀의 언급 등의 항목에서 MEGA와 MEW[34] 등이 혼재하고, 또 기

---

33) 이 선행판의 출판은 1979년 이래, 8권의 『볼테르의 난외방주』가 발간되기 이전인 1961년의 『볼테르의 장서 목록』의 발간을 연상하게 한다. 이 장의 주 27)을 보라.

왕에 소개된 자료도 충분히 정리되지 않아 혼란을 야기할 가능성이 없지 않음이 사실이다. 그러나 이러한 결함은 전체적으로 보아 최종의 완결판에서 수정이 가해질 것으로 기대된다.[35]

그러나 아직도 문제로 남아 있는 것은 난외의 방주, 다시 말하면 유언의 방주sprechende Marginalien, Randnoten를 수록해야 할 텍스트편이 어떠한 형태로 출판될 것인가의 문제이다. 슈페를은 1997년, MEGA² IV/32의 텍스트편에서 유언의 난외방주를 어떻게 편집할 것인가를 보이는 지침과 범례를 제시한 바 있다. 그는 1,300타이틀이 넘는 목록(선행판에서는 1,450타이틀로 확장되다) 가운데서 유언, 무언의 방주 형태로 나타난 독서의 흔적은 4만 페이지나 되고, 유언의 방주만도 300타이틀, 3,000페이지에 이르므로 이를 메가 판형의 페이지로 계산하면 1,000페이지에 해당하고 텍스트편의 장서목록을 포함하면 모두 1,800페이지에 이른다고 한다. 따라서 난외방주본은 적어도 텍스트편 2권으로 출판하고, 무언의 방주는 아파라트편에서 포괄적으로 기술할 것이라고 편집 방침을 밝히고 있다.[36]

34) 이는 『칼 마르크스/프리드리히 엥겔스, 저작집Karl Marx/Friedrich Engels, *Werke*』 (40Bände, 43Bücher, Dietz Verlag, Berlin 1956~1968)을 가리키는 것이다. 옛 소련의 마르크스/엥겔스 전집인 『제2 소치네니야*Socinenija*』를 저본으로 한 이 보급판 저작집은 완성도에 있어서는 1975년 이래 발간이 진행되고 있는 신MEGA에 필적할 수는 없으나 현재로서는 가장 포괄적인 저작집으로 자주 인용되고 있다. 정문길, 「미완의 꿈 ─ 『마르크스-엥겔스 전집』 출판」, 정문길, 앞의 책, pp. 373~78을 보라.

35) Rolf Hecker, "MEGA IV/31: *Naturwissenschaftliche Exzerpte und Notizen, Mitte 1877 bis Anfang 1883*(Berlin: Akademie Verlag, 1999); MEGA IV/32(Vorauspublikation): *Die Bibliotheken von Karl Marx und Friedrich Engels, Annotiertes Verzeichnis des ermittelten Bestandes*(Berlin: Akademie Verlag, 1999)" (Rezension). *Bücher Zeitschriften*(n.d.), S. 4~5. 여기서 그는 러시아어의 번역상의 오류도 지적하고 있다.

36) "MEGA² IV/32: Die Bibliotheken von Karl Marx und Friedrich Engels. Annotiertes Verzeichnis des festgestellten Bestandes und Edition der Marginalien. Textband. Richtlinien und Muster für die Edition der sprechenden Marginalien." Ausgearbeitet:

그러나 우리가 여기서 직면하는 문제는 1983년에 어림잡아 계산하여 2만 5,000메가 페이지에 이른다던 자료가 1997년에 와서 1,800 메가 페이지로 축소된 것을 어떻게 설명할 수 있을까이다. 더욱이 1983년의 『MEGA 제IV부, 난외방주: 시작본』은 655타이틀, 총 3만 6,650페이지(1만 8,000메가 페이지)의 독서 흔적을 확인했다고 하는데(주제별로 수집한 신문, 잡지 스크랩과 거기에 나타나는 필적 및 제3자의 원고에 대한 교열주는 제외),[37] 1997년의 슈페를은 1,300타이틀, 4만 페이지에 유언, 무언의 독서 흔적이 확인된다고 보고하고 있다. 그리고 한 걸음 더 나아가 그는 300타이틀 3,000페이지(1,000메가 페이지)에서 유언의 난외방주를 확인하고 이를 2책의 텍스트편으로 편집할 것을 제안하고 있다.[38] 우리는 이상과 같은 편집 방침의 변화에 따른 난외방주의 엄청난 축소가 현실적으로 어떻게 수용될 수 있을 것인지 당황하게 된다. 다시 말하면 "역사적-비판적" 전집으로서의 MEGA에 이처럼 초라한 모습으로 포함된 난외방주가 원래의 의도를 살리면서 제 몫을 충분히 수행할 수 있을지에 대한 의문을 불식할 수 없다고 하겠다. 더욱이 난외방주본에 수용될 자료가 전부가 아닌 일부에 한정되었다면 그러한 선택의 기준이 바로 IMES의 신MEGA 편집진이 우려하던 편의에 의한 선택 방법이 아닐까 하는 의문이 제기된다.[39] 거기다가 MEGA² IV/32의 구성은, 현재의 작업의 준비 과정을 통해 추론한다면 1책의 장서 주석 목록과 2책의 텍스트편으로 구

[Richard] Sperl. Juni 1997: Bestätigt in der Beratung vom 10. September 1997[MS]. I. Allgemeine Ausgangspunkte. 저자는 이 원고를 본고의 집필에 이용하도록 배려해준 MEGA 편집진, 센다이팀의 오무라 이즈미(大村泉) 교수에게 감사를 표한다.

37) MEGA² Vierte Abteilung. *Marginalien · Probestücke*, S. 24*~25*.

38) Richard Sperl. 앞의 글(1997), 주 37)을 보라.

39) Jacques Grandjonc und Jürgen Rojahn, "Der revidierte Plan der Marx-Engels-Gesamtausgabe," *MEGA-Studien* 1995/2, S. 75.

성된 난외방주본, 그리고 1책의 아파라트편이라는 지극히 옹색한 모습을 갖게 된다.

여기에서 저자는 IMES나 MEGA 편집진이 부자연스러운 난외방주본의 지나친 축소에 연연하기보다는 바로 이 난외방주 부분에서 그들이 진행하고 있는 MEGA의 컴퓨터 데이터 베이스화 작업을 선도적으로 추진할 수 없을까 하는 기대를 가져본다. 베를린-브란덴부르크 과학 아카데미 Berlin-Brandenburgische Akademie der Wissenschaften(BBAW) MEGA 작업팀의 헤레스는 1990년 이후의 MEGA는 내용상, 조직상, 그리고 그에 못지않은 기술상의 3가지 측면의 구조 조정이라는 도전에 직면했다고 지적한 바 있다.[40] 이는 MEGA의 작업팀이 컴퓨터의 사용이 보편화된 1990년대 이래, MEGA 편찬 작업에 컴퓨터의 사용을 적극적으로 수용할 뿐만 아니라 이를 더욱 발전시켜 1998~1999년 사이에는 EDV의 지원을 받는 MEGA판(die elektronische Datenverarbeitung-gestützt Edition)을 발행하게 되었다는 것이다.

다시 말하면 그들은 이미 1993년의 수정된 편집 지침에서 언명한 바와 같이 제IV부는 마르크스-엥겔스에 의한 발췌 노트와 개개의 발췌, 메모 노트와 개개의 메모와 더불어 인쇄물이나 초고에 나타나는 그들의 난외방주, 거기에 그어진 선들을 현대의 기술적 출판 방법을 고려하여 적절한 형태로 망라한다는[41] 원칙을 상기하면서 전자화에의 적응이라는 파일럿 스터디를 1998~1999년 사이에 진행하고 있다고 보고한다.[42] 다시 말하면 그들의 주된 관심은 이미 MEGA 전체

---

40) Jürgen Herres, "Einführung. Die MEGA im Computerzeitalter. Rückblick, Stand und Perspektiven," *MEGA-Studien* 1999, S. 4.

41) *Editionsrichtlinien der Marx-Engels-Gesamtausgabe*(MEGA), S. 19의 *ER*, A. III. 1. 4.

의 주제별 총합 편찬, 종합 목록, 마르크스-엥겔스 장서의 카탈로그까지도 전자화하려는 준비를 하고 있음을 확인할 수 있겠다. 그리고 현재의 MEGA 편집진은 1998년 이후에 출판된 MEGA는 물론이요 그 이전에 출판된 MEGA 기간본의 CD-ROM화를 구체적으로 검토하고 있다. 그러나 이 같은 전자화, 디지털화를 난외방주본에까지 확대하는 문제에 대해서는 아직도 이렇다 할 언급이 없는 형편이다.[43] 그러므로 저자는 여기에서 그 양의 방대함이나 출판 경비의 과다로 말미암아 이미 엄청나게 축소되어 폐기된 것이나 다름없는 MEGA 제IV부 제2편의 난외방주본의 출판 계획을 CD-ROM이나 DVD-ROM화를 통해 되살리는 방안을 강력히 제시하고자 한다. 다시 말하면 기왕에 계획된, 그리고 현재 문자의 해독을 포함하여 이미 상당한 수준의 편찬 작업이 진행된 것으로 알려진 MEGA 제IV부 제2편을 정규적으로 인쇄된 MEGA가 아니라 CD-ROM으로 출판하자는 것이다. 이는 현재의 기술적 수준으로는 결코 불가능하지도 않으며, 또 최대의 걸림돌이 되고 있는 출판 경비 면에서도 정규적 인쇄를 통한 MEGA 출판보다는 훨씬 저렴한 가격으로 출판이 가능할 것으로 보인다.[44] 그리고 이 같은 난외방주본의 완벽한 CD-ROM으로의 출판은 마르크스-엥겔스 연구에 획기적인 전기를 제공할 뿐만 아니라

---

42) Gerald Hubman, "Digitale Editionen. Editionsmethodische Anmerkungen zum derzeitigen Stand und mögliche Optionen für die MEGA," *MEGA-Studien* 1999, S. 60.

43) MEGA의 전자화에의 적용에 대한 논의는 *MEGA-Studien* 1999의 특집에 게재된 논문들을 참조하라. 특히 Jürgen Herres, 앞의 글, S. 3~12; Gerald Hubman, 앞의 글, S. 53~63; Regina Roth, "Marx verlinkt. Kritische Bestandsaufnahme und mögliche Perspektiven," *MEGA-Studien* 1999, S. 64~90을 보라.

44) 전자 편집판의 제작은 오늘날 더 이상 전문가들의 전문 기술이 아니라고 지적되고 있다. 다시 말하면 이는 편집 작업 일반의 필수적 일부라는 것이다. Gerald Hubman, 앞의 글, S. 60.

19세기사 일반이나 사상사 연구에도 중요한 기여를 할 것으로 생각된다.

여기에서 저자는 컴퓨터의 기술적 문제에 전적으로 문외한이라는 전제 하에서 현재 그 완결판을 준비하고 있는 MEGA² IV/32의 출판과 관련하여 다음과 같은 몇 가지 제안을 하는 만용을 부리고자 한다.

1. 현재 MEGA² IV/32의 선행판으로 출판된 장서의 주석 목록은 더욱 상세하고, 정교화되어야 할 것이다. 개개의 장서에는 『칼 마르크스-프리드리히 엥겔스의 장서』(1967)의 경우처럼 난외방주를 재생하는 방법이 고려되었으면 한다. 이는 주석 장서 목록이 바로 전자화된 난외방주본에서 그들의 독서의 흔적을 찾아가는 길잡이의 역할을 할 것이기 때문이다.

2. 현재 MEGA 작업팀이 진행하고 있는 IV/32의 난외방주본을 위한 작업은 그대로 진행하되, 이 작업은 이들의 CD-ROM화를 전제로 한 편집 구성이 되었으면 한다.

3. 마르크스와 엥겔스의 방주가 있는 모든 장서를 CD-ROM이나 DVD-ROM으로 제작하는 방법을 제안한다. 이를 통해 우리는 유언, 무언의 방주가 있는 곳을 정확히 포착할 수 있다. 그리고 특정한 지점에 나타난 방주를 일련의 순서를 통해 클릭하면 이에 대한 편집자의 서술이나 유언의 주가 재현되게 한다.

4. 그리고 일정 수준 이상의 유언, 무언의 줄긋기나 난외방주가 있는 장서의 해당 면은 사진판을 부가하는 것도 고려해볼 수 있을 것이다.

5. 특히 그들이 독서의 흔적을 남긴 장서는 오늘날 모두 희귀본이 되어 구득할 수 없으므로 이의 CD-ROM으로의 재생은 19세기사 일

반이나 지성사의 연구에 새로운 영역을 개척할 가능성을 열어놓게
된다.

제6장 새로이 출발하는 『마르크스-엥겔스 전집』의 속간

—신 MEGA IV/3(『마르크스, 발췌 노트와 메모: 1844년 여름부터 1847년 초까지』)의 발간에 즈음하여

1. 글머리에

1998년 12월 18일자 독일의 일간 신문들은 일제히 『마르크스-엥겔스 전집』의 속간을 알리는 기사를 게재했다. 이들 기사는 우선 국제 마르크스-엥겔스 재단IMES이 5년 동안의 휴지 기간을 지낸 뒤 마침내 48번째의 『마르크스-엥겔스 전집』을 발간하게 되었으며, 이번에 발간된 이 『전집』의 제IV부 제3권이 이전의 그것들과 어떻게 다른가를 구체적으로 보도하고 있었다. 이들 기사에 따르면 『마르크스-엥겔스 전집』의 발행권자인 국제 마르크스-엥겔스 재단은 이 전집이 종래와는 달리 출판사를 변경했을 뿐만 아니라 그 내용도 새로운 편찬 지침에 따라 편집되었기에 『마르크스-엥겔스 전집』은 이제 새로운 출발을 하게 되었다는 것이다.

하루에도 이러저러한 전집을 포함하여 수없이 많은 책들이 출판되는 상황 하에서 기껏 5년의 중단 뒤에 속간된 『마르크스-엥겔스 전집』의 출판에 대해 독일의 언론들이 특별히 관심을 표명하는 이유는

무엇일까? 더욱이 소련과 동구의 공산주의가 몰락한 지 이미 10년의 세월이 지난 마당에 이들 공산주의 이론의 교조인 마르크스와 엥겔스의 전집이 출판되었다는 사실이 새삼스럽게 주목을 받는 이유는 무엇일까? 그리고 『마르크스-엥겔스 전집』의 발간을 주관하는 국제 마르크스-엥겔스 재단이 이 전집 중의 한 권(MEGA IV/3: 『마르크스의 발췌 노트와 메모: 1844년 여름부터 1847년 초까지』)이 출판되는 시점을 계기로 하여 이를 기념하는 모임을 베를린-브란덴브르크 과학 아카데미BBAW에서 개최하게 된 이유는 무엇일까? 우리는 이러한 물음에 대한 해답을 얻기 위해 잠시 베를린 장벽이 붕괴되었던 1989년 11월 이후의 『마르크스-엥겔스 전집』의 운명을 되돌아볼 필요가 있다.

2. 마르크스-레닌주의 연구소 발행 신MEGA의 한계

베를린 장벽의 붕괴와 동독 정권의 위기는 1970년대 이래 동독의 사회주의통일당Sozialistische Einheitspartei Deutschland: SED 산하의 마르크스-레닌주의 연구소IML/Berlin와 소련의 공산당 중앙 위원회 산하의 마르크스-레닌주의 연구소IML/Moskau가 공동으로 발간해오던 『마르크스-엥겔스 전집』의 장래를 장담할 수 없게 만들었다. 따라서 이 같은 상황에 직면한 동독의 마르크스-레닌주의 연구소IML/B는 네덜란드의 국제사회사연구소IISG와 독일의 칼 마르크스 하우스KMH에 긴급히 협조를 요청하게 되었다. 그리하여 이들 3개 기관은 소련의 마르크스-레닌주의 연구소와 더불어 1990년 1월 이래 암스테르담과 모스크바를 오가며 급격히 변화된 상황 하에서도 어떻게 하면 『마르크스-엥겔스 전집』을 속간할 수 있을까를 논의한 결과 1990년 5월에 국제 마르크스-엥겔스 재단을 설립하기 위한 의정서를 작성 · 서명하게 되고, 같은 해 10월에는 4개 해당 기관의 개별적 동의를 얻어 재단을 설립, 11월 최초의 이사회를 개최하기에 이르렀다.[1]

국제 마르크스-엥겔스 재단은 그 설립 과정에서 "칼 마르크스와 프리드리히 엥겔스의 사상이 갖는 학술(과학)사적 중요성과 역사적 유효성"을 인정하기에 그들 저작의 "역사적-비판적 판본historisch-kritische Ausgabe을 간행하는 것이 국제적 연구에 있어서 절실히 요구되는 변함없는 사실"이라는 점에 견해의 일치를 보았던 것이다. 그러나 그들은 마르크스와 엥겔스를 더 이상 "과학적 사회주의의 창시자나 고전주의자"로서가 아니라 서양 사상사에서의 고전적 사상가 중의 한 사람일 뿐이라는 점을 명백히 함으로써, 기왕에 발간된 『마르크스-엥겔스 전집』의 학술화Akademisierung, 혹은 탈정치화Entpolitisierung와 국제화Internationalisierung를 모토로 내세웠던 것이다.[2]

사실 마르크스와 엥겔스의 저작은 20세기에 들어와서 언제나 심각한 당파적 관심의 대상이었다. 따라서 그들의 저작은 때에 따라 집

---

1) 국제 마르크스-엥겔스 재단의 초기 설립 과정에 대한 상세한 설명은 다음을 보라. 정문길, 「미완의 꿈─『마르크스-엥겔스 전집』 출판」, 『문학과사회』 1991년 여름 · 가을호. 정문길, 『마르크스의 사상 형성과 초기 저작─『독일 이데올로기』와 『마르크스-엥겔스 전집』 연구』(문학과지성사, 서울 1994), pp. 328~35.
2) Jürgen Rojahn, "Die Fortführung der Marx-Engels-Gesamtausgabe als internationales Projekt," *Jahrbuch der historischen Forschung in der Bundesrepublik Deutschland, Berichtsjahr, 1996*. Hrsg. von der Arbeitergemeinschaft außeruniversitärer historischer Forschungseinrichtungen in der Bundesrepublik Deutschland(R. Oldenbourg Verlag, München 1997), S. 47.

중적으로 대량 반포되기도 하고, 어떤 경우에는 축약된 발췌본만이
유통되고, 또 다른 경우에는 그 반포나 인용을 의도적으로 제약하기
도 했다.[3] 그런가 하면 개개 저작에 대하여 과도하게 정치적 의미를
부여하거나 서론, 주석, 그리고 인명 색인 등을 비롯하여 특정 용어
나 사건, 인명의 해석에 있어서 당파적 입장을 강화하기도 했었다.
이러한 점에 있어서는 지금까지 발간된 전집으로서는 가장 객관적이
란 평가를 받는 1975년 이래의 신 『마르크스-엥겔스 전집』(신
MEGA)의 경우도 예외는 아니었다. 1975년에 출판된 신MEGA의 제I
부 제1권에 게재된 전집 전체에 대한 서문의 "마르크스-레닌주의의
제이론이 사회 생활에서 점증하는 의미를 획득하고, '과학적 공산주
의의 창시자'로서 마르크스와 엥겔스의 '역사적 성취의 위대성'이 더
욱더 명료하게 나타나는 오늘날에 있어서 이런 종류의 전집은 학술
적으로나 '혁명적 실천'을 위한 '절박한 필요'에 상응한다"[4]는 표현
이 이러한 정치화의 대표적 예라 하겠다. 그리고 인명 색인에 자주
나타나는 "투쟁의 동반자Kampfgefährter"나 "소부르주아적 민주주
의자kleinbürgerischer Demokrat""반동주의자Reaktionäre"등의 표
현은 지극히 당연한 주석의 한 형태였다. 이렇게 볼 때 우리는 1990
년 이전의 신MEGA가 높은 수준의 판본으로서 서구의 학문적 요구
에 조응한다는 헨리히Dieter Henrich의 평가[5]를 수용할 수 있지만,

---

3) 전자의 경우에는 『공산당 선언』이나 『자본론』이, 후자의 경우에는 『경제학-철학 초고』가
   그 대표적인 예에 해당된다고 하겠다.
4) "Vorwort zur Gesamtausgabe," *Marx-Engels-Gesamtausgabe*: MEGA², I/1(Dietz Verlag,
   Berlin 1975), S. 19*. 강조는 필자.
5) 국제 마르크스-엥겔스 재단이 서독 정부와 각 주 과학 아카데미에 MEGA의 지속적 편찬을
   위한 재정적 지원을 얻으려고 했을 때 이러한 지원의 전제 조건으로서 1990년 이전에 출판
   된 MEGA 40권에 대한 학문적 평가를 선행시켰는데, 이 국제적인 평가 위원회의 의장이 철
   학자 헨리히였다. 그리고 그는 기간(旣刊) MEGA를 검토한 뒤 그것이 갖는 학문적 기여를

서문Vorwort, 서론Einleitung과 아파라트Apparat(부속서)에 수록된 텍스트의 형성사, 편찬사 그리고 각종 주석과 색인 등에서는 레닌을 중심으로 하여 마르크스와 엥겔스를 성인전(聖人傳)의 주인공으로 해석하려는 당파적 경향성을 목격하게 된다.[6] 그리고 그들의 이 같은 당파성은 서구학자들의 연구 성과를 객관적으로 수용하지 않는 비학술적 태도의 대표적인 예라고 하겠다. 이렇게 볼 때 당파성으로부터의 해방은 바로 학술화를 위한 지름길이라고도 하겠다.

그런가 하면 신MEGA의 출판은 기본적으로 소련과 동독의 지배 정당에 의해 독점되어 있었다. 동독의 지배 정당인 사회주의통일당의 재정적 지원을 바탕으로 한 신MEGA의 편찬은 동독과 소련의 방대한 연구 인력을 동원하여 수행되었으며, 그들이 이용하는 전집의 소재(素材)는 암스테르담의 사회사연구소가 소유하고 있는 마르크스-엥겔스의 유고(전체의 3분의 2에 해당)와 소련이 "배타적"으로 독점하고 있는 서간문을 포함한 또 다른 유고(전체의 나머지 3분의 1에 해당)였다. 따라서 1990년 이전까지 신MEGA 편찬팀이 이용한 국제적 유대 관계란, 필요한 경우 암스테르담의 국제사회사연구소에 보관되어 있는 마르크스와 엥겔스의 유고 오리지널을 열람할 수 있는 특권의 향유와 편찬 지침이나 편찬된 텍스트에 대한 서구 학자들의 코멘트를 일방적으로 수용하는 데 불과했다. 그리고 서방의 학자들도 동구권의 전집 편찬에 적극적으로 관여할 수 있는 길이 없었으므로 가만히 앉아서 발행된 전집의 성과를 향유하기만 하는 무임 승차

긍정적으로 평가했다. Dieter Henrich, "Die Marx-Engels-Gesamtausgabe in der Akademieforschung," *Akademie-Journal. Mitteilungsblatt der Konferenz der deutschen Akademien der Wissenschaften*, 2/93, S. 20.

6) 특히 각 권의 첫머리에 게재되는 서론은 모스크바와 베를린의 마르크스-레닌주의 연구소 소장의 사전 동의를 필요로 한다.

자free-rider의 입장에 만족하지 않을 수 없었다. 마르크스와 엥겔스의 유고의 3분의 2를 소장하고 있는 국제사회사연구소가 인적·물적 자원의 제약 때문에 동구권 학자들에게 유고 오리지널의 열람을 허용하는 선에서 국제적 협력의 한계를 정한 것은 바로 이 같은 객관적 사정을 말해주는 것이다.[7]

3. 통독 후, 과도기에 발행된 MEGA

당초 정치적 위기에 직면한 동독의 『마르크스-엥겔스 전집』의 출판 사업을 위기에서 구출하여 이를 속간하면서 그것의 학술화와 국제화를 시도하려고 한 국제 마르크스-엥겔스 재단은 그들이 정상적인 사업 계획을 세우기도 전에 동독 정권의 몰락과 소련의 붕괴를 맞게 되었다. 사실 국제 마르크스-엥겔스 재단은 '재단'이라는 이름에도 불구하고 MEGA 사업을 지원할 만한 아무런 재정적 근거가 없었다. 다시 말하면 네덜란드의 법률상 재단의 지위란 일정한 재원을 전제로 한 것이 아니라 법인의 설립을 위한 편리한 수단에 불과했던 것이다. 따라서 국제 마르크스-엥겔스 재단은 네덜란드의 암스테르담에 본부를 둔 국제적 네트워크에 불과할 뿐이었다. 그런데 바로 이

---

7) 이러한 사정은 마르크스-엥겔스의 영어판 전집 Marx/Engels, *Collected Works*(Lawrence & Wishart, London/International Publishers, New York 1975ff)의 경우에도 해당한다고 하겠다. 위의 두 개 영미 출판사는 동독 정부의 지원을 받아 모스크바의 프로그레스 출판사Progress Publishers가 판권을 가진 영어판 전집을 출판해왔으나 동독을 비롯한 동구권의 몰락으로 완간까지 10권을 남겨둔 채 전집 출판을 중단하게 되었던 것이다. 이는 전집 출판에 대한 동구권의 독점적 지배권을 보여주는 사례의 하나이기도 하다[* 이 영어판 전집은 동구권 몰락 이후 잠시 중단되었으나 1994년 이후 속간되어 2004년 10월 전 50권의 마지막인 제50권의 출판이 예고되고 있다].

재단이 동독과 소련의 몰락에 직면하여 기존의 『마르크스-엥겔스 전집』의 편찬 작업에 종사하던 학자들을 재정적으로 지원하지 않으면 안 될 상황에 봉착하게 된 것이다.

1990년 이전까지만 하더라도 MEGA의 출판을 위해 베를린의 마르크스-레닌주의 연구소에는 수십 명의 학자가 포진하고 있었고, 동독의 여러 대학에도 몇 개의 MEGA 작업팀이 있어 MEGA 편집에 참여하는 연 인원은 100여 명을 상회했었다. 그런가 하면 소련의 마르크스-레닌주의 연구소에도 40여 명의 학자들이 MEGA 편찬 작업에 종사했다. 그러나 이들은 불과 2년 이내에 모두 해체되어 통일 독일의 경우에는 MEGA 편찬을 위해 겨우 7개의 유급 직위가 확보되었을 뿐이며, 소련의 경우에도 마르크스-레닌주의 연구소가 해체되면서 불과 20명의 학자들 중 일부가 러시아 독립 연구소 Rossijskij nezavisimyj institut social'nych i nacionall'nych problem: RNI에, 그리고 나머지 대부분은 러시아 센터 Rossijkij centr chranenija i izucenija dokumentov noveishej istorii: RC에 소속되게 되었다. 따라서 IMES는 당초의 설립 목적 중 학술화와 국제화의 문제보다 MEGA 작업의 중단 없는 지속에 더욱 큰 관심을 두지 않을 수 없었던 것이다. 왜냐하면 기왕에 MEGA의 편찬 작업에 숙련된 학자들을 확보하는 일은 이러한 작업을 위해 새로이 학자들을 훈련시키는 일보다 더욱 중요하기 때문이었다. 따라서 IMES는 우선 동독과 소련의 MEGA 편찬자들을 재정적으로 지원하기 위해 국제적인 모금 사업을 전개하지 않을 수 없었다. 그리하여 IMES는 우선 독일과의 교섭 과정에서 기왕에 확보된 MEGA 편찬을 위한 7개의 유급 직위를 1993년에 설립된 베를린-브란덴부르크 과학 아카데미에 이관시키고, MEGA 작업 중의 일부(제I부 4, 5, 6권)를 트리어의 칼 마르크스 하우스가 맡도록 했다. 그리고 재정적으로 난관에 봉착한 러시아 센터의 연구원들을 위해서는 우선 네덜란드 정부의 지원을 얻어내고, 1995년 이후에는 유럽연합EU의 지원을 확보하게 되었다. 물론 우리는 이 과정에서 구동독의 MEGA 편찬자들이 보여준 자구(自救) 노력을 과소평가할 수는 없으나 객관적 수단을 상실한 그들의 노력은 IMES의 지원 없이는 불가능한 것이었다.[8]

어쨌든 이처럼 어려운 객관적 여건 하에서도 MEGA는 1990년에 3권(I/29, II/9, III/8), 1991년에 2권(II/10, IV/9), 그리고 1992년에 2권(I/20, II/4.2) 등 모두 7권이 출판되었다. 그러나 이 시기에 출판된 7권의 MEGA는 애초에 국제 마르크스-엥겔스 재단이 기약한 학술화와 국제화가 구체화된 것은 아니었다. 왜냐하면 이 시기에 발간된 7권의 MEGA는 아직도 IMES의 독자적인 편찬 지침이 수립되지 않은 상황에서 종래의 편집 위원회가 작성한 편찬 지침에 따라 편찬되었으며, 작업 자체도 동구권의 몰락 이전에 거의 완료 단계에 진입한 것이었기에 1990년 이전에 발간된 40권의 MEGA에 더욱 가까운 것이었다. 이러한 사실은 1990년에 발간된 세 권의 MEGA 중 I/29와 II/9는 그 발행자를 베를린의 '노동운동사 연구소 Institut für Arbeiterbewegung Berlin'와 '소련 공산당 중앙 위원회 산하의 마르크스-레닌주의 연구소'로 표기하고 있으며, III/8은 발행자를 표기하지 않고 발간되었다.[9] 그리고 1991년에 출판된 다른 두 권은 발행

---

8) 정문길, 「전환기의 풍경—공산권 붕괴 이후의 『마르크스-엥겔스 전집』 속간 사업」, 『문학과사회』, 1992년 여름호(정문길, 『마르크스의 사상 형성과 초기 저작』, 1994, pp. 421~56 참조). 물론 극히 소수의 경우이지만 IMES를 비롯한 어떤 기관으로부터의 재정적 지원 없이 MEGA의 편찬 작업이 동독 출신 학자의 개인적 수준에서 이루어진 예도 없지 않다. 1999년에 그 발간이 예정된 그리제Anneliese Grise 등의 MEGA IV/31(『자연과학 발췌 노트』)이 그 예이다.

자를 '국제 마르크스-엥겔스 재단'으로 표기하고 있으나 판권 페이지에 "이 권은 아직도 종래의 편집 위원회에 의해 작성되었다"는 단서를 달고 있다. 그리고 이러한 상황은 1992년에 발간된 두 권의 MEGA의 경우에도 해당되는 것이다. 단지 우리가 주목하는 것은 1992년에 발간된 MEGA II/4.2의 경우 편집진이 이 책의 서론 Einleitung과 텍스트의 형성사 및 편찬사를 기술한 원고를 처음으로 국제적인 전문가들에게 회람시켜(1991년 2월) 그들의 코멘트를 텍스트 편찬에 수용했다는 사실이다.

그러나 국제 마르크스-엥겔스 재단이 구상하는 새로운 MEGA의 발간은 변화된 상황에 걸맞은 그들의 독자적인 편찬 지침의 수립과 거기에 준하는 MEGA 각 권의 편집 · 발행이 필수적이라고 하겠다. 이러한 의미에서 1992년 프랑스의 엑상프로방스Aix-en-Provence 에서 시작된 IMES의 편찬 지침의 수립은 중요한 의미를 갖는다고 하겠다.

4. 국제 마르크스-엥겔스 재단에 의한 새로운 MEGA의 출판 구상

국제 마르크스-엥겔스 재단은 당초 암스테르담의 국제사회사연구소, 트리어의 칼 마르크스 하우스, 그리고 모스크바와 동독의 마르크스-레닌주의 연구소의 4개 기관을 축으로 설립되었으나 1990년대 초의 정치적 상황의 변화로 말미암아 후자의 두 연구소 개편이 불가

---

9) MEGA의 발행권 Herausgeberrechte für die MEGA이 IMES에 이양된 것이 1990년 10월이다. 따라서 1990년에 발간된 MEGA의 경우 이 같은 사정은 당연한 것이라고 하겠다.

피하게 되었다. 따라서 1993년에는 러시아의 경우 러시아 센터와 러시아 독립 연구소를 대표하여 러시아 센터의 소장이, 그리고 동독의 경우에는 동독 아카데미Akademie der Wissenschaft, DDR를 대신하여 베를린-브란덴부르크 아카데미의 소장이 IISG와 KMH의 소장과 더불어 IMES의 이사회를 구성하게 되었다. 그리고 이사회 밑에서 조정 기능을 맡으면서 MEGA 각 권의 통일성과 질적 수준을 감독하는 편집 위원회Redaktionskommission: RK를 두고, 이 위원회로 하여금 1994년 이래 매년 2회 발간되는 『메가-연구*MEGA-Studien*』의 편집 책임도 담당하게 했다. 그러나 편집 위원회의 일상적 업무는 앞의 4개 기관이 각각 한 사람씩 추천한 4인의 조정 위원회Koordinierungsgruppe: KG에 의해 수행되고 있다.[10] 그리고 이에 덧붙여 국제적으로 저명한 학자들을 망라한 29명의 학술 자문 위원회wissenschaftlicher Beirat도 구성되어 있다.[11]

그러나 이들 여러 기구 가운데서 가장 중요한 것은 편집 위원회이다. 그들은 우선 IMES가 구상하는 MEGA를 구체화하기 위해 종래의 편찬 지침을 검토하는 작업을 서두르게 되었다. 그리하여 편집 위원

---

10) 이 조정 위원회는 RC와 RNI를 대표한 바가투리야Georgij A. Bagaturija(Moskau), KMH를 대표한 그랑종Jacques Grandjonc(Aix-en-Provence), IISG의 로얀Jürgen Rojahn(Amsterdam), 그리고 BBAW를 대표한 폴그라프Carl-Erich Vollgraf(Berlin)의 네 사람이다. 이 조정 위원회의 의장은 그랑종이고, 『메가-연구』의 편집 책임자는 IMES의 사무국장인 로얀이다. 그리고 3년마다 개선되는(재선이 가능) 편집 위원회는 현재 위의 네 사람과 더불어 아르샤노바Elena M. Arzanova(Moskau), 카버Terrell Carver(Bristol), 골로비나Galina Golowina(Moskau), 헤레스Jürgen Herres(Berlin), 훈트Martin Hundt(Berlin), 랑카우Götz Lankau(Amsterdam), 오타니Teinosuke Otani(Tokyo), 바시나Ljudmila L. Vasina(Moskau), 위장하Wei Jianhua(Beijing)로 구성되어 있다.
11) 여기에는 아비네리Shlomo Avineri, 페처Iring Fetscher, 하르스틱Hans-Peter Harstick, 홉스봄Eric J. Hobsbawm, 코카Jürgen Kocka, 라핀Nikolaj I. Lapin, 오이젤만Teodor I. Ojzerman, 올맨Bertell Ollman, 월러슈타인Immanuel Wallerstein 등이 포함되어 있다.

회의 위원장인 그랑종은 1992년 3월 엑상프로방스에서 이를 위한 국제 회의를 개최하고 MEGA의 전반적인 출판 계획을 재조정했다.[12] 여기서 그들은 마르크스의 경우 미발간 유고의 중요성을 감안하여 이들을 모두 출판키로 했으며,[13] 1835년에서 1895년에 이르는 60년간의 마르크스와 엥겔스의 왕복 서간은 그들이 보낸 4,000통의 편지 Von-Briefe와 1만 통에 달하는 수신 편지 An-Briefe가 모두 19세기의 학문·사상·문화사만이 아니라 민주주의와 노동 운동사에서 갖는 중요성을 감안하여 출판할 것이 요구되나 수신 편지의 경우, 그것의 구체적이고 역사적인 문맥에서 제약을 가하지 않을 수 없음을 지적하고 있다.[14] 그리고 발췌나 메모, 난외(欄外)의 방주 Marginalien도 그들 저술의 전 단계로서 그들의 저작을 이해하기 위해 빼놓을 수 없는 자료라는 점에 합의를 보았다.

그러나 마르크스와 엥겔스의 저술을 완벽하게 출판한다는 원칙에는 동의하지만 이들 모두를 무작정 포용하기는 어려우므로 일정한

---

12) 이 회의에 참석한 편찬 전문가는 그륀더 Karlfried Gründer, 예슈케 Walter Jaeschke, 라비카 Georges Labica, 샤이베 Sigfried Scheibe, 베르너 Michael Werner, 외슬러 Winfried Oesler, 첼러 Hans Zeller 등이다.

13) 특히 마르크스의 미발간 유고는 20세기의 마르크스 논쟁 Marx-Diskussionen에 있어서 가장 핵심적이었다는 사실로서도 그 중요성이 인정된다는 점에 의견의 일치를 보았다. 『자본론』 2, 3권의 초고, 『경제학-철학 초고』 『독일 이데올로기』 『그룬트리세』가 그 대표적인 경우이다.

14) 이와 관련된 기본적 자료로는 러시아 센터의 바가투리아에 의해 작성된 "마르크스-엥겔스 왕복 서간 총 목록 Gesamtverzeichnis des Marx-Engels-Briefwechsels"이 있다. 이 목록에는 현재 1만 4,345통의 서간이 항목별 인덱스로 작성되어 있다. 특히 이 목록의 중요성은 지금까지 잘 알려지지 않은 모스크바 측이 소장하고 있는 마르크스와 엥겔스에게 보내진 방대한 분량의 편지가 망라되어 있다는 점이다. Georgij Bagaturija, "Aus der MEGA-Arbeit: Ein Gesamtverzeichnis des Marx-Engels-Briefwechsels," *MEGA-Studien*, 1996/2, S. 113~17 참조.

제약을 가하지 않을 수 없었다. 그리하여 편집 위원회는 MEGA의 4개 부별로 소위원회[15]를 만들어 전집 규모의 축소 가능성을 다시금 체계적으로 검토한 뒤 최종적으로 MEGA의 권수를 1990년 이전의 170여 권 Teil-Bände[16]에서 114권 Bände으로 줄이기로 결정하고 이를 1995년 9월에 개최된 이사회에 회부하여 최종적 승인을 얻기에 이르렀다.[17]

이제 1995년 9월에 확정된 『마르크스-엥겔스 전집』의 수정된 출판 계획을 좀더 구체적으로 검토하면 다음과 같다. 먼저 국제 마르크스-엥겔스 재단은 1990년 이전의 MEGA의 4개 부 구성을 수용함으로써 이미 거의 25년간 지속되어온 MEGA 사업을 변화된 상황 하에서 수행해나가기로 했다. 그러나 IMES의 이러한 방침이 1990년 이전의 발행자들이 계획한 형태 그대로 『마르크스-엥겔스 전집』을 출판한다는 것을 의미하지는 않는다. IMES는 이미 그 설립 목적에서 밝힌 바와 같이 정치적 당파를 초월하고 국제적인 연구 재단의 도움을 받아 MEGA의 발간을 계속하기로 했다. 이 경우 기본적으로 MEGA의 규모를 축소하는 일이 불가피해졌으나 IMES는 종래 동구권에서 상식화된 이른바 『레닌 전집』의 총 권수를 초과해서는 안 된다는 식

---

15) 각부별 소위원회의 위원으로는 제I부(저작·논술·초안)에는 들루벡 Rolf Dlubeck과 펠거 Hans Pelger가, 제II부(『자본론』과 그 준비 초고)에는 오타니, 바시나, 폴그라프와 비곳스키 Vitalij Vygodskij가, 제III부(왕복 서간)에는 아르샤노바, 골로비나와 훈트가, 제IV부(발췌 노트와 메모)에는 바가투리야와 하르스틱, 슈페르 Richard Sperl이 참여했다.

16) 1990년 이전의 MEGA 출판 계획은 제I부(저작·논설·초안)가 33권(책); 제II부(『자본론』과 준비 초고)가 24권(책); 제III부(왕복 서간)가 45권; 그리고 제IV부(발췌·메모·난외방주)는 발췌·메모가 40권: 난외방주가 30권으로 구성되어 있었다.

17) Jacques Grandjonc/Jürgen Rojahn, "Der revidierte Plan der Marx-Engels-Gesamtausgabe," *MEGA-Studien*, 1995/2, S. 62~89. 한편 MEGA의 전체적인 권별 편성에 대해서는 이 장의 말미에 있는 부록(「신 MEGA의 권별 편성과 작업 진행 현황」)을 참조하라.

의 제약, 다시 말하면 축소를 위한 축소는 있을 수 없다는 점을 분명히 했다. 따라서 마르크스와 엥겔스, 특히 전자의 미간 초고는 모두 재현하기로 하고, 축소는 텍스트를 다른 부에 이중으로 게재하는 것을 금지하는 데 한정했다.[18]

우선 수정된 MEGA의 출판 계획에 의하면 제I부는 1990년 이전에 33권(책)으로 편성되었던 것을 32권으로 축소했다. 즉 2책으로 구성된 I/21을 1권으로 줄였는데 이는 제1인터내셔널 Internationale Arbeiterassoziation: IAA 관련 문건을 포함하는 I/21.1과 I/21.2, 그리고 I/23 가운데 특히 총회의 의정서 die Protokolle des Generalrats를 게재키로 한 원칙을 변경, 이의 전문 게재를 포기함으로써 거의 500페이지를 축소할 수 있었기 때문이다. 그리고 『신라인 신문』에 게재된 글들을 재현키로 한 I/7, I/8, I/9권의 경우에도 상당수 논설의 게재를 포기함으로써 전체적인 양을 줄일 수 있게 되었다. 그외에도 새로운 편찬 지침은 부록에 게재할 텍스트를 제한하고, 의문이 있는 글들 Dubiosa이나 서명은 했지만 직접 쓰지 않은 글들을 제외하며, 이문명세(異文明細)도 축소하기로 했다. 따라서 제I부 중 현재까지 발행되지 않은 17권의 경우 각 권마다 적어도 100페이지 이상을 축소할 수 있게 되었던 것이다.

다음으로 『자본론』과 준비 노트를 재현하는 제II부의 경우 24권(책)으로 되어 있었으나 새로운 편찬 지침은 1868년과 1878년 사이에 집필된 마르크스의 『자본론』 제2권의 초고를 게재키로 한 II/11과 II/12를 1권 2분책으로 하면서(II/11.1과 II/11.2) 아파라트는 1책으로 줄이는 방법을 택해 제II부의 전체 책 수는 줄지 않으나 권수는

---

18) Internationale Marx-Engels-Stiftung, Hrsg., *Editionsrichtlinien der Marx-Engels-Gesamtausgabe*(Dietz Verlag, Berlin 1993), B.I.1.

16권에서 15권으로 축소되었다.

한편 왕복 서간을 재현하는 제III부는 1990년 이전에 계획된 45권을 35권으로 축소하고 있다. 현재 바가투리야 교수가 작성한 왕복 서간의 총 목록은 모두 1만 4,000건을 넘고 있는데 이를 이전보다 10권이나 줄일 수 있는 이유는 무엇일까? IMES가 작성한 새로운 편찬 계획에 의하면 그들은 우선 소재의 면에서 문제가 없는 것은 아니나, 1만 건이 넘는 수신 서한의 개념을 협의로 해석하여 메모, 메모식의 편지, 초청장Klub-Einladungen, 계산서 등과 아주 "중요치" 않은 시기의 서신을 제외하고(이에 대한 반발이 만만치 않을 것임을 예상하지만), 부속 서류Beilagen까지도 대폭 축소함으로써 엄청난 규모의 축소가 가능해졌던 것이다. 그리고 편집과 관련해서도 각 권의 아파라트에 붙는 서론 Einführung을 없애고, 텍스트의 역사, 주석 Erläuterung, 색인 등을 최소화하고, 한 걸음 더 나아가 서간마다 새로운 페이지에 게재하던 종래의 편집 형식을 변경하여 이들을 연속적으로 게재키로 함으로써(행의 표시는 서간 단위), 각 권의 인쇄 페이지가 20퍼센트나 삭감되는 효과를 보이고 있다. 그러나 마르크스나 엥겔스가 저서의 기증본에 기록한 헌사(獻辭)의 수록 여부는 아직 명확하지 않다. 즉 편집 위원회는 이들 헌사를 제III부의 마지막 권에 게재하거나『메가-연구』에 게재하는 방법을 검토하고 있다.

마지막으로 제IV부는 40권으로 예정되었던 발췌 노트와 메모를 31권으로 축소했으나 이것이 발췌나 메모의 중요성을 격하시키는 것이 아님은 물론이다. 따라서 발췌 노트는 기본적으로 재현키로 했다. 신문의 스크랩과 저작으로부터 요약한 연대표나 문법의 요약은 단지 서술로 끝내거나 필요한 경우 서술과 인쇄를 병행할 것을 고려하고 있다. 그리고 많은 노트의 표지나 여백에 씌어진 계산이나 계산 연습은 이를 재현하기보다 설명하는 데 그치려 하고 있다. 한편 제IV부의 제2편에 속하는 난외방주는 애초에 30권으로 예정되었으나 이는 IV/32 한 권에 "마르크스-엥겔스의 주석을 붙인 장서 목록 das annotierte Verzeichnis der Bücher ex libris Marx-Engels"으로 마감하기로 하고 있다.

우리는 위에서 새로이 편성된 MEGA의 권별 구성과 그것의 편찬 지침을 간략히 살펴보았다. 그리고 여기서 명백히 부각되는 특징은 1990년 이전의 방만한 MEGA의 권별 편성이 현격히 축소되었음을 보게 되는데 이는 MEGA가 변화된 상황 가운데서 어떻게 속간될 수 있는가를 보여주는 구체적 증거의 하나이기도 하다. 어쨌든 이처럼 4년여에 걸친 공개적이고도 투명한 논의와 절차를 거쳐 수립된 MEGA의 편찬 원칙과 그 권별 편성은 장기적으로 보아 앞으로 이루어질 모든 종류의 전집 편찬의 하나의 전형이 될 것이라고『헤겔 전집』편집진의 한 사람으로서 엑상프로방스에서 개최된 IMES의 편집 전문가 회의에 참석했던 베를린 대학의 예슈케Walter Jaeschke 교수는 지적하고 있다.[19]

5. 신MEGA IV/3(1998)의 출판이 갖는 의미

우리는 지금까지 베를린 장벽 붕괴 이후의 『마르크스-엥겔스 전집』의 운명을 조망하면서, 특히 1992년 이래 국제 마르크스-엥겔스 재단에 의해서 새로이 수립된 편찬 지침과 MEGA의 권별 편성을 구

---

19) Grandjonc/Rojahn, 앞의 글, S. 78.

체적으로 살펴보았다. 그리고 IMES의 이 같은 준비 작업이 마무리된 것이 1995년 9월이라는 사실을 확인하면서 우리는 1998년 12월에 발간된 MEGA IV/3이 독일의 언론과 관심 있는 학자들의 주목을 받게 되는 이유를 이해할 수 있게 된다. 다시 말하면 1992년까지 47권의 MEGA가 발간된 후 5년의 휴지 기간 ─ 그것은 『마르크스─엥겔스 전집』의 새로운 출발을 위한 준비 기간이기도 했다 ─을 거쳐 새로운 편찬 원칙과 포맷에 의거하여 발행된 MEGA IV/3은 냉전의 종식과 그에 뒤따르는 탈이데올로기적 국제 정세 가운데서 IMES가 오랜 산고 끝에 만들어낸 최초의 학문적 성과라는 점이다. 거기에다 IMES는 이 같은 학문적 성과를 기왕에 MEGA를 출판해온 낡은 모체(母體)인 디츠 출판사의 굴레에서 벗어나 아카데미 출판사Akademie Verlag에서 발행하게 된 것이다. 베를린의 디츠 출판사는 원래 동독의 사회주의통일당 산하의 출판사로서 통독 후에도 사회주의통일당이 변신한 민주사회당Partei des demokratischen Sozialismus: PDS 과 밀접한 연계를 가지고 있었다. 따라서 IMES가 1998년 10월, MEGA의 출판을 뮌헨에 근거를 둔 올덴부르크 출판사의 자회사인 베를린의 아카데미 출판사로 옮긴 것은 MEGA가 갖던 당파성의 최후의 고리를 단절한 것이라고 하겠다. 더욱이 아카데미 출판사는 이미 인류의 사상사에 있어서 고전적 위치를 차지하고 있는 아리스토텔레스, 라이프니츠, 하이네, 푀르스터Georg Förster, 포이어바흐 등의 전집을 발간하고 있으므로 바로 이 출판사에서 마르크스와 엥겔스의 전집을 발간하는 것은 마르크스와 엥겔스를 서양 사상사에서의 고전적 사상가의 한 사람으로 자리매김한다는 점에서 한층 더 의미가 있는 일이라고 아카데미 출판사의 사무국장인 기즐러Gerd Gisler 는 언급하고 있다.[20]

192

여기에 덧붙여 마르크스의 1844~1847년간의 메모 노트[21]와 1844~1845년간에 작성된 2권의 파리 노트, 그리고 1845년에 작성된 6권의 브뤼셀 노트[22]를 포함하는 이 MEGA IV/3은 IMES가 규정하는 새로운 MEGA의 포맷에 맞추기 위해 장기간에 걸친 수정과 재수정의 작업을 진행해왔다. 이미 1993년 11월 텍스트의 입력을 마친 MEGA IV/3은 그 이듬해 5월에 원고의 감수를 완료하고 인쇄 원고의 작성에 들어가 1995년과 1996년 사이에 이를 완성하기로 되어 있었다. 다시 말하면 이번에 발간된 MEGA IV/3은 거의 3년여에 걸쳐 IMES의 새로운 편찬 지침에 맞추어 재편집되었으며, 마침내는 변경된 출판사인 아카데미 출판사에 의해 1998년 12월에 발행되게 된 것이다. 이렇게 볼 때 MEGA IV/3은 탈냉전기의 변화된 이데올로기적 상황 가운데서 학술화와 국제화를 기치로 내세운 IMES의 최초의 작품이란 점에서 주목할 만한 성과가 아닐 수 없다고 하겠다. 그리고 IMES에 의한 이 같은 MEGA의 출판은 『마르크스-엥겔스 전집』 출판사(出版社)에 있어서 하나의 신기원을 이루는 사건으로 기록될 수 있을 것이다.

특히 이 MEGA IV/3은 종래의 MEGA의 텍스트편에 보이던 권위적인 서론Einleitung을 없애고 아파라트에 개설Einführung을 두어 개개 텍스트의 형성사와 편찬사를 기존의 모든 연구 성과를 근거로 해명하려는 성의를 보이고 있다. 따라서 이번의 MEGA IV/3의 출간은 개인적으로는 바가투리야를 비롯한 러시아의 MEGA 편집자들의

---

20) "Was ist mit der MEGA," *Neues Deutschland*, 13. Oktober 1998.
21) 마르크스의 메모 노트Notizbuch는 20권에 달한다. MEGA IV/3에 게재된 이 메모 노트에는 유명한 "포이어바흐에 관한 11개의 테제Elf Thesen über Feuerbach"도 포함되어 있다.
22) 마르크스의 발췌 노트는 모두 250여 권에 이르며 MEGA IV/3에 게재된 8권의 노트는 그 중의 일부이다.

끈질긴 학문적 성과이고, 또 다른 측면에서는 MEGA의 학술적 수준을 고양시키면서 전체적 통일성을 획득하는 데 결정적인 공헌을 한 IMES와 IMES의 편집 위원회의 개가이기도 하다.

이렇게 볼 때 이제 IMES가 주도하는 MEGA의 발행과 출판은 1998년 말을 기점으로 하여 새로운 학문적 지평을 열었다고 하겠다. 더욱이 지금까지 독일과 소련에 집중되었던 MEGA의 편찬 작업 그룹 Arbeitsgruppe을 프랑스(I/4, 5, 6, 28)와 덴마크(III/30), 네덜란드(IV/14), 미국(IV/27), 일본(II/11.2, 12, 13, IV/17, 18, 19, 29)[23] 등으로 확대하면서 MEGA는 그 국제적인 네트워크를 확장해나가고 있는 것이다(이 장의 〈부록〉 가운데서 편찬 작업의 진행 상황을 다룬 난(欄)을 참조하라). 따라서 연간 2~3권 정도의 발행 속도를 예상하고 있는 IMES는 미간 MEGA 74권의 완간을 대강 2030년으로 잡고 있다. 그러므로 이제 재정적인 뒷받침만 지속적으로 이루어진다면 20세기에 들어와 끊임없이 시도되었으면서도 한 번도 성공하지 못한 채 하나의 '토르소'로 남아 있던 『마르크스-엥겔스 전집』은 21세기에 가서야 그 완간의 꿈을 이루게 될 것으로 기대된다.

---

23) IMES가 주도하는 MEGA의 편찬 작업 그룹에 일본의 참여가 두드러지게 눈에 띄는데 이는 MEGA의 편집·발행과 관련하여 일본 측의 입장과 IMES의 입장이 일치하는 데서 연유한다. 1990년 이후의 MEGA의 편찬 작업에 참여한 일본의 학자는 오타니(大谷禎之介) 한 사람에 한정되었다(II/11.2). 그러나 1997~1998년 사이에 토호쿠 대학 경제학부를 중심으로 한 센다이 그룹이 MEGA II/12, 13의 편집을 맡게 되었으며, 1998년 후반에는 오타니 교수가 조직한 도쿄 그룹이 IV/17, 18, 19, 29의 편집을 맡기로 되었다. 물론 후자의 경우 일본의 과도한 열의가 내실을 따를 수 있을까 하는 논의가 없지 않으나 IMES의 재정적 형편으로 보아 사양할 일은 아니라고 하겠다. 거기다가 일본은 이 분야에 있어서 방대한 연구 인력을 확보하고 있으며, 편찬 작업을 위한 재원의 조달도 다른 나라의 경우보다 훨씬 유리하다고 하겠다. 특히 1990년 이후 평균 1,500부가 출판되는 MEGA의 발행 부수 중 3분의 1이 일본에서 판매된다는 사실은 IMES나 아카데미 출판사로서는 결코 과소평가할 수 없는 일본의 능력의 일단을 보여주는 것이라고도 하겠다.

■ 부록

신MEGA의 권별 편성과 편찬 작업 진행 현황
(1998년 12월 31일 현재)

제I부: 저작 · 논설 · 초안(32권 33책 → 32권)　(기간 MEGA에 대한 정보는 2003년까지 보충)

권별 편성	발행 연도	작업 그룹 및 책임자	편찬 작업 중 (진행 상황)	기타(기간본의 경우는 쪽수)
I/1 마르크스: 저작 · 논설 · 문학적 소품 1843년 3월까지	1975	IML/Berlin: 타우베르트/메르켈		88*+1,337S.
I/2 마르크스: 저작 · 논설 · 초안 1843년 3월부터 1884년 8월까지	1982	IML/Berlin: 타우베르트		88*+1,337S.
I/3 엥겔스: 저작 · 논설 · 초안 1843년 8월까지	1985	IML/Berlin: I. 바우어		64*+1,018S.
I/4 마르크스/엥겔스: 저작 · 논설 · 초안 1844년 8월부터 1845년 12월까지		KMH(독불 그룹) 그랑종/펠거		62*+1,372S.
I/5 마르크스/엥겔스: 『독일 이데올로기』		KMH(독불 그룹) 그랑종/펠거		2004년 4월 *Marx-Engels Jahrbuch 2003*에 타우베르트, 펠거가 편찬한 『독일 이데올로기』의 "I. Feuerbach" 와 "II. Sankt Bruno" 부분이 Vorabpublication 으로 출판되었다.
I/6 마르크스/엥겔스: 저작 · 논설 · 초안 1848년 1월부터 1848년 2월까지		KMH(독불 그룹) 그랑종/펠거		
I/7 마르크스/엥겔스: 저작 · 논설 · 초안 1848년 2월부터 9월까지				『신라인 신문』
I/8 마르크스/엥겔스: 저작 · 논설 · 초안 1848년 10월부터 1849년 2월까지				『신라인 신문』
I/9 마르크스/엥겔스: 저작 · 논설 · 초안 1849년 3월부터 7월까지				『신라인 신문』
I/10 마르크스/엥겔스: 저작 · 논설 · 초안 1849년 7월부터 1851년 6월까지	1977	IML/Berlin: 훈트		50*+1,216S.
I/11 마르크스/엥겔스: 저작 · 논설 · 초안 1851년 7월부터 1852년 12월까지	1985	IML/Berlin: 훈트		42*+1,233S.

권별 편성	발행 연도	작업 그룹 및 책임자	편찬 작업 중 (진행 상황)	기타(기간본의 경우는 쪽수)
I/12 마르크스/엥겔스: 저작 · 논설 · 초안 1853년 1월부터 12월까지	1984	IML/Berlin: H.- J. 보힌스키		48*+1,290 S.
I/13 마르크스/엥겔스: 저작 · 논설 · 초안 1854년 1월부터 12월까지	1985	라이프치히 대학: M. 노이하우스		48*+1,199 S.
I/14 마르크스/엥겔스: 저작 · 논설 · 초안 1855년 1월부터 12월까지	2001	BBAW: 훈트		XV+1,695 S.
I/15 마르크스/엥겔스: 저작 · 논설 · 초안 1856년 1월부터 1857년 10월까지		BBAW:		
I/16 마르크스/엥겔스: 저작 · 논설 · 초안 1857년 10월부터 1858년 12월까지		BBAW: M. 노이하우스		
I/17 마르크스/엥겔스: 저작 · 논설 · 초안 1859년 1월부터 10월까지		[BBAW]		
I/18 마르크스/엥겔스: 저작 · 논설 · 초안 1859년 10월부터 1860년 12월까지	1984	할레 대학: K.-H. 라이디히카이트		38*+1,155 S.
I/19 마르크스/엥겔스: 저작 · 논설 · 초안 1861년 1월부터 1864년 9월까지		[IISG]		
I/20 마르크스/엥겔스: 저작 · 논설 · 초안 1864년 9월부터 1867년 9월까지	1992	IML/Berlin: 들루벡/슈타인케		57*+2,040 S.
I/21 마르크스/엥겔스: 저작 · 논설 · 초안 1867년 9월부터 1871년 3월까지		BBAW: 헤레스 암스테르담: 데브레즈		제1인터내셔널 (IAA) 관련 문건: 2분책을 1995년 9월 1권으로 축소
I/22 마르크스/엥겔스: 저작 · 논설 · 초안 1871년 3월부터 11월까지	1978	IML/Berlin: H.-D. 크라우즈		58*+1,541 S.
I/23 마르크스/엥겔스: 저작 · 논설 · 초안 1871년 11월부터 1872년 12월까지		[BBAW]		
I/24 마르크스/엥겔스: 저작 · 논설 · 초안 1872년 12월부터 1875년 5월까지	1984	IML/Berlin: W. 오피츠		48*+1,375 S.
I/25 마르크스/엥겔스: 저작 · 논설 · 초안 1875년 5월부터 1883년 5월까지	1985	예나 대학: H. 슈바브		56*+1,332 S.
I/26 엥겔스: 『자연변증법』(1873~1882)	1985	전베를린 홈볼트 대학: A. 그리제		72*+1,111 S.
I/27 엥겔스: 『오이겐 뒤링 씨의 과학의 변혁』(반뒤링)	1988	IML/Berlin: 메르켈		75*+1,444 S.
I/28 마르크스: 수학 초고(1878~1881)		RC/Moskau: 안토노바		

권별 편성	발행 연도	작업 그룹 및 책임자	편찬 작업 중 (진행 상황)	기타(기간본의 경우는 쪽수)
		툴루즈: 알쿠페/ 야쿱손		
I/29 엥겔스: 『가족, 사유재산, 국가의 기원』	1990	동독 아카데미: 헤르만/라부스케		49*+898S.
I/30 마르크스/엥겔스: 저작·논설·초안 1883년 3월부터 1886년 9월까지		[BBAW]		
I/31 엥겔스: 저작·논설·초안 1886년 10월부터 1891년 2월까지	2002	BBAW: 메르켈-멜리스		XI+1,440S.
I/32 엥겔스: 저작·논설·초안 1891년 2월부터 1895년 8월까지		BBAW: P. 케슬링		

제II부: 『자본론』과 그 준비 초고(16권 24책 → 15권 24책)

권별 편성	발행 연도	작업 그룹 및 책임자	편찬 작업 중 (진행 상황)	기타(기간본의 경우는 쪽수)
II/1.1 마르크스: 경제학 초고, 1857/58 『그룬트리세』	1976	IML/Moskau: 브루슐린스키		30*+465S.
II/1.2 마르크스: 경제학 초고, 1857/58 『그룬트리세』	1981	IML/Moskau: 브루슐린스키/비곳스키		6*+872S.
II/2 마르크스: 경제학 초고, 1858/61	1980	IML/Moskau: 미슈케비치		32*+507S.
II/3.1 마르크스: 『정치경제학 비판』 (1861~1863년간의 초고)	1976	IML/Berlin: 슈니크만		26*+499S.
II/3.2 마르크스: 『정치경제학 비판』 (1861~1863년간의 초고)	1977	IML/Berlin: 스캄브락스		38*+472S.
II/3.3 마르크스: 『정치경제학 비판』 (1861~1863년간의 초고)	1978	할레/비텐베르크 대학: W. 얀		12*+684S.
II/3.4 마르크스: 『정치경제학 비판』 (1861~1863년간의 초고)	1979	할레/비텐베르크 대학: W. 얀		12*+471S.
II/3.5 마르크스: 『정치경제학 비판』 (1861~1863년간의 초고)	1980	IML/Berlin: 스캄브락스/H. 드롤라		37**+344S.
II/3.6 마르크스: 『정치경제학 비판』 (1861~1863년간의 초고)	1982	IML/Berlin: M. 뮐러		11**+495S.
II/4.1 마르크스: 경제학 초고, 1863~1867	1988	IML/Moskau: 비곳스키		40*+770S.

권별 편성	발행 연도	작업 그룹 및 책임자	편찬 작업중 (진행 상황)	기타(기간본의 경우는 쪽수)
II/4.2 마르크스: 경제학 초고, 1863~1867	1992	IML/Berlin: M. 뮐러		17*+1,471S.(아카 데미 출판사는 발행 연도를 1993년으로)
II/4.3 마르크스: 경제학 초고, 1863~1867		RNI/Moskau: 미 슈케비치	원고 감 수 완료	
II/5 마르크스: 『자본론』『정치경제학 비판』제1권, 함부르크, 1867	1983	에어푸르트/뮐하 우젠 대학: E. 코프		60*+1,092S.
II/6 마르크스: 『자본론』『정치경제학 비판』제1권, 함부르크, 1872	1987	IML/Berlin: J. 융 거니켈		51*+1,741S.
II/7 마르크스: 『자본론』(프랑스어판) 파리, 1872~1875	1989	동독 아카데미: W. 크라우즈		37*+1,441S.
II/8 마르크스: 『자본론』『정치경제학 비판』제1권, 함부르크, 1883	1989	에어푸르트/뮐하 우젠 대학: R. 핵 커/E. 코프		46*+1,519S.
II/9 마르크스: 『자본론』(자본주의적 생산 의 비판적 분석 영어판), 런던, 1887	1990	베를린 홈볼트 대 학: W. 팔크		28*+1,183S.
II/10 마르크스: 『자본론』『정치경제학 비판』제1권, 함부르크, 1890	1991	IML/Berlin R. 니 츠홀드		40*+1,288S.
II/11.1 마르크스: 『자본론』제2권을 위한 초고		RC/Moskau: 비 곳스키/L. 바시나		당초 11, 12권으 로 되어 있던 것을 11권의 2분책으로
II/11.2 마르크스: 『자본론』제2권을 위한 초고		RC/Moskau: 비 곳스키/바시나 東 京法政大: 大谷 禎之介	2006 간행 예정	위와 같음
II/12 엥겔스: 『자본론』제2권을 위한 편 집 초고, 1883~84		日本仙台: 大村泉/大野節夫 /柴田新也/宮川 彰/八柳良次郎 등 RC/Moskau: 바시나	원고 감수 중	
II/13 마르크스: 『자본론』, 『정치경제학 비판』, 제2권, 엥겔스 편, 함부르 크, 1885		II/12와 동일	원고 감수 중	
II/14 마르크스/엥겔스: 『자본론』제3권 을 위한 원고와 준비 초고	2003	BBAW: 로트/폴 그라프		XI+1,138S.

권별 편성	발행 연도	작업 그룹 및 책임자	편찬 작업 중 (진행 상황)	기타(기간본의 경우는 쪽수)
II/15 마르크스:『자본론』『정치경제학 비판』 제3권, 엥겔스 편, 함부르크, 1894		BBAW: E. 코프	2005 간 행 예정	

제III부: 왕복 서간(45권 → 35권)

권별 편성	발행 연도	작업 그룹 및 책임자	편찬 작업 중 (진행 상황)	기타(기간본의 경우는 쪽수)
III/1 마르크스/엥겔스: 왕복 서간 1846년 4월까지	1975	IML/Moskau: S. 레비오바		34*+964 S.
III/2 마르크스/엥겔스: 왕복 서간 1846년 5월부터 1848년 12월까지	1979	IML/Moskau: A. 코로테예바		54*+1,209 S.
III/3 마르크스/엥겔스: 왕복 서간 1849년 1월부터 1850년 12월까지	1981	IML/Moskau: J. 브라뱅코/W.모로 소바		52*+1,535 S.
III/4 마르크스/엥겔스: 왕복 서간 1851년 1월부터 12월까지	1984	IML/Moskau: M. 코체코바		40*+1,108 S.
III/5 마르크스/엥겔스: 왕복 서간 1852년 1월부터 8월까지	1987	IML/Moskau: G. 골로비나 등		40*+1,190 S.
III/6 마르크스/엥겔스: 왕복 서간 1852년 9월부터 1853년 8월까지	1987	IML/Moskau: J. 아르샤노바 등		47*+1,209 S.
III/7 마르크스/엥겔스: 왕복 서간 1853년 9월부터 1856년 3월까지	1989	IML/Moskau: 로 키찬스키 등		50*+1,249 S.
III/8 마르크스/엥겔스: 왕복 서간 1856년 4월부터 1857년 12월까지	1990	IML/Moskau: 오 소보바		44*+1,119 S.
III/9 마르크스/엥겔스: 왕복 서간 1858년 1월부터 1859년 8월까지	2003	RC/Moskau: 모 로소바 등		XVI+1,301 S.
III/10 마르크스/엥겔스: 왕복 서간 1859년 9월부터 1860년 5월까지	2000	RC/Moskau: 골 로비나 등		XVII+1,269 S.
III/11 마르크스/엥겔스: 왕복 서간 1860년 6월부터 1861년 12월까지		RNI/Moskau: 아 르샤노바		
III/12 마르크스/엥겔스: 왕복 서간 1862년 1월부터 1864년 9월까지		RNI/Moskau: 골 로비나 등		
III/13 마르크스/엥겔스: 왕복 서간 1864년 10월부터 1865년 12월까지	2002	RC/Moskau: 가 브릴센코, 오소보 바 등		XVX-1,443S.
III/14 마르크스/엥겔스: 왕복 서간		RC/Moskau: S.		

권별 편성		발행 연도	작업 그룹 및 책임자	편찬 작업 중 (진행 상황)	기타(기간본의 경우는 쪽수)
	1866년 1월부터 1867년 12월까지		가브릴첸코		
III/15	마르크스/엥겔스: 왕복 서간		RC/Moskau :		
	1868년 1월부터 1869년 2월까지				
III/16	마르크스/엥겔스: 왕복 서간		[RC/Moskau]		
	1869년 3월부터 1870년 5월까지				
III/17	마르크스/엥겔스: 왕복 서간		[RC/Moskau]		
	1870년 6월부터 1871년 6월까지				
III/18	마르크스/엥겔스: 왕복 서간		[RC/Moskau]		
	1871년 7월부터 11월까지				
III/19	마르크스/엥겔스: 왕복 서간		[RC/Moskau]		
	1871년 12월부터 1872년 5월까지				
III/20	마르크스/엥겔스: 왕복 서간		[RC/Moskau]		
	1872년 6월부터 1873년 1월까지				
III/21	마르크스/엥겔스: 왕복 서간				
	1873년 2월부터 1874년 8월까지				
III/22	마르크스/엥겔스: 왕복 서간				
	1874년 9월부터 1876년 12월까지				
III/23	마르크스/엥겔스: 왕복 서간				
	1877년 1월부터 1879년 5월까지				
III/24	마르크스/엥겔스: 왕복 서간				
	1879년 6월부터 1881년 9월까지				
III/25	마르크스/엥겔스: 왕복 서간				
	1881년 10월부터 1883년 3월까지				
III/26	엥겔스: 왕복 서간				
	1883년 4월부터 1884년 12월까지				
III/27	엥겔스: 왕복 서간				
	1885년 1월부터 1886년 8월까지				
III/28	엥겔스: 왕복 서간				
	1886년 9월부터 1888년 3월까지				
III/29	엥겔스: 왕복 서간				
	1888년 4월부터 1889년 9월까지				
III/30	엥겔스: 왕복 서간		코펜하겐: G. 칼레센 등 RC/Moskau		
	1889년 10월부터 1890년 11월까지				
III/31	엥겔스: 왕복 서간				
	1890년 12월부터 1891년 10월까지				
III/32	엥겔스: 왕복 서간				

권별 편성	발행 연도	작업 그룹 및 책임자	편찬 작업 중 (진행 상황)	기타(기간본의 경우는 쪽수)
1891년 11월부터 1892년 8월까지				
III/33 엥겔스: 왕복 서간				
1892년 9월부터 1893년 6월까지				
III/34 엥겔스: 왕복 서간				
1893년 7월부터 1894년 8월까지				
III/35 엥겔스: 왕복 서간				
1894년 9월부터 1895년 7월까지				

제IV부: 발췌 노트와 메모(제1편〔발췌와 메모〕, 40권 → 31권;
　　　　제2부〔난외방주〕, 30권 → 1권(IV/32)

권별 편성	발행 연도	작업 그룹 및 책임자	편찬 작업 중 (진행 상황)	기타(기간본의 경우는 쪽수/ 미간본: 발췌 노트의 내용)
IV/1 마르크스/엥겔스: 발췌 노트와 메모 1842년까지	1976	동독 아카데미: H. 라부스케		32*+1,047 S.
IV/2 마르크스/엥겔스: 발췌 노트와 메모 1843년부터 1845년 1월까지	1981	IML/Moskau: N. 롬얀체바		52*+911 S.
IV/3 마르크스/엥겔스: 발췌 노트와 메모 1844년 여름부터 1847년 초까지	1998	RC/Moskau: G. 바가투리야		IX+866 S. IMES의 새로운 편찬 지침에 따라 최초로 출판
IV/4 마르크스/엥겔스: 발췌 노트와 메모 1845년 7월부터 8월까지	1988			54*+939 S.
IV/5 마르크스/엥겔스: 발췌 노트와 메모 1845년 8월부터 1850년 12월까지		RC/Moskau: G. 바가투리야		
IV/6 마르크스/엥겔스: 발췌 노트와 메모 1846년 9월부터 1847년 2월까지	1983	동독 아카데미: 하니쉬/튀믈러		54*+1,241 S.
IV/7 마르크스/엥겔스: 발췌 노트와 메모 1849년 9월부터 1851년 2월까지	1983	할레/비텐베르크 대학: W. 얀		46*+916 S.
IV/8 마르크스/엥겔스: 발췌 노트와 메모 1851년 3월부터 6월까지	1986	할레/비텐베르크 대학: W. 얀		47*+1,118 S.
IV/9 마르크스/엥겔스: 발췌 노트와 메모 1851년 7월부터 9월까지	1991	할레/비텐베르크 대학: 갈란트		54*+808 S.
IV/10 마르크스/엥겔스: 발췌 노트와 메모 1851년 9월부터 1852년 6월까지		BBAW: G. 빌링	빌링의 계약	런던 노트 XV-XVIII(M)

권별 편성	발행 연도	작업 그룹 및 책임자	편찬 작업 중 (진행 상황)	기타(기간본의 경우는 쪽수/미 간본: 발췌 노 트의 내용)
			만료로 Th. 쿠 신스키 가 작업 을 인수	
IV/11 마르크스/엥겔스: 발췌 노트와 메모 1852년 7월부터 1853년 8월까지		BBAW: G. 빌링	IV/10과 동일	런던 노트 XIX-XXIV(M)
IV/12 마르크스/엥겔스: 발췌 노트와 메모 1853년 9월부터 1854년 11월까지		BBAW: M. 노이 하우스		스페인 혁명, 파 마스턴의 정치 (M)/군사 문제(E)
IV/13 마르크스/엥겔스: 발췌 노트와 메모 1854년 11월부터 1857년 10월까지		〔BBAW〕		정치경제학, 외교 사(M)/전쟁론, 슬 라브 문제(M/E)/군 사문제(E)
IV/14 마르크스/엥겔스: 발췌 노트와 메모 1857년 10월부터 1858년 2월까지		베를린: 헥커, 암스 테르담: 크래트케		1857년의 세계 경 제 공황 발췌(M)
IV/15 마르크스/엥겔스: 발췌 노트와 메모 1858년 1월부터 1860년 2월까지		RC/Moskau:		경제학 비판, 특 히 인용 노트(제2 단계)(M)/군사 문제(E)
IV/16 마르크스/엥겔스: 발췌 노트와 메모 1860년 2월부터 1863년 12월까지		W. 톤		포그트론, 폴란드 문제의 역사(M)/ 군사 문제(E)
IV/17 마르크스/엥겔스: 발췌 노트와 메모 1863년 5월부터 6월까지		BBAW: 日本北海道 小黒正夫/神山 義治/宮田和保 등		『정치경제학비판』 (M)
IV/18 마르크스/엥겔스: 발췌 노트와 메모 1864년 2월부터 1868년 8월까지		BBAW: 東京: 淺川雅巳/ 平子友長/鳥居 伸好 등		정치경제학, 특히 농업 경제(M)
IV/19 마르크스/엥겔스: 발췌 노트와 메모 1868년 9월부터 1869년 9월까지		BBAW: 東京: 伊藤武/ 赤間道夫/ 渋谷 正 등		정치경제학, 특히 화폐 시장과 공황 (M)

권별 편성	발행 연도	작업 그룹 및 책임자	편찬 작업 중 (진행 상황)	기타(기간본의 경우는 쪽수/ 미간본: 발췌 노트의 내용)
IV/20 마르크스/엥겔스: 발췌 노트와 메모 1868년 4월부터 1870년 12월까지				아일랜드사, 정치·경제·사회 관계 발췌(E)
IV/21 마르크스/엥겔스: 발췌 노트와 메모 1869년 9월부터 1874년 12월까지				아일랜드 문제 (M)/제1인터내셔널(IAA)(M/E)
IV/22 마르크스/엥겔스: 발췌 노트와 메모 1875년 1월부터 1876년 2월까지		RNI/Moskau: 오스트리코바/룜얀체바		개혁 이후의 러시아(M)
IV/23 마르크스/엥겔스: 발췌 노트와 메모 1876년 3월부터 6월까지				생리학, 기술사 (M)/러시아, 영국, 그리스사 (M/E)
IV/24 마르크스/엥겔스: 발췌 노트와 메모 1876년 5월부터 12월까지				토지 소유사, 법률 및 헌정사(M)
IV/25 마르크스/엥겔스: 발췌 노트와 메모 1877년 1월부터 1879년 3월까지				정치경제학, 특히 은행·금융 제도, 상업 부기(M)/역사(M/E)
IV/26 마르크스/엥겔스: 발췌 노트와 메모 1878년 5월부터 9월까지		전 훔볼트 대학: P. 크리거 등		지질학, 광물학, 농학, 농업 통계, 지구사, 세계 상업사(M)
IV/27 마르크스/엥겔스: 발췌 노트와 메모 1879년부터 1881년까지		뉴욕: K. 앤더슨 RC/Moskau		인류학, 고대사, 토지 소유사(M)
IV/28 마르크스/엥겔스: 발췌 노트와 메모 1879년부터 1882년까지		RNI/Moskau		러시아 및 프랑스사, 특히 농업 관계(M)/토지 소유사(E)
IV/29 마르크스/엥겔스: 발췌 노트와 메모 1881년 말부터 1882년 말까지		東京: 的場昭廣/田中히카루/山口拓美		세계사 연표(M)
IV/30 마르크스/엥겔스: 수학 발췌 노트. 1863, 1878 및 1881년				수학, 특히, 삼각함수, 대수, 미적분(M)

권별 편성	발행 연도	작업 그룹 및 책임자	편찬 작업 중 (진행 상황)	기타(기간본의 경우는 쪽수/ 미간본: 발췌 노트의 내용)
IV/31 마르크스/엥겔스: 발췌 노트와 메모 1877년 중엽부터 1883년 초까지	1999	베를린: A. 그리제		유기 및 무기화학 (M)/자연과학 및 역사 연구(E) XV+1,055 S.
IV/32 마르크스/엥겔스의 장서. 확인된 장서와 방주본의 주석 목록.		BBAW: H. S. 하르스틱 등 KMH/Trier: K. L. 쾨니히 등 RNI/Moskau: 미슈케비치 등		1999년 Voraus- publikation zu IV/32(738 S.)가 출판

제7장 『마르크스-엥겔스 전집』 편찬 작업과
베를린의 학자들

9월 20일(2000년) 저녁 9시가 넘어, 프랑크푸르트를 거쳐 베를린의 테겔 공항에 내린 저자는 헥커 Rolf Hecker 교수와 일본의 하야사카(早坂啓造), 오무라(大村泉) 교수의 마중을 받았다. 헥커 교수는 『마르크스-엥겔스 연구 논집. 신(新)판 *Beiträge zur Marx-Engels Forschung. Neue Folge*』의 3인 편집자의 한 사람이며, 이번 베를린에서 개최된 '『자본론』의 새로운 인식과 구 MEGA의 출판 중단에 미친 스탈린주의의 영향 Neue Erkenntnisse zum Kapital/Der Einfluss des Stalinismus auf das Ende der ersten MEGA'이라는 국제 회의의 조직 책임자이다. 그리고 하야사카와 오무라 교수는 『마르크스-엥겔스 전집 *Marx-Engels Gesamtausgabe*, MEGA』 제II부의 제12, 13권을 편집하고 있는 일본 센다이 MEGA 작업팀의 구성원으로, 『자본론』 편찬과 관련된 그간의 연구 성과를 이번 회의에서 발표하기로 되어 있었다.

그들은 저자보다 1시간 먼저 암스테르담의 스키폴 공항을 거쳐 베를린에 도착한 오무라 교수를 마중 나와 곧이어 도착할 저자를 기다리고 있었다. 우리는 차를 나누어 타고 시내로 들어와 헥커 교수가 주선한 호텔에서 여장을 풀었다. 내가 묵는 시내의 호텔에는 이탈리아 시에나 대학의 마초네Alessandro Mazzone 교수, 모스크바의 러시아 국립문서고Rossijskij Gosudarsvennui Arkhiv social' no-politicheskoi istorii 소속의 로키챤스키Jakov Rokitjanskij 등이 이미 도착하여 머물고 있었다.

9월 22일부터 24일까지 3일간, 베를린의 동북쪽에 위치한 베르프트풀Werftpfuhl에서 열린 이번의 국제 회의는 '베를린의 MEGA 편찬 촉진회Berliner Verein zur Förderung der MEGA Edition e.V.'가 잡지『마르크스-엥겔스 연구 논집』과 '프랑크푸르트의 마르크스 학회Marx-Gesellschaft e. V., Frankfurt a.M.'와 더불어 기획한 국제 학술 회의였다. 이들 중 앞의 2개 기관의 구성원은 1990년 동독과 서독의 통합 이전, 구동독의 마르크스-레닌주의 연구소IML의 마르크스-엥겔스 저작부에 소속된 학자들이 주축을 이루고 있다. 그들은 통일 이후에도 MEGA가 계속 간행될 수 있도록 국제 마르크스-엥겔스 재단IMES의 MEGA 편찬 작업에 기술적으로 협조하고 있다. 그리고 연간으로 발간되고 있는『마르크스-엥겔스 연구 논집. 신판』은 암스테르담에 본부를 두고 있는 IMES가 반년간으로 발행하고 있는『메가-연구MEGA-Studien』와 더불어 MEGA의 편찬 작업을 학술적으로 지원하고, 그 연구 성과를 평가하는 중요한 기능을 수행하고 있다. 이러한 사실은 이들 잡지의 전신이 후자의 경우, MEGA 편찬 사업을 주관하던 베를린과 모스크바의 IML의『마르크스-엥겔스 연지Marx-Engels Jahrbuch』(1978~1991, 전체 13호 발간)이고, 전자는 베를린 IML의 마르크스-엥겔스 저작부가 발간하던『마르크스-엥겔스 연구 논집 *Beiträge zur Marx-Engels Forschung*』(1977~1990, 전체 29호 발간)이라는 사실을 통해서도 확인할 수 있다. 이들은 각각 새로운 제호(題號)를 갖거나, '신판 Neue Folge'이란 이름을 붙여 발간되고 있다.

어쨌든 이번의 베를린 국제 학술 회의는 구동독 출신의 마르크스-엥겔스 연구자들이 최근 정체 상태에 놓여 있는 MEGA 편찬 사업에 활기를 불어넣고, 미래 사회의 하나의 대안으로서 마르크스가 개별 국가에서 어떻게 수용되고 있는가를 포괄적으로 검토하는 회의였다. 9월 22일 오후 3시, 베를린 시내의 동북쪽에 위치한 헬레 팡크 Helle Pank에서 개최된 원탁 회의에서는 이번 회의에 참석한 독일 이외의 외국인 학자들이 그들 개개의 국가에서 마르크스의 학문적 수용이 어떠한가를 보고하고, 그것이 특히 오늘날 좌파의 미래 사회에 대한 대안으로 어떤 의미를 갖는가를 피력했다. 이들은 이번의 국제 회의에 참석한『마르크스-엥겔스 연구 논집』의 학술 자문인 네덜란드의 크래트케 Michael Krätke, 그리스의 밀리오스 Janis Milios, 이탈리아의 마초네, 일본의 오무라(일본의 학술자문인 미야카와[宮川彰] 교수는 참석하지 않았다), 러시아의 로키챤스키 등이었다(저자의 경우 출국 전에 한국에서의 마르크스 수용에 관한 보고를 헥커 교수로부터 부탁받았으나, 이미『마르크스-엥겔스 연구 논집. 신판』1998년호에 우리나라에서의 마르크스-엥겔스의 번역과 연구 동향을 보고한 바 있기에 이를 사양했다).

이어서 베를린에서 30킬로미터 동북쪽에 위치한 베르트폴의 뢰벤슈타인 Kurt Löwenstein 청소년 교양관으로 자리를 옮긴 회의에서는 당일 저녁 8시부터 일본의 하야사카 교수의 발표를 필두로 2박 3일에 걸쳐 모두 12편의 논문이 발표되었다. 『자본론』에 대한 새로운 인식과 구MEGA의 출판 중단에 미친 스탈린주의의 영향'이란 주제로 개최된 이번 회의의 발표 논문의 제목을 여기에 열거하면 다음과 같다.

제1회의(사회: 롤프 헥커)

- 케이조 하야사카(모리오카): 「오스카 아이젠가르텐 Oscar Eisengarten: 생애와 지적 프로필 및 『자본론』 제2권 편찬에의 기여」

제2회의(사회: 칼-에리히 폴그라프)

- 이즈미 오무라(센다이): 「마르크스 『자본론』의 '최종적 구상'은 언제 이루어졌는가: 1862년 말인가, 혹은 1863~1865년의 초고 집필 기간 중이었는가?」
- 미카엘 크래트케(암스테르담): 「"초고는 여기서 중단되었다"(엥겔스): 『자본론』은 완결성을 갖는가?」
- 루드밀라 바시나(모스크바): 「엥겔스는 왜 마르크스의 제II 초고의 제1장을 『자본론』 제2권에 이용하지 않았는가?」

제3회의 워크숍(사회: 나디아 라코비츠)

- 프리츠 피이러(쇼빌): 「부정적 가치 이론: 거래 가격과 유통 가격」
- 한스-게오르그 벤쉬(하노버): 「지적 노동의 개념에 관하여」

제3회의 워크숍 2(사회: 엘레나 아르샤노바)

- 야콥 로키챤스키(모스크바): 「아도라츠키에 의한 리야자노프의 퇴출과 그것이 구MEGA에 미친 영향」
- 롤프 헥커(베를린): 「『그룬트리세』(1939/1941)는 어떤 상황에서 탄생했는가?」

제4회의(사회: 디트하르트 베렌스)

- 만프레드 라우어만(볼렌하우젠): 「로스돌스키, 『그룬트리세』— (1968)에 대한 하나의 획기적 해석」

제5회의(사회: 헬무트 라이헬트)

- 야니스 밀리오스(아테네): 「투간-바라노프스키와 부하린의 재생산 도식과의 연관 하에서 본 공황 이론의 전개」
- 알레산드로 마초네(시에나): 「생산이란 무엇인가? 『자본론』에서의 계급 개념에 관한 검토」
- 디미트리 디물리스(상파울로): 「'법률가-사회주의자.' 마르크스-엥겔스 법률 이론의 '최후의 용어'인가?」

이상의 논문들을 일별하면, 일차적으로 MEGA의 편찬 과정에 참여하고 있는 학자들은 그들의 작업 과정에서 직면하는 문제들을 해결하기 위한 노력의 일환으로 논문을 작성·발표하고 있다. 다음으로 신MEGA의 제II부(『자본론』과 그 준비 노작)의 출판과 병행하여 『자본론』에 대한 인식 범위와 심도를 확대하는 한편 스탈린주의가 구MEGA의 출판이나 『자본론』 연구에 미친 영향을 검토하고 있다. 특히 하야사카 교수의 경우는 엥겔스의 『자본론』 제2권 편집 초고(신MEGA II/12권)의 편찬 작업을 진행하는 과정에서 일상적으로 발생한 문제에 천착하고 있다. 즉 그의 연구는 그가 엥겔스의 편집 초고를 검토하면서 『자본론』 제2권 편집 당시 엥겔스의 조수로 일한 아이젠가르텐의 필적을 수없이 접하는데, 그의 생애나 업적에 대해서는 전혀 알려진 것이 없는 상황에 직면하여 이를 해소하기 위한 학문적 충동의 결과로 이루어진 성과라고 하겠다. 어쨌든 이번 베르프툴의 국제 회의에서 발표된 이들 논문의 대부분은 『마르크스-엥겔스 연구 논집. 신판』 2001년호에 게재될 예정이지만, 이 회의와 연관하여 저자는 다음과 같은 소감을 피력하고자 한다.

  우선 독일에서 열리는 대부분의 국제 회의가 그러하지만, 이번의
회의도 도시와는 격리된 장소에서 집중적인 발표와 토의가 이루어졌
기에 회의 도중에 이탈하는 사람은 전무했으며, 그들의 토의 내용은
논문의 구체적 사안에 이르기까지 집중적인 것이었다는 점이다. 물
론 피초청자를 제외한 참석자들은 교통편과 2박 3일의 참가비를 스
스로 부담해야 했지만, 그것만이 그들을 이 학술 회의에 붙잡아 놓는
이유가 될 수 없을 것이다. 더욱이 구동독 IML의 원로 학자인 겜코브
Heinrich Gemkow 교수를 비롯한 많은 학자들이 시작 전에 자리를
잡고 진지하게 회의에 임하는 자세는 매우 인상적이었다.
  다음으로는 하루의 회의가 끝난 뒤 지하실의 주방에서 열린 환담
의 시간이다. 밤 10시가 넘어서야 끝나는 회의는 곧장 지하실의 주방
으로 자리를 옮겨 맥주나 포도주를 들면서 참가자들이 이른 새벽까
지 환담하는 시간으로 이어졌다. MEGA의 편찬 작업에 직접적으로
관여하는 많은 학자들이 참석한 이 시간은 현재 진행되고 있는 각지
의 MEGA 작업팀의 현황과 뒷소식을 듣는 귀중한 기회가 되었다. 러
시아에서 참가한 바시나Ludmila Vasina(MEGA II/11.1의 편집 책임
자), 아르샤노바Elena Arzanova(MEGA III/11의 편집 책임자), 로키
챤스키(MEGA III/7의 편찬자) 등이나 네덜란드의 크래트케(MEGA
IV/14 편집자), 그리고 주최 측의 헥커(MEGA IV/14의 편집자이며 일
본 센다이팀의 협력자), 폴그라프Carl-Erich Vollgraf(MEGA II/14 편
집자요 IMES의 4인 편집 위원 중 1인), 그리제Annelise Griese(MEGA
IV/31의 편집자) 등은 모스크바와 베를린-브란덴부르크 아카데미
BBAW 등에서 진행되고 있는 MEGA 편찬 작업의 진행은 물론이고,

암스테르담과 트리어 등에서 진행되고 있는 최근의 MEGA 편찬 사업에 관한 상세한 소식을 전해주었다.

특히 저자의 관심 사항의 하나인『독일 이데올로기』를 포함한 마르크스-엥겔스의 초기 저작 3권(MEGA I/4, 5, 6)의 편찬과 관련하여 독일-프랑스 작업 그룹의 사정을 듣게 된 것은 하나의 충격이었다. 위의 초기 저작 3권의 편집 책임자의 한 사람인 엑상프로방스 대학의 그랑종Jacques Grandjonc 교수가 최근 고혈압으로 쓰러져 편찬 작업에 직접적으로 참여하기가 어려워졌다는 사실이나, 공동 편집 책임자인 트리어의 '칼 마르크스 하우스'의 펠거Hans Pelger 소장이 정년이 임박했다는 사실은 가뜩이나 그 진행이 늦어지고 있는『독일 이데올로기』의 출판과 관련하여 우려되는 일이 아닐 수 없다고 하겠다.

한편 암스테르담의 로얀Jürgen Rojahn이 주간으로 있는『메가-연구』는 로얀이 MEGA 제III부의 9권과 10권의 원고 감수에 매달려 반년간의『메가-연구』가 1999년부터 장기간 그 발간이 중단되고 있는데, 이의 출판은 더욱더 지연되리라는 점이 다시금 확인되었다. 일본에서 발간된『초고 완전 복원판 독일 이데올로기』(渋谷正 編 · 譯, 1998)의 서평을 청탁받아 이미 1년 전에 원고를 보낸 저자는 이 잡지의 출판을 기다리고 있으나, 그것은 '빨라도' 2000년 말에나 출판이 가능하다고 폴그라프 박사가 전해주었다(이후 상황에 대해서는 「수록 논문의 출전」 제4장 부분 참조).

한편 저자는 이번의 국제 회의와 연관하여 MEGA의 출판에 대한 구동독 학자들의 높은 관심과 열의에 대해 언급하고자 한다. 10여 년의 준비 기간을 거쳐 1975년부터 발간되기 시작한 새로운 『마르크스-엥겔스 전집』, 즉 신MEGA는 베를린 장벽이 무너지기 이전에 40권이 발간되고, 통독 후인 1990년에 3권이, 그리고 1991년과 1992년에 각각 2권이 발간되었다. 1990년 이후에 발간된 7권의 MEGA는 MEGA의 발행권이 구동독과 소련의 공산당 중앙위원회에서 IMES로 이양된 후에 발간되었으나 IMES 쪽의 MEGA 편찬 지침이 확정되기 이전에 편집이 완료되고 출판되었기에, 이는 전적으로 구동독과 소련 학자들의 학문적 성과라 하겠다. 왜냐하면 동독과 소련을 대신하여 MEGA의 편찬을 위해 구성된 IMES의 새로운 편찬 지침이 완성된 것은 1995년이므로 이 편찬 지침에 의해 발간된 MEGA는 1998년 12월의 MEGA의 제I부 제3권(『마르크스. 발췌 노트와 메모: 1844년 여름부터 1847년 초까지』)이 최초의 것이기 때문이다.[1]

따라서 기왕에 47권의 MEGA를 출판한 구동독과 소련의 학자들은 MEGA의 학술성과 객관성에 대한 높은 평가에서 커다란 자부심을 느낄 뿐만 아니라, 그들이 축적한 전집 편찬의 노하우를 IMES가 추진하고 있는 MEGA의 속간 사업에서 발휘하고자 한다. 그리고 그들은 실질적으로 이러한 전문적 능력을 MEGA의 속간 사업에 투여하고 있는 것이다. 소련의 바시나, 아르샤노바, 골로비나 Galina Golowina, 그리고 바가투리야 Georg Bagaturija 등과 독일의 폴그라프, 헥커 등이 개별적으로 MEGA 각 권의 편집에 직접적으로 참여하는 것은 물론이고, 독일어를 모국어로 하지 않는 일본, 네덜란드, 미국, 프랑스 등의 MEGA 작업팀에 기술적 지원을 하고 있는 것이 현실이다. 물론 그들은 독일 통일이나 소련의 몰락 이후에도 그들이 그 이전에 관여하던 동일한 지적 작업에 종사하는 선택된 소수이긴 하

---

1) 정문길, 「새로이 출발하는 『마르크스-엥겔스 전집』의 속간 — 신메가 IV/3의 발간에 즈음하여」, 『문학과사회』 1999년 여름호, pp. 855~81 참조[이 책 제6장에 게재].

나, 그들의 지적 축적은 IMES에 의한 MEGA 속간 사업에서는 없어
서는 안 될 귀중한 인적·지적 자원이라 하겠다. 그리고 그들의 이러
한 자부심은 최근 베를린의 MEGA 편찬 촉진회와『마르크스-엥겔스
연구 논집. 신판』이 협력하여 신구 MEGA의 편찬에 참여한 모든 인
사의 인명 사전을 작성하고, 이 잡지의 별권Sonderband을 구MEGA
의 발간에 결정적인 공헌을 한 리야자노프David Borisovic Rjazanov
와 프랑크푸르트 사회조사연구소의 역할에 초점을 맞춘 사실로도 인
정된다 하겠다.[2]

　한편 폴그라프, 슈페를Richard Sperl, 그리고 헥커가 편집자로 되
어 있는 잡지『마르크스-엥겔스 연구 논집. 신판』은 그 전신인『마르
크스-엥겔스 연구 논집』과 필적하는, 아니 그를 능가하는 잡지가 되
기 위해 노력하고 있다. 이 잡지는 IMES가 발간하는『메가-연구』와
선의의 경쟁 관계를 유지하면서 마르크스-엥겔스 연구와 MEGA 사
업의 계승·발전에 정성을 쏟고 있다. 그리고 구동독과 소련의 마르
크스 연구가 국지화되는 것을 탈피하기 위해 1996년부터는 학술 자
문wissenschaftlicher Beirat 제도를 도입하여 그 문호를 독일과 러시
아에서 네덜란드, 이탈리아, 그리스와 더불어 일본과 한국에까지 확
대했던 것이다. 이번의 국제 회의에서는 1991년 이래 지금까지 발간
된『마르크스-엥겔스 연구 논집. 신판』의 성과를 전체적으로 평가하
고, 앞으로의 편집 계획과 사업 구상을 의논하는 모임이 별도로 마련

---

2)『마르크스-엥겔스 연구 논집. 신판』의 별권은 현재 2권이 발간되었는데 이의 주제는 다음
　과 같다. 별권 1.『리야자노프와 구메가 David Borisovic Rjazanov und die erste MEGA』
　(Argument Verlag, 1997). 별권 2.『효과적인 협력——프랑크푸르트 사회조사연구소와 모
　스크바의 마르크스-엥겔스 연구소, 1924~1928 Erfolgreich Kooperation : Das Frankfurter
　Institut für Sozialforschung und das Moskauer Marx-Engels-Institut, 1924~1928』
　(Argument Verlag, 2000).

되기도 했다. 일본의 미야카와 교수를 제외한 모든 편집인과 학술 자문 위원이 참석한 마지막 날의 오후 회의에서는 이 잡지의 재정 상태가 보고되고, 2002년 이후의 편집 계획, 그리고 활기를 띠고 속간되는 별권에 대한 계획이 구체적으로 논의되었다. 헥커 교수가 보고한 『마르크스-엥겔스 연구 논집』의 재정 상태는 지극히 열악하여 별권으로 출판되는 책들은 특정 재단으로부터의 연구 보조가 없을 경우 그 출판이 쉽지 않다는 점이 거론되었다. 그러나 별권의 출판을 통한 특정 주제의 집중적 논의는 마르크스의 사상과 그 발전을 연구하는 데 특별한 의의가 있으므로 이를 지속할 의사를 편집인들은 분명히 밝히고 있다. 그러면서 그들은 이 잡지의 일본에서의 집중적인 판매가 전체적인 재정 상태에 도움이 되고 있다는 점을 지적했다. 사실 오늘날의 일본은 독일, 러시아, 네덜란드 등과 더불어 국제적인 마르크스 연구의 중심 기능을 하고 있다. 일본은 MEGA 각 권의 총판매량의 3분의 1에 해당하는 500부 가량을 소화하고 있으며, 모두 7권에 이르는 MEGA의 편찬 작업을 수행하고 있다는 점을 감안할 때, 『마르크스-엥겔스 연구 논집』의 일본에서의 광범위한 구독은 이 잡지의 재정 상태를 호전시키는 데 결정적인 기여를 한다고 하겠다.

그리고 저자는 여기에서 이번 회의에서 논의된 『마르크스-엥겔스 연구 논집』의 특집 계획을 소개하려고 한다. 『마르크스-엥겔스 연구 논집』은 2001년호에서 이번의 국제 회의 성과를 '마르크스 사상의 수용'이란 관점에서 특집으로 마련하고, 스탈린주의와 구MEGA의 종언과 관련된 발표문과 부속 자료는 별권 3[3]으로 출판될 예정이다. 그리고 2002년호에는 마르크스의 사상에서 철학 부분을 집중적으로

---

3) 별권 3의 표제는 『스탈린주의와 구메가의 종언, 1931~1941 *Stalinismus und das Ende der ersten Marx-Engels-Gesamtausgabe 1931~1941*』이다.

조명하고, 2003년호는 『루이 보나파르트의 브뤼메르 18일』(1852)의 출간 150주년을 기념하여 프랑스 혁명에 대한 반응을, 2004년에는 최근 중요성이 부각되는 러시아의 멘셰비키 경제학자 루빈 Izaak Il'ich Rubin을, 2005년호에는 MEGA의 제2부(『자본론』과 그 준비 노작)의 완간을 기념하는 특집을 계획하고, 필진의 확보를 학술 자문들에게 요청했다.[4]

---

4) MEGA의 출판과 관련되는 정보는 저자의 다음 글들을 통해 접할 수 있다. 「미완의 꿈—『마르크스-엥겔스 전집』 출판」; 「전환기의 풍경—공산권 붕괴 이후의 『마르크스-엥겔스 전집』 속간 사업」(이상 정문길, 『마르크스의 사상 형성과 초기 저작』, 문학과지성사, 1994에 수록); 「새로이 출발하는 『마르크스-엥겔스 전집』의 속간—신 메가 IV/3의 발간에 즈음하여」(『문학과사회』 1999년 여름호)〔이 책 제6장에 게재〕.

IV. 한국에서의 마르크스, 마르크스주의 연구

제8장 한국에 있어서의 진보주의의
수용과 전개
— 1970년대 이후 한국에서의 마르크스주의 운동과 연구 동향

1. 글머리에

이 글은 1970년대 이래 4반세기에 걸치는 기간 중 우리나라에서 전개된 급진적 사회 운동이나 지적 운동을 그것이 전개된 당시의 사회적 상황과의 연계 하에서 검토하는 것을 그 목적으로 한다. 여기서 저자가 말하는 '급진적' 사회 운동이나 지적 운동은 사회적 변혁을 시도하는 일련의 진보적 경향성을 보이는 운동을 지칭하는 것으로서 거기에는 마르크스주의적 지향이 강하게 반영되고 있음을 의미한다. 우리나라의 경우 1980년대 중반까지도 그 실질 여하를 떠나 '마르크스주의적' 혹은 '사회주의적' 지향의 연구나 운동은 그것의 명시적 표방이 철저히 금압(禁壓)되거나 자제(自制)된 상황이었기에 일반적으로 '급진적' 혹은 '진보적'이란 말로 지칭되거나 표현되어왔다.

그러나 주지하다시피 '급진적'이란 표현은 일반적으로 운동의 '과격성'을 표현하는 말로, 그리고 '진보적'이란 표현은 일상적으로 '보수'에 대칭되는 개념으로 사용됨으로써 용어상의 혼란을 가져온 것

이 사실이다.[1] 따라서 이 글은 현실적으로 사용된 용어의 적실성을 따지기보다 이 같은 경향의 지적 운동이 갖는 궤적을 추적하는 데 그 주된 관심을 두고자 한다. 그러나 저자가 이 글에서 다루는 급진적 사상이나 진보주의, 혹은 진보적 이론 경향(마르크스주의가 그 주축을 이룬다)은 학계나 한정된 지식인 사회에서 진행되었던 이 분야의 연구나 논쟁만을 그 대상으로 한다는 점을 명백히 하고자 한다. 왜냐하면 이 밖의 분야, 특히 1970년대 후반과 80년대의 착종하는 운동권의 흐름에 대한 저자의 관심이나 관찰은 현재로서는 지극히 한정되어 있기 때문이다.

2. 1970년대의 민족주의, 민중주의

1970년대는 잘 알려진 바와 같이 박정희 정권의 폭압적 정치가 '유신(維新)' 체제의 선포를 통해 그 절정에 이른 시기이기도 하다. 5·16 이후 정치적 안정과 경제적 성장을 볼모로 하여 강압 정책을 펴나오던 박정희 정권은 1970년대에 들어오면서 수출 주도형의 고도성장으로부터 소외된 기층 노동자들의 저항과 폭압적인 군사 통치에 대한 지식층의 불만을 더 이상 걷잡을 수 없어 1971년에는 국가 비

---

1) 급진주의는 일반적으로 근원적인 정치적·사회적 개혁을 주장하는 지식인, 사상가나 그 집단들에 적용되었으나 우리나라의 경우에는 현실 파괴의 과격파들에게 이 같은 표현이 사용되었다. 그리고 진보, 혹은 진보주의 개념은 기본적으로 과학의 발전에 따른 사회의 진보에 대한 신념을 표방하고 있으나 우리나라의 경우 마르크스주의적인 경향성이 강하게 나타나고 있다. 최근 보수와 진보의 문제를 본격적으로 다룬 논문으로는 다음을 참조하라. 강정인, 「보수와 진보—그 의미에 관한 분석적 소고」, 강정인, 『소크라테스, 악법도 법인가?』(문학과지성사, 서울 1994), pp. 129~80.

상 사태를 선포하고, 이어서 1972년에는 10월 유신을 단행하게 된다.

그리고 이 같은 유신 체제는 종래의 새마을 교육이나 반공 교육은 물론이요, 대학에서의 국민윤리 강좌도 필수 과목화함으로써 전 국민에 대한 정치 교육을 강화했으며,[2] 중앙정보부를 통해 지식인에 대한 정치적 사찰을 확대 실시했다. 따라서 이 같은 여건 하의 지식인은 그 자신의 개인적 호오(好惡)에 상관없이 친정부적 입장을 선택함으로써 유신 체제에 흡수되거나, 반정부적 입장을 명백히 천명함으로써 생업까지도 위협받는 숙명적 반체제파로 분리되게 되었던 것이다.

그러나 이 같은 반체제 지식인의 명백한 입장 천명은 그들이 소속되어 있던 기성 학계로부터의 이반과 독립을 의미하는 것으로서 이는 이후의 우리나라 인문·사회과학계에 하나의 새로운 반주류를 형성하는 중요한 계기가 되었다고 하겠다. 그 어느 학문 분야보다도 당대의 정치적·사회적 변화에 민감해야 할 인문·사회과학계의 학문적 경향이 문제의 근원에 대한 근본적인 회의나 성찰보다는 주어진 현실을 긍정적으로 수용하는 행동주의적 접근 방법에 탐닉하고 있던 당시의 기성 학계는 진보적 지식인의 사회 운동이나 학문 연구를 극도로 위축시킬 수밖에 없었다.[3]

---

2) 한 국가의 정치 통합을 위한 국민의 정치 교육은 오늘날 여러 국가에서 광범위하게 실시되고 있으나 이에 대한 정치 체계의 역할은 나라마다 서로 다르다고 하겠다. 우리나라의 경우 다음의 연구는 이 같은 경향을 이해하는 데 중요한 기여를 한다. 배규환, 「국민학교 교과서 내용 분석에 의한 정치 사회화의 일고찰」, 『한국사회학연구』, 제3집(1979), pp. 107~84, 특히 141~42 참조.

3) 진덕규, 「한국의 정치학을 위하여」, 『한국사회연구』, 제1호(1983년 6월), pp. 65~85; 김진균, 「민족적·민중적 학문을 제창한다」, 『80년대 한국 인문사회과학의 현 단계와 전망』(역사비평사, 서울 1988), pp. 13~25; 김진균/조희연, 「해방 후 한국 인문사회과학의 재검토」, 김진균/조희연 편, 『한국사회론』(한울, 서울 1990), pp. 276~300.

그러나 1970년대의 진보적 지식인들은 기성 학계가 근대화 이론이나 발전 이론에 함몰되어 있는 동안 그들의 지적 작업과 사회적 운동을 한국 사회의 민족주의적·민중주의적 정체성을 추구하는 작업으로 선회시킬 수 있는 계기를 찾게 된 것이다. 즉 그들은 미국을 학문적 중심으로 하는 행동주의적 접근 방법에 대신하여 유럽의 비판 이론, 특히 프랑크푸르트 학파의 비판 이론을 소개하는가 하면, 남미의 주변부 종속 이론을 소개하면서 이의 우리 사회에서의 수용 가능성을 검토하기에 이르렀던 것이다. 프랑크푸르트 학파의 비판 이론이나 남미의 종속 이론이 시대와 지역적 특성을 고려한 마르크스주의 이론의 변용이라는 사실은 이미 잘 알려진 일이다. 그러나 이들 두 가지 이론의 소개와 수용 가능성에 대한 진보적 지식인층의 배려는 당시의 지적 상황에서 학문적 자유의 허용 한계에 대한 조심스런 타진이었으며 앞으로의 연구 방향에 대한 하나의 모색이었다고 하겠다.[4]

한편 주류 이론으로서의 미국의 행동주의와는 구별되는 이 같은 외국 이론의 소개와 더불어 이 시기 진보적 지식인들의 지적 관심은

---

4) 김진균/조희연, 앞의 논문, pp. 281~88. 1980년대에 우리나라에 소개된 비판 이론은 마르크스주의 이론에 갈증을 느끼던 당시의 지식인, 학생층에게 마르크스주의의 사상적 편린을 제시해준다는 점에서 광범위하게 수용되었으니 프롬 Erich Fromm과 마르쿠제 Herbert Marcuse 등의 저서가 유례 없이 왕성하게 번역, 출판되었다는 사실이 이를 증거하고 있다. 한편 종속 이론은 남미 제국이 우리나라와 유사하다는 점에서 우리 사회의 종속성과 내적 파행성을 파악할 수 있는 이론으로서 널리 수용되게 되었다. 『독서 생활』 1976년 3월호의 특집, 「현대 기술문명 비판—프랑크푸르트 학파의 사회철학」(여기에는 차인석, 김종호, 유준수, 이규호 교수 등의 호르크하이머, 아도르노, 마르쿠제, 하버마스를 소개하는 글들이 게재되어 있다); 정문길, 『소외론 연구』(문학과지성사, 서울 1978), pp. 113~97(프롬의 정신분석과 소외 논의); 김진균 편, 『제3세계와 사회 이론』(한울, 서울 1983); 김호진 편역, 『제3세계의 정치경제학』(한울, 서울 1984) 및 김호진, 「종속 이론의 비판적 고찰」, 『한국정치학회보』, 제18집(1984), pp. 95~113; 김호진, 「제3세계 국제 정치 이론의 수용과 비판」, 『국제정치논총』, 제28집 1호(1988), pp. 67~85.

'민중' 개념의 부각과 그 실체의 확인에 집중되었다. 사실 민중의 개념은 그것이 광범위하게 논의되던 시기에도 그 내용에 대한 일정한 합의가 이루어진 것은 아니었다. 그러나 민중의 개념 가운데는 1) 그것은 역사의 주체이며 사회적 실체라는 것, 2) 정치적·경제적·문화적 지배 관계에서 피지배층이라는 점, 그리고 3) 항구적인 종말론적 실체이긴 하나 역사적 경험 속에서 각기 다른 모습으로 파악된다는 점에 대해서는 공통된 합의가 이루어지고 있다고 평가된다.[5] 다시 말하면 이 같은 민중의 개념에 대한 최소한의 합의 ― 풀 포기 같은 민중은 결코 꺾이지 않고, 꿋꿋하게 살아남아 역사의 주체로 엄연히 기능하며, 마침내는 승리하고 말 것이라는 확신 ― 는 어쩌면 당시의 진보적 지식인들이 그들의 이념을 투사한 하나의 역사적 주체에 대한 묘사라고도 하겠다.[6] 물론 이 같은 민중 개념은 이후 급진적 지식인이나 운동권에 의해 진보적 인텔리가 자본가의 '온정주의에 호소하는 포퓰리즘적 시각'으로 또는 '소시민적 민족주의적 시각'으로 규정되어 매도되긴 했으나[7] 당시의 정치적 상황으로 보나 마르크스주의 이론의 일천한 수용 단계로 볼 때 그 이상의 이론적 진전을 요구하는 것은 오히려 무리라는 평가가 옳을 것이다. 따라서 우리는 이 당시의 "민중의 개념을 정의하려는 노력과 민중의 성격을 규정하려는 작업은 개념의 실천보다 한 걸음 뒤늦게 전개되어왔다"[8]는 표현이 더욱 설득력을 갖는 것으로 볼 수 있을 것이다.

5) 유재천, 「민중 개념의 내포와 외연」, 유재천 편, 『민중』(문학과지성사, 서울 1984), p. 12.
6) 저자의 이 같은 서술은 민중에 대한 다양한 의미 부여를 통해서 확인되고 있다. 즉 동학 운동이나 반식민지 운동에 참여한 민중, 폭압적인 정치적 독재나 경제적 압박으로부터 마침내는 승리하게 될 민중, 스스로 역사적 사명을 인식한 민중 등의 표현들이 그것이다. 유재천 편, 앞의 책에 게재된 여러 글들 참조.
7) 김진균, 앞의 글, pp. 19~20; 김진균/조희연, 앞의 글, pp. 289~90
8) 유재천, 앞의 글, p. 12.

되돌아보건대 1970년대 유신 체제 하의 사회 운동은 이를 뒷받침해야 할 이론보다 훨씬 앞서가고 있었다. 유신 체제가 대학에 강제한 국민윤리 교육의 필수화는 당초 대학생의 반공 교육을 교육 목표로 한 것이었으나 그것은 결과적으로 정반대의 효과를 가져오게 되었다. 당시 유신 정부는 안정된 정부와 괄목할 만한 경제 발전으로 체제의 정당성을 담보받으려 했으나 정치는 더욱 폭압적이지 않을 수 없었으며, 경제적 불균형은 더욱 가속화되어 사회적 부조화를 확대 재생산하고 있었다. 바로 이 같은 외적 상황 하에서 국민윤리 교육을 통해 강의되는 마르크스 이론은 일방적인 왜곡과 폄하로 훼손되었기에 진지한 학생들의 이에 대한 반발과 마르크스주의 이론에 대한 가일층의 지적 관심은 오히려 당연한 일이었던 것이다. 거기에다 산업화를 통한 국제적 교통의 활성화는 해외 진출의 다양화, 다변화를 촉진했음은 물론이요, 종래 국가에 의해 독점되었던 외국 문물과의 접촉에 대한 철저한 제한 역시 붕괴되지 않을 수 없었다. 따라서 해외에 진출한 젊은 경제인이나 유학생들을 통해 유입되는 사회주의 관계 자료들은 국내에서 알게 모르게 광범위한 유통 체계를 갖게 되었다. 특히 이 같은 사회주의 관계 자료의 복사 · 번역 · 번안 · 초역 등을 통한 음성적 유통은 반정부주의자, 데모 주동자 등과 같은 '숙명적' 반체제 지식인에 의해 더욱 가속화하게 된 것이다.[9] 그러기에 유신 말년인 1979년 3월에 발생한 한국 크리스천 아카데미 간사 6명의 구속 사건은 그 사건의 전말이나 진위 여부를 떠나 우리 사회에 '자생적(自生的) 공산주의'의 성장을 공식화하는 계기가 되었으며, 이

---

9) 이들 반체제 인사들에 대한 정보부의 철저한 사찰과 관리는 이들로부터 그 어떠한 정상적인 사회 활동이나 취업 기회도 철저히 박탈함으로써 이들로 하여금 '반체제' 이외의 다른 어떤 선택도 불가능하게 한다는 점에서 '숙명적'이란 표현을 쓴 것이다.

후 1980년대의 치열한 지적 운동 방향을 예고해주는 중요한 사건이었다고 하겠다.

3. 정권의 정당성 위기와 진보적 학문의 공식화—1980년대

1980년대는 하나의 독재 정권이 또 다른 하나의 독재 정권으로 이행하는 것으로 시작되었다. 한 독재자의 죽음이 새로운 민주화의 시대를 오게 할 것이라고 기대했던 국민은 새로운 군사 독재의 출현에 아연 긴장하고 또 이에 저항했으나 광주 사태를 분수령으로 한 역사의 후퇴를 막을 수는 없었다. 그러나 흥미 있는 일은 새로운 정권의 정당성의 결여가 역설적으로 진보적 사회 운동이나 학문적 연구를 크게 자극했다는 사실이다. 다시 말하면 유신 체제 이래의 '숙명적' 반체제파는 정당성을 확보하지 못한 새로운 군사 정권에 대해 정면으로 도전하면서 그들의 사회 운동이나 지적 활동을 공개적으로 전개했던 것이다.

우선 1970년대의 유신 시대 이래 지속적인 감시와 사찰의 대상이었던 반정부주의자, 학생 운동의 지도자들은 80년대에 들어와서는 반체제 운동이나 급진주의적 연구 서클의 중핵을 구성하면서 진보적인 사회 운동과 지적 활동을 선도해 나갔다. 그들은 비합법적으로 유입된 사회주의 및 공산주의 관계 자료를 복사 기기를 통해 광범위하게 유포하고, 연구 서클을 조직해 공산주의 서적의 집중적인 탐독과 토론을 통해 80년대의 학생 운동과 노동 운동에 대한 이론적 기초를 다져 나갔다.

그런가 하면 진보적 운동권의 이 같은 이론적 강화는 아이러니컬하게도 대학생의 보수화와 사회 운동권으로의 유입을 방지하려고 시도한 제5공화국의 대학 정책에도 기인하였다. 대학의 졸업 정원제와 대학원 정원의 증원 정책은 고등 연구 인력을 대량 배출했으나 이는 '학문 사회의 좁은 취업 기회와 불합리한 취업 관행'으로 말미암아 엄청난 실업·반실업의 연구자들을 양산하게 되었다. 따라서 학문적 제도권에 진입하지 못한 이들 고급 연구 인력은 상대적 박탈감과 심리적 불안정 속에서 현실에 대한 강한 비판 의식을 표출하고, 나아가 비제도권 연구 집단을 형성하게 되었던 것이다.[10] 1984년 이래 광범위하게 생겨난 수많은 비제도권 연구 단체와 그들이 발간하는 회보와 정기적·부정기적 잡지와 간행물은 바로 이 같은 객관적 여건의 소산이며, 이들 간행물은 80년대 이래의 진보적 운동권의 이론적 도장이요, 불꽃 튀는 논쟁의 현장으로 기능하기도 했다.[11]

80년대의 우리나라에 있어서 진보주의의 수용과 확산은 대개 두 가지 방향으로 정리할 수 있다. 즉 하나는 종래 금압(禁壓)되어오던 이념 서적이 부분적이기는 하나 공개적으로 해금되었다는 사실이고, 또 다른 하나는 급진적인 운동 및 연구 집단의 이론적 노선을 둘러싼 논쟁과 첨예한 갈등의 표출이다. 먼저 80년대 초의 이념 서적의 부분적 해금은 우리나라에서의 진보주의의 수용에 있어서 가장 획기적인 외적 환경의 변화라고 하겠다. 우리는 70년대에 소개되기 시작한 프랑크푸르트 학파의 비판 이론이나 거기에 잇따른 종속 이론, 그리고

---

10) 김동춘, 「학술운동론」, 『산업사회연구』(한국산업사회연구회 편), 제2집(1987), pp. 231~32; 조희연, 「한국 현대 사회의 성격과 학술 연구자의 과제」, 『역사비평』(1988년 봄), pp. 40~41.
11) 이애숙, 「새로운 연구 단체들의 현황과 과제」, 『창작과비평』, 제16권 1호(1988년 봄), pp. 312~29.

주변부 자본주의론 등을 통해 진보적 사상과 간접적으로나마 접촉할 수 있는 기회를 가졌으나 80년대 초의 지극히 상징적인 '좌경' 이념 서적의 번역과 출판의 허용은 지금까지 금기(禁忌)로 간주되던 진보 이론에 대한 심리적 공포감이나 연구상의 한계에 대한 조바심을 해소하는 데 결정적인 역할을 했다고 하겠다.[12]

한편 급진적인 지식인들의 진보주의 사상에 대한 연구와 논의는 정부 쪽의 공식적인 승인 여하와 상관없이 사회 운동과의 연계 하에서 독자적인 방향으로 진행되고 있었다. 그런데 바로 이 시기의 이들 급진적 지식인들이 다룬 마르크스주의는 마르크스-레닌주의에 입각한 교조적 정통 마르크스주의였다는 점이 우리들의 주의를 끈다고 하겠다. 한국의 급진적 마르크스주의자들이 왜 교조적인 정통 마르크스주의로 기울게 되었는가에 대해서는 여러 가지 설명이 있을 수 있겠으나 그 가운데 가장 중요한 요인은 우리 사회의 분단 현실이라고 볼 수 있다. 우리 사회에서 분단 상황은 마르크스주의는 물론이요, 그 어떠한 자유주의적 사회 운동이나 지적 활동도 금압, 또는 억제하는 구실로 이용되었던 것이다. 따라서 마르크스주의를 포함한 모든 사상 체계에 대한 철저한 논의나 비판이 차단된 상태에서 마르크스주의의 수용 가능성이 객관적 현실로 나타날 때, 급진적 지식인

12) 이 시기에 최초로 해금된 이념 서적은 벌린의 『칼 마르크스 — 그의 생애, 그의 시대』, 신복룡 옮김(평민사, 서울 1982), 터커의 『칼 마르크스의 철학과 신화』, 김학준/한명화 옮김 (한길사, 서울 1982), 맥렐런의 『칼 마르크스의 사상』, 신오현 옮김(민음사, 서울 1982), 아비네리의 『칼 마르크스의 사회 사상과 정치 사상』, 이홍구 옮김(까치, 서울 1983), 포퍼의 『열린 사회와 그 적들』, 이한구/이명현 옮김(민음사, 서울 1982) 등, 지극히 온건하고도 초보적인 책들이었고(포퍼의 경우 반마르크스적이기까지 하다), 1983년의 마르크스 사망 100주년을 기념하여 간행된 이홍구 편, 『마르크스 100년 — 사상과 흐름』(문학과지성사, 서울 1984)은 마르크스의 이론을 정면에서 다룬 국내 최초의 연구 성과로서 이들은 진보적 사상에 대한 학문적 자유를 공식화한 첫 시도로서 주목할 만하다고 하겠다.

이 선택할 수 있는 것은 정통적 마르크스주의밖에 없었다고 하겠다. 왜냐하면 사상적 자유가 용인되지 않고 편파적 학문 경향이 지배적인 상황 하에서는 자유롭고 관용적인 학문 경향보다는 순수하고도 유일한 정통주의가 후퇴할 수 없는 하나의 판단 기준을 제공해주기 때문이다. 우리는 바로 여기에서 80년대 중후반, 진보적 지식층에 광범위하게 나타난 정통주의 노선의 마르크스주의 이해와 이를 둘러싼 논쟁의 원인을 발견할 수 있는 것이다.[13]

1980년대 중후반에 우리나라에 수용된 정통 노선은 소련과 동구권의 교과서적 마르크스-레닌주의였으며, 이 같은 정통 마르크스-레닌주의는 우리의 현실에 대한 정확한 분석이나 이해가 결여된 상황에서 이루어졌기에 비판적 입지의 확보가 어려워 "관념적 비현실성과 교조적 경직성을 노출하게 되었다"고 평가되고 있다.[14] 그 이론의 체계적 완결성에 대한 믿음과 그것의 수용에서 나타나는 "정통주의의 열망"으로 규정지어지는 정통 마르크스-레닌주의[15]는 1980년대에 우선 진보적 운동권과 학계에 수용되었다. 그러나 이 정통 노선의 마르크스-레닌주의는 이론이 발 딛고 서야 할 우리의 현실에 대한 분석이 전무한 상태에서 수용되었기에 그 비판적 입지의 확보가 불가능하고, 따라서 비현실성과 교조적 경직성을 노출하게 되었다. 여기서 학생권과 운동권에 광범위한 영향권을 형성하고 있던 주체

---

13) 김동춘, 「1980년대 후반 이후 한국 맑스주의 이론의 성격 변화와 한국 사회과학」, 『창작과비평』, 제21권 4호(1993년 여름), pp. 308~09; 윤형식, 「맑스-레닌주의, 정통주의의 시대」, 김수행/윤형식/강성호/김동춘/윤도현, 『1980년대 이후 한국의 맑스주의 연구』(과학과 사상, 서울 1955), pp. 13~15, 31.

14) 윤형식, 앞의 글, pp. 13, 18~31.

15) 라비카에 근거한 정통 마르크스-레닌주의의 형성과 성격에 관한 설명은 윤형식, 앞의 글, pp. 18~31을 참조하라.

사상은 한국적 현실에 근거한 전술적 지침서를 내세우면서 정통 마르크스주의를 비판하게 되었던 것이다. 정서적으로 민족주의에 호소하면서 민족 해방 투쟁에 있어서의 '정통성'을 주장하는 이들 주체 사상은 학생 운동권에 광범위한 영향력을 행사하면서 1980년대 중반 민주 변혁의 성격 문제와 더불어 한국 사회의 사회적 성격, 즉 사회 구성체와 모순의 규명 및 그에 따른 변혁 주체의 설정과 편성 문제를 중심으로 이른바 CNP 논쟁을 일으키게 된다.[16] 그리고 이 논쟁은 곧장 80년대 중반의 사회 구성체 논쟁으로 공식적으로 표면화하게 되고, 또 사회적 관심을 불러일으키는 기폭제가 되었다.

4. 1980년대 진보 학계의 마르크스주의 논쟁

당초 이 사회 구성체 논쟁은 사회 운동의 지적 기초로서의 한국 사회에 대한 인식을 마르크스주의적 입장에서 시도한 것으로서 1985년 『창작과비평』 복간호에 게재된 박현채씨와 이대근 교수의 논쟁을 그 출발점으로 한다.[17] 그리고 이 사회 구성체 논쟁은 곧이어 사회과학

---

16) 조희연, 「80년대 사회 운동과 사회 구성체 논쟁」, 박현채/조희연 편, 『한국 사회 구성체 논쟁(I) ─ 80년대 한국 사회 변동과 사회 구성체 논쟁의 전개』(죽산, 서울 1989), pp. 18~19; 조광, 「민주 변혁(CNP) 논쟁에 대하여」, 앞의 책, pp. 180~89 참조. 이 글의 머리에서 밝힌 이유로 하여 저자는 1980년대의 운동권의 동향에 대한 언급은 자제하기로 한다.

17) 박현채, 「현대 한국 사회의 성격과 발전 단계에 관한 연구 ─ 한국 자본주의의 성격을 둘러싼 종속 이론 비판」, 『창작과비평』, 부정기 간행물 1호(1985), pp. 301~45; 이대근, 「한국 자본주의의 성격에 관하여 ─ 국가독점자본주의론에 관하여」, 같은 책, pp. 346~73. 이 논쟁은 그것이 『사상계』 폐간 이후의 우리나라, 특히 1970년대의 우리의 지식층에 압도적인 영향력을 행사했으나 1980년 신군부의 출현에 의해 폐간된 계간지, 『창작과비평』과 『문학과지성』 중 전자의 복간호에 실렸다는 사실 때문에 지식층의 더 큰 관심을 모으게 되었다는 점이 지적되어야 할 것이다.

방법론 논쟁과 역사 법칙 논쟁 등으로 전개됨으로써 80년대의 화려한 논쟁사를 장식하게 된다. 따라서 이 글에서는 앞에서 열거한 세 가지 논쟁만을 — 이들은 편의상 구분되었지만 내적으로는 긴밀히 서로 연결되어 있다 — 기왕의 연구들을 근거로 개관함으로써 80년대 진보학계의 논쟁사를 정리하려고 한다. 이들 논쟁에 대한 저자의 논의는 논쟁 자체의 포괄성이나 상세함에도 불구하고 지극히 개략적인 선에 머물 수밖에 없는데 이는 저자의 제한된 능력과 이 글의 개관적 성격에 기인하는 것이다.

먼저 1980년대 초반에 도입되기 시작한 종속 이론은 우리 사회가 미국과 일본에 종속되어 있고, 또 그것이 더욱 심화되어간다는 인식에서 상당한 주목을 끌었으나 후진국의 저발전이 외부 세력에 의해서만 규정될 수 있는가의 문제와 주변부의 자주 · 자립은 어떤 경로를 통해 이루어질 수 있는가의 문제에서 한계를 보이게 됨으로써 국가독점자본주의론이 제기되게 된다. 국가독점자본주의론의 주변부자본주의론에 대한 비판으로 시작된 사회 구성체 논쟁은 곧장 식민지반봉건사회론이 등장하면서 한국 사회에서의 제국주의 문제가 전면에 부각되게 되었다. 그리고 논쟁은 독점 강화와 종속 심화론에 대한 비판과 반비판이 주축을 이루는 제2단계로 전개되었던 것이다.[18] 어쨌든 이 사회 구성체 논쟁은 사회적 실천의 기초가 되는 우리 사회의 성격을 마르크스주의적 입장에서 규명하려는 지적 운동으로서, 진보적 지식인층에서는 이를 분단 이전의 정치경제학적 전통의 복원

---

18) 조희연, 앞의 글, pp. 18~35: 이수훈, 「한국 사회 맑스주의 논의의 회고와 전망」, 『경제와 사회』, 제14호(1992 여름), pp. 22~27. 한편 사회 구성체 논쟁의 상세한 전개 상황과 관련 문헌은 다음의 책에 수합, 정리되어 있다. 박현채/조희연, 『한국 사회 구성체 논쟁』, I~IV(죽산, 서울 1989~1994).

이며, 학술 운동과 실천 운동 간의 연관성을 확인하는 중요한 계기가 되었다고 평가하고 있다.[19] 그러나 이 논쟁은 그 진전 과정에서 "구체적 현실에 대한 추상적이고 관념적인 논의와 정통성 시비가 성행함으로써 결과적으로 스콜라적인 논쟁의 덫에 빠졌다"는 부정적인 평가에도 주목할 필요가 있다고 하겠다.[20]

한편 사회과학 방법론 논쟁은 사회 구성체 논쟁이 진행되는 와중에서 출판된 이진경씨의 『사회구성체론과 사회과학 방법론』(1986)에 의해 촉발되었다. 이는 이진경씨가 기왕의 사회 구성체 논쟁이 구체적 분석으로 가기보다 추상적 개념으로 빠져들고 있음을 주목하고, 이는 세계관과 철학의 차이, 구체적으로는 방법론과 개념의 차이에서 연유한다고 파악, 여기에는 '최소한' 방법론상의 검토가 수행되지 않으면 안 된다고 주장한 데서 출발한다.[21] 여기서 논쟁은 '제국주의의 규정력'에 관한 문제를 중심으로 한국 사회의 식민지성과 반봉건적 생산 관계, 국가 성격 문제를 구체적 대상으로 하여 역사적 유물론의 개념과 이론 틀을 검증하고 있다. 이처럼 이진경씨가 제시한 철학적 기반과 방법론에 관한 논쟁은 특수성과 보편성의 문제, 추상과 구체의 문제, 객관성과 당파성의 문제, 그리고 이론과 실천의

---

19) 이병천/윤소영, 「전후 한국 경제학 연구의 동향과 과제 —정치경제학의 관점에서」, 『80년대 한국 인문사회과학의 현 단계와 전망』(역사비평사, 서울 1988), p. 54; 김호기, 「한국 비판사회학의 회고와 전망」, 『사회비평』, 제10호(1993), p. 74.

20) 김호기, 앞의 글, p. 79. 한편 사회 구성체 논쟁이 1) 현실의 역동성을 부정·외면하고, 역사 과정에 대한 목적론적이고 고정적인 관점만을 강조하고 있으며, 2) 한국 사회가 지향하는 종착점에 대한 구체적이고 과학적인 분석이 결여되어 있으며, 3) 사회 변동을 경제주의적으로 예단, 계급 갈등의 성격을 간과하고 있다는 김수행 교수의 평가를 여기에 부기한다. 김수행, 「한국 사회를 어떻게 분석할 것인가」, 『사회비평』, 제9호(1993), pp. 393~95.

21) 이진경, 『사회구성체론과 사회과학 방법론 —한국 사회 성격 논쟁에 부쳐』(아침, 서울 1986), pp. 7~8.

문제를 중심으로 한 치열한 논쟁을 유도하게 되었다.[22] 그러나 이 논쟁은 이론상의 개념과 철학적 관점을 한국 사회에 적용할 경우 이들을 어떻게 이해·수용할 것이냐의 문제에는 긍정적으로 기여했으나 논쟁의 전개 과정에서 보이는 교조주의나 종파주의로 인해 과학적 결실을 얻기에는 미흡했다고 평가되고 있다.

마지막으로 역사 법칙 논쟁은 1988년 봄, 『창작과비평』에 게재된 유재건 교수의 「역사법칙론과 역사학」이란 논문에서 비롯되었다. 역사의 유물론적 해석에 있어서 사회 구성체는 핵심적인 개념이다. 왜냐하면 경제적 사회 구성체의 발생·발전·소멸 과정은 바로 인간의 역사를 의미하며, 이를 통해 사회 과정 전체를 객관적·필연적인 방법으로 파악하는 것이 사적 유물론이기 때문이다. 따라서 사적 유물론에 어떤 법칙이 있다면 그것은 어떻게 형성되었고, 또 어떤 성격을 갖느냐의 문제가 역사 법칙 논쟁의 관건이 되고 있다. 여기서 유재건 교수는 역사의 유물론적 해석에서 통용되는 법칙을 1) 역사 발전 5단계론, 2) 사적 유물론의 일반 법칙, 3) 자본주의의 발전 법칙의 3가지로 나누고 이들이 보편적인 역사 법칙이냐 아니면 특정 시대, 특정한 사회에서만 한정적으로 적용되는 것이냐를 검토하고 있다. 결국 그는 "역사의 법칙이 현실 과정의 구조화와 운동 방식의 논리라고 보고, 따라서 그것은 시대마다 달라질 수밖에 없다"는 입장을 분명히 함으로써, 1)과 2)가 보편적 법칙이라거나 불변의 일반 법칙이

22) 이진경, 앞의 책; 김창호, 「사회과학 이론의 방법론 비판——『사회구성체론과 사회과학 방법론』(이진경 지음, 아침)을 중심으로」, 『산업사회연구』, 2집(1987), pp. 351~41〔김창호 엮음, 『한국 사회 변혁과 철학 논쟁』(사계절, 서울 1989), pp. 77~101〕; 이진경, 「사회과학에 있어서 당파성의 문제——도덕주의와 유물론」, 『현실과 과학』, 제1호(1988)〔김창호 엮음, 1989, pp. 102~28.〕; 이기홍, 「철학의 빈곤, 과학의 빈곤」, 『경제와 사회』 (1988년 겨울)〔김창호 엮음, 1989, pp. 129~56〕; 윤형식, 앞의 글, pp. 43~49.

라는 주장을 부인하고, 3)의 경우만이 우리가 역사 법칙이라 부를 수 있다고 밝히고 있다.[23] 그러나 세계사의 보편적 발전 법칙에 대한 부인이나, 특히 마르크스의 역사 발전 5단계론에 대한 단선론적 해석에 대한 도전은 해를 넘기며 상당한 논쟁을 야기시켰다.[24] 이 역사 법칙 논쟁에는 교조적인 입장의 개입이 없지 않았으나 전체적으로 보아 다른 논쟁에서보다 진지한 논의가 전개되었고, 따라서 유물사관의 교조적 수용에 대한 비판이라는 의미에서도 한국에서의 마르크스주의 논의의 새로운 가능성을 보여준 예라 하겠다.[25]

23) 유재건, 「역사법칙론과 역사학 ─ 최근 소개된 역사적 유물론에 관한 논의」, 『창작과비평』, 제16권 1호(1988년 봄), pp. 287~311. 인용은 299, 308.
24) 김광현, 「역사 법칙과 자유주의 ─ 유재건씨의 「역사법칙론과 역사학」을 읽고」, 『창작과비평』, 제16권 2호(1988년 여름), pp. 222~44; 이청산, 「사회구성체론과 사적유물론 ─ 도대체 사적유물론은 무엇을 할 수 있는가」, 『현실과 과학』, 제1호(1988)〔김창호 엮음, 앞의 책, pp. 219~47〕; 유재건, 「역사 법칙 재론 ─ 「역사 법칙과 자유주의」에 대한 답변」, 『창작과비평』, 제16권 3호(1988년 가을), pp. 244~73; 구승회, 「맑스주의 역사 법칙 논쟁 비판 ─ 김광현, 이청산씨의 글을 중심으로」, 『창작과비평』, 제17권 3호(1989년 가을), pp. 366~87; 이기홍, 「과학적인 역사 인식을 위하여 ─ 역사 법칙 논쟁의 반성」, 『창작과비평』, 제17권 4호(1989년 겨울), pp. 228~41. 이 논쟁에 직접적으로 연계되지는 않았지만 역사 발전의 단선론적 단계론을 마르크스의 후기 저작을 중심으로 천착한 임지현 교수의 논문은 우리 학계에 드물게 보는 학문적 성취의 하나라 하겠다. 임지현, 「마르크스 후기 사상과 유물사관 ─ 단선론적 단계론에 대한 비판적 고찰」, 『역사학보』, 제126집(1990), pp. 165~208.
25) 김창호, 앞의 책, pp. 159~66; 강성호, 「맑스주의 역사학의 쟁점들」, 김수행/윤형식/강성호/김동춘/윤도현, 『1980년대 이후 한국의 맑스주의 연구』, pp. 91~114; 윤형식, 앞의 논문, pp. 49~63.

5. 사회주의권의 몰락과 1990년대의 진보주의——결론에 대신하여

1989년 11월의 베를린 장벽의 철거와 그에 연이은 동구의 몰락, 그리고 1991년 8월, 마침내 소련의 독립국가연합CIS으로의 개편은 마르크스주의를 국가 이데올로기로 표방하는 정치 체제를 이 지상에서 형해화하는 계기가 되었다. 따라서 현실적으로 지주를 상실한 공산주의 혹은 마르크스주의 운동은 전세계적으로 퇴조하게 되었으니, 이 같은 경향은 우리나라의 경우도 예외일 수가 없었던 것이다. 더욱이 우리나라의 경우, 1993년의 문민 정부의 등장으로 말미암아 종래 운동권이 누리고 있던 활력까지도 소강 상태에 빠지게 됨으로써 진보 진영의 마르크스주의는 급격히 그 영향력을 상실하게 되었다.

이렇게 볼 때 한국의 마르크스주의는 그것이 지적 활동의 대상으로 복귀한 지 길어야 겨우 10년, 그리고 그것이 공공연히 진보적 지식층의 기본적 입장으로 공식화된 지 겨우 반 10년 만에 엄청난 외적 충격에 직면하여 와해의 위기에 놓여지기에 이르렀던 것이다. 그리고 이 같은 충격적 사건이 우리의 진보 학계에 가져온 영향은 80년대에 진보적 학술 운동에 참여한 지식인의 한 사람이 술회한 다음과 같은 관찰 가운데 희화적으로 나타나고 있다. 즉 그가 90년대의 진보 학계의 현황에서 주목하는 것은 "마르크스주의 '이론 일반'의 쇠퇴 현상이 아니라, 한국 마르크스주의 이론가들이 사회적 환경의 변화 속에서 보이는 '독특한' 대응 방식"이라는 것이다. 다시 말하면 순수주의를 지향하던 정통주의의 열병이 하루아침에 정반대의 입장으로 돌아서는 데 대한 당혹감이다.[26]

사실 현존 사회주의가 몰락한 1990년대의 진보 학계는 변화된 상황에 적응할 만한 이론적 기초를 구축하지 못했다. 기왕에 이렇다 할 사상적 자유가 없던 토양에서 고식적인 정통주의 노선을 수용하고, 또 실천적인 운동권의 요구를 뒤따라가며 이를 충족시켜온 진보 학계의 주류 마르크스주의의 일부는 새로운 활로를 찾기 위해 포스트마르크스주의, 알튀세르적 구조 마르크스주의, 또는 분석 마르크스주의로 관심을 돌리는가 하면, 새로운 이론적 가능성을 종래와는 구별되는 시민사회론이나 신사회 운동으로의 방향 전환에서 찾고 있다.[27]

우리는 1990년대의 진보 학계에 나타나는 이 같은 관심이나 연구 방향의 전환 가운데서 기본적으로 구미 학계의 동향에 민감한 우리 학계의 일반적인 경향성을 읽을 수 있다. 이병천 교수에 의해서 선도되고 있는 포스트마르크스주의의 경우[28]는 물론이요, 구조 마르크스

---

26) 이 같은 회화적 현상을 김동춘은 다음과 같은 3가지 현상을 통해 정리하고 있다. 1) 80년대 중반 그렇게 경쟁하듯 정통적인 노선이 등장하다가 이제 현존 사회주의의 붕괴에 맞물려서는 정통주의를 버리고 탈마르크스주의의 경향으로 나아가고 있는 점, 2) 마르크스-레닌적 관점을 더욱 순수하게 견지하려던 민중민주주의적 이론PD이 어째서 사변적인 알튀세리안적 마르크스주의에 더 집착하는가 하는 점, 그리고 3) 겉으로는 이질적인 것 같은 80년대 중반의 정통주의와 알튀세르적인 구조주의적 마르크스주의가 갖는 공통점은 무엇인가 하는 점이다. 김동춘, 「1980년대 후반 이후 한국 맑스주의 이론의 성격 변화와 한국 사회과학」, pp. 302~03.
27) 마르크스주의의 위기에 대한 진보 진영과 학계의 당면 과제에 대한 논의는 1992년의 진보적 학술 단체 연합의 토론회 내용을 보고한 『사회평론』, 1992년 8, 9월호의 특집 「90년대 한국 마르크스주의 논쟁」을 참조하라. 그리고 현존 사회주의의 붕괴라는 객관적 상황의 변화에 따른 1990년대 연구 경향의 추이에 대해서는 『사회비평』, 제10호(1993년 겨울)의 특집 「80년대의 한계와 90년대의 가능성 ─ 한국의 인문사회과학」에 게재된 다음의 글들을 보라. 임홍빈, 「21세기의 길목에서 한국의 철학을 반성한다」, pp. 8~39; 정영태, 「한국 정치학의 현황과 과제」, pp. 40~71; 김호기, 「한국 비판사회학의 회고와 전망」, pp. 72~101.
28) 이병천, 「맑스 역사관의 재검토」, 『사회경제평론』, 제4집(1991), pp. 107~82. 이병천/박형준 편, 『맑스주의의 위기와 포스트맑스주의』, I, II, III(의암, 서울 1992~1993)도 참조.

주의[29]나 분석 마르크시즘[30]의 경우도 예외는 아니라고 하겠다. 특히 우리가 포스트마르크스주의의 경우 주목하는 것은 한때 사회 구성체 논쟁의 중요한 논객이었던 이병천 교수가 마르크스 이론의 핵심 개념의 하나인 노동가치론과 잉여가치론을 폐기하고 나아가 혁명적 전망까지도 포기하면서 포스트 '마르크스주의'라는 라벨을 굳이 주장하는 이유에 대한 의문이라 하겠다.

그러나 우리는 이 같은 마르크스주의적 연구 경향의 방향 전환에도 불구하고 80년대의 진보 학계가 짧은 기간 중에 성취한 연구 역량의 축적을 주목하게 된다. 우선 포스트마르크스주의 논쟁을 비롯한 90년대의 새로운 경향이나 논쟁이 실천적인 시각에서 볼 때는 퇴행적이라는 지탄을 받겠지만 학문적 측면에서의 진지성, 다시 말하면 변화된 상황에서의 마르크스주의 이론의 근본적인 재검토라는 측면에서는 긍정적인 의미를 갖는다고 하겠다. 그런가 하면 현존 마르크스주의가 명백히 몰락한 이후인 1992년의 계간지 『이론』의 창간은 이미 80년대 이래 축적된 연구 인력을 새로운 결의 하에 집결시켰다는 점에서 주목할 만한 사건이라 하겠다. 우리의 진보 학계는 1980

---

29) 윤소영 외, 「알튀세르를 다시 읽으며 맑스주의의 위기를 생각한다」, 『이론』, 제1호(1992년 여름), pp. 41~62; 윤소영, 「한국에서의 '맑스주의의 위기'와 한국 사회 성격 논쟁」, 『사회평론』, 1992년 8월호, pp. 98~120 및 121~171의 토론 내용; 윤소영, 『맑스주의의 전화와 '인권의 정치학' ─ 알튀세르를 위하여』(문화과학사, 서울 1995) 참조.

30) 『사회비평』, 제5호(1991. 4)에 게재된 「특집: 현대 맑시즘의 좌표와 미래」에 포함된 "분석적 맑시즘의 도전" 제하의 신광영, 「맑스주의의 위기와 분석 맑스주의」, pp. 8~39; 김용학, 「분석적 맑시즘에 대한 한 변론 ─ 엘스터의 방법론을 중심으로」, pp. 40~63; 임혁백, 「자본주의, 사회주의, 그리고 전환의 비용 ─ 쉐보르스키의 분석적 맑시즘」, pp. 64~80 및 신광영, 「분석적 맑시즘과 한국의 사회과학」, 『민족지평』, 제4호(1991); 이상호, 「분석 맑시즘 비판 ─ 방법론적 개체론을 중심으로」, 『사회비평』, 제9호(1993), pp. 232~62; E. M. 우드 외 지음(손호철 편역), 『계급으로부터의 후퇴 ─ 포스트맑스주의와 분석적 맑스주의 비판』(창작과비평사, 서울 1993)을 참조하라.

년대에 이미 기존의 학문적 수입선인 미국 이외에 유럽 대륙에서 훈련된 신진 학자들에 의해 그 활력을 공급받은 바 있다. 그런데 바로 이들이 국내에서 고군분투하며 마르크스주의의 지적 전통을 형성한 국내파들과 합류하여 당면한 위기를 극복하기 위해, 우선 현실적으로 경색된 실천적 영역에 대한 갈망을 일단 중단한 채 "진보적 이론 연구의 수준을 한층 더 높이고, 생산적인 토론의 장을 한층 더 넓히는 데 기여"하기 위해 기관지를 발간하고 있음은 우리나라 진보 학계의 학문적 수준의 향상이란 측면에서 크게 기대된다고 하겠다.[31]

그런데 『이론』 동인들의 이와 같은 창립 선언과 더불어 저자가 지적하고자 하는 것은 우리나라의 진보 진영이 실천에 못 미치는 이론의 미숙성을 기회 있을 때마다 비판하면서도 이 같은 요구를 기본적으로 가능하게 준비하는 아카데믹 마르크스주의에 대한 경멸과 무시이다. 다시 말하면 그들에게 있어서 마르크스와 엥겔스, 마르크스-레닌주의의 이론은 우리의 현실을 설명하고, 나아가 이를 실천적으로 적용하는 데만 필요할 뿐, 그들이 궁극적으로 의지하는 이론 자체의 정교화나 발전에 대해서는 지극히 둔감하다는 사실이다. 따라서 저자는 진보 학계나 운동권이 아카데믹 마르크시즘의 성과를 수용하는 데 좀더 적극적일 뿐만 아니라 이의 균형 있는 발전을 위해 긍정적인 노력을 할 때 우리의 마르크스주의 연구는 더 큰 진전이 있을 것이요, 바로 이 같은 연구 성과는 외국 이론에 대한 무비판적이고도 교조적인 우리의 이론 수용 풍토를 개선해줄 수 있을 것으로 기대한다. 그리고 진보 학계의 이 같은 자세 변화는 비록 지난 20년간 반공법과 국가보안법이 엄존하는 극악한 연구 상황에서도 각 분야에서

---

31) 강내희 등, 「'이론 동인' 창립 선언문」, 『이론』, 제1호(1992), p. 7.

지적 축적을 이루어온 우리 학계의 마르크스 및 마르크스주의 연구
자들의 노력에 의해 뒷받침될 것이기 때문이다.

제9장 한국의 마르크스-엥겔스 연구
─저작의 번역과 연구 현황을 중심으로

1. 글머리에

한국에서의 마르크스-엥겔스 연구와 그들 저작의 번역 상황을 이해하기 위해서는 먼저 마르크스-엥겔스의 사상이나 이데올로기로서의 마르크스주의가 한국 사회에서 갖는 포괄적 의미를 이해하는 것이 선행되지 않으면 안 된다.

한국 사회는 20세기에 접어들면서 일본의 식민지로 편입되었고, 이후 30여 년이 넘게 이어진 식민지 상태는 제2차 세계대전과 더불어 종식되었다. 그러나 연합군의 승리로 종결된 2차대전은 한국에 해방을 가져온 것이 아니라 미국과 소련에 의한 한반도의 분할 통치를 낳게 되었고 이는 결과적으로 남북한이 이데올로기상으로 첨예하게 대립하는 냉전 체제의 최전방에서 서로 대치하도록 만들었다. 그리고 이러한 이데올로기적 대립의 구체적 내용은 마르크스-엥겔스를 사상적 비조로 하는 공산주의와 그것에 대립하는 반공주의로 요약되어왔다. 따라서 마르크스와 엥겔스의 사상은 한반도의 북쪽에서는 존경과 예배의 대상이었지만 남쪽에서는 지탄과 파괴의 대상으로 경원시되었던 것이다.

특히 1950년 한국전쟁이란 내전으로까지 확대된 이 같은 이데올로기적 대립은 1989년의 베를린 장벽의 해체, 1991년의 소련의 붕괴를 통해 명백하게 부각된 자본주의의 완벽한 승리나 "팍스 아메리카나"의 엄연한 세계 질서 하에서도 해소되지 않았다. 그 결과 휴전선을 사이에 둔 남북한 간의 일촉즉발의 군사적 대치 상태는 아직도 극복되지 못하고 있는 형편이다. 이러한 상황 하의 남북한이 각각 그들의 지식인들에게 사상과 연구의 자유를 허용하기란 쉬운 일이 아니다. 특히 이들 양자가 대변하는 이데올로기의 주된 내용을 형성하는 마르크스-엥겔스와 마르크스주의 사상은 북한에서는 철저한 교조적 해석이 강제된 반면 남한에서는 이 같은 사상에의 접근이나 연구가 애초부터 철저히 금압되어왔다. 다시 말하면 한국전쟁 이후 30여 년 동안 남한에서는 전재 복구와 경제 개발을 국가 목표로 내건 우익 정권의 정치적 독재에 의해 마르크스와 마르크스주의에 대한 논의는 원천적으로 봉쇄되었으며, 북한에서는 일당 독재 하에서 교조화된 마르크스 해석이 강제될 수밖에 없었던 것이다. 게다가 1960년대 중반 이래 "마르크스-레닌주의의 한국화"라는 이름 하에서 김일성의 주체 사상이 모든 사상 논의의 중심을 차지하면서부터는 마르크스와 엥겔스의 이론은 하나의 장식품으로서의 역할을 수행하는 데 불과할 수밖에 없었다(이 글은 남한에서의 마르크스와 엥겔스 그리고 마르크스주의에 대한 연구를 개관하는 것이므로 북한에서의 이 분야에 대한 연구는 논의에서 제외키로 한다).

마르크스와 엥겔스, 그리고 마르크스주의에 대한 남한 사회에서의 논의의 경색은 1980년대에 들어오면서 점차적으로 해소되게 된다.

특히 여러 가지 사회적 지표(指標) 면에서 북한보다 비교 우위에 있는 남한에서는 사상의 자유와 지적 욕구가 반체제 운동의 일환으로 법률적 장벽을 뛰어넘어 분출되었다. 그리고 1990년대에 들어서면서는 공산권의 전폭적 해체라는 국제 정세에 힘입어 마르크스와 엥겔스, 그리고 마르크스주의에 대한 자유로운 연구가 실질적인 제약을 받지 않고 광범위하게 행해지고 있는 것이 사실이다. 그러나 반국가 단체를 찬양·고무할 "목적으로 문서·도서 기타의 표현물을 제작·수입·복사·소지·운반·반포·판매 또는 취득"한 경우에는 처벌을 받는다[1]고 규정한 '국가보안법'이 아직도 엄존하고 있는 현실에서 한국에서의 마르크스와 엥겔스 저작의 출판과 연구는 어차피 비정상적인 왜곡 현상을 나타내지 않을 수 없다고 하겠다.

2. 초창기의 마르크스 – 엥겔스 연구

한국인의 공산주의에 대한 관심과 연구는 20세기 초까지 소급된다. 당초 공산주의에 대한 그들의 관심은 독립 운동과 밀접히 연결되어 있었다. 즉 러시아나 일본에 거주하는 한국인들은 볼셰비키 혁명의 이념이나 소련의 도움으로 조국의 광복을 꾀하거나 일본 내에서의 급진적인 운동을 통해 그들의 민족적 불만을 표현하려고 했었다.[2]

---

1) 1991년 5월 31일에 개정된 국가보안법, 제7조 1항 및 5항.
2) 스칼라피노/이정식 공저, 『한국 공산주의 운동사』 1, 한홍구 옮김(돌베개, 서울 1986) 및 김준엽/김창순, 『한국 공산주의 운동사』 1 및 2, 신판(청계연구소, 서울 1986).
한편 최근 간접적인 자료를 통해 확인된 바에 의하면 마르크스의 『공산당 선언』이 1921년에 이미 3종이나 한국어로 번역되었다는 보고가 있다. 즉 ① 여운형이 상해의 '한인공산당'을 위해 1921년 5월 이전에 영어본에서 중역한 것이 3,000부, ② 같은 해 9월 서울의 그러나 제2차 세계대전이 끝나는 1945년 이전까지의 한국 내 지식인의 마르크스와 마르크스주의에 대한 지적 관심과 접촉은 이 시기의 일본 지식인의 그것과 크게 다르지 않았다고 하겠다. 식민지 시대의 급진적인 한국 지식인의 지적 관심은 어차피 일본의 급진적 지식인의 그것과 맥을 같이하게 마련이었다. 그러나 마르크스주의나 무정부주의에 대한 그들의 지적 추구에는 궁극적으로 그들의 조국인 한국의 독립이라는 실천적 관심이 내장되어 있었다. 제2차 세계대전 이후 한국의 해방 정국에서 광범위하게 이루어진 좌익 운동이나 분단 이후 월북한 지식인들의 경우 그들의 마르크스주의적 지적 경향성은 이러한 일제 식민지 시대의 급진적 지식인 운동이 갖고 있던 실천적 관심과 밀접히 연결되어 있었다고 하겠다.

그러나 1948년 한반도의 남쪽과 북쪽에서 각각 독자적인 정부를 수립하게 되면서부터 남한에서의 마르크스-엥겔스 및 마르크스주의의 논의나 연구는 철저히 금압되게 되었다. 특히 1950년 이데올로기상의 차이에 근거한 남북한간의 3년에 걸친 내전과 그 이후 오늘에 이르기까지의 종전이 아닌 휴전 상태의 지속은 이들의 저작이나 사상에 대한 논의 자체를 이적 행위로 간주하는 매카시즘적 풍토를 보편화시켰다. 따라서 마르크스-엥겔스, 마르크스주의에 대한 논의는 각급 학교의 반공 교육을 위해서만 가능했고, 대학에서의 강의 또한 정치 교육의 일환이었기에 해석상의 왜곡이 우심했던 것이다. 이

<hr />

'조선공산당'이 일어본에서 중역한 것으로 85부, 그리고 ③ 날짜를 알 수 없으나 같은 해에 모스크바의 '한인공산당'이 노어본에서 중역한 것으로 1,000부를 발행한 것으로 보고되고 있다. 최갑수(1999: pp. 23~24)의 주 1) 참조. 이상의 번역본은 현재 국내에서는 전혀 발견되지 않고 2차 자료를 통해 확인되고 있을 뿐이지만 한국에서의 공산주의 운동과 관련하여 상징적으로 매우 주목할 만한 사실이다. 따라서 이러한 자료의 발굴을 위한 학계의 노력이 학술사적으로도 극히 필요한 작업임은 두말할 필요도 없다 하겠다.

러한 경향은 기본적으로 장기간에 걸쳐 이 분야에 정통한 전문가가 없는데다 그나마 남아 있던 소수의 잠재적 연구 인력은 반공 교육의 하수인으로 전락해버렸기에 더욱 심화되었다. 거기다가 "이념 서적"이기에 금서(禁書)로 분류된 각종 자료들의 철저한 관리는 연구자들이 1차 자료나 2차 자료에 접근할 수 있는 가능성을 원천적으로 봉쇄해버렸으므로 아직도 남아 있던 소수의 연구자들은 최소한의 구득 가능한 자료를 통해 반공 교재를 편찬하거나 정부의 교조적 주장을 도식적으로 열거하는 팸플리티어pamphleteer의 기능을 수행하는 데 만족할 수밖에 없었다.[3]

따라서 1980년 이전의 이 같은 지적 불모지에서 출판된 양호민의 『마르크스 · 레닌주의(이론 비판편)』(1963)와 정문길의 『소외론 연구』(1978), 임원택의 『제2자본론』(1978) 등은 특히 주목할 만하다 하겠다. 양호민의 저서는 반공주의적 마르크스와 마르크시즘의 소개가 보편화된 시기에 이를 객관적이고도 학문적 입장에서 다룬 희귀한 예로서 이후의 잠재적 마르크스주의 연구자들에게 중요한 지적 자산이 되었다. 그리고 정문길과 임원택의 저서는 전자가 마르크스의 초기 저작, 특히 『경제학-철학 초고』를, 그리고 후자가 『자본론』을 정면에서 다룬 한국 최초의 이론적 연구서로서 기록될 수 있을 것이다.

3) 이정복, 「한국에서의 마르크시즘 소개 현황」, 이홍구 엮음, 『마르크시즘 100년──사상과 흐름』(문학과지성사, 1984), pp. 302~22. 포이어바흐의 『기독교의 본질』이 1980년대 말까지도 대학 도서관의 금서 목록에 남아 있었다는 사실은 이 시기의 사상적 파행성을 보여주는 상징적인 예의 하나라고 하겠다.

3. 1980년대의 반체제 운동과 마르크스-엥겔스

1980년대는 한국에서의 마르크스-엥겔스, 마르크스주의의 연구와 그들의 저작의 출판에 있어서 하나의 전기를 이룬 시기라고 하겠다. 1970년대까지만 하더라도 한국의 지식인이나 반체제적 운동권은 프랑크푸르트 학파의 비판 이론이나 종속 이론, 그리고 주변부자본주의론을 통해 마르크스주의에 우회적으로 접근하는 방법을 택할 수밖에 없었다. 그러나 1980년대 초 그들은 정부의 지극히 상징적인 조처, 즉 지금까지 "좌경"의 이념 서적으로 분류되어 철저히 금압되어오던 외국 서적의 일부가 공개적으로 해금되는 것을 계기로 하여 종래의 사회적 금기를 극복하는 단초를 잡게 된 것이다.[4] 1982년과 1983년 사이에 이념 서적의 쇠사슬에서 풀려난 일부 서적의 번역·출판과 더불어 1984년에는 마르크스 사후 100년을 기념하는 연구 논문집 『마르크시즘 100년──사상과 흐름』이란 책이 출판되게 되었다. 이홍구가 편찬한 이 책은 마르크시즘의 이론적 근거, 그 수용과 개조, 그리고 그것의 현대적 전개의 3부로 나누어져 있는데, 그 가운데 제1부에는 「마르크스와 청년 헤겔파」(정문길, 1984), 「사적 유물론과 분업」(진석용, 1984) 및 「마르크스의 시민사회론」(노재봉,

---

4) 1980년 정부의 묵인 하에 번역이 용인되어 처음으로 금서에서 해제되어 1982~1983년 사이에 번역 출판된 "이념 서적"은 빌런의 『칼 마르크스──그의 생애, 그의 시대』, 신복룡 옮김(평민사, 서울 1982); 터커의 『칼 마르크스의 철학과 신화』, 김학준/한명화 옮김(한길사, 서울 1982); 맥렐런의 『칼 마르크스의 사상』, 신오현 옮김(민음사, 서울 1982); 아비네리의 『칼 마르크스의 사회 사상과 정치 사상』, 이홍구 옮김(까치, 서울 1983); 포퍼의 『열린 사회와 그 적들』, 이한구/이명현 옮김(민음사, 서울 1983) 등 지극히 온건하고도 입문적인 서적들이었다. 특히 포퍼의 경우는 반(反)마르크스주의적이기까지 하다.

1984), 「정치 이론」(이홍구, 1984), 「기술경제론」(박우희, 1984)과 「마르크스주의에 대한 엥겔스의 기여」(김홍명, 1984) 등 마르크스와 마르크스주의를 정면에서 다룬 논문들이 게재되어 있다. 우리가 한국 최초의 마르크스와 마르크스주의 연구 논문집인 이 책에 특히 주목하는 것은 그것의 학문적 성과가 대단해서가 아니라, 거기에서 1950년 이래 광적인 매카시즘의 제물이 되어온 주류 학계의 마르크스와 마르크스주의에 대한 연구가 거의 1세대간의 잠복기를 지나면서도 그나마 최소한의 명맥을 유지해오고 있었다는 사실을 확인할 수 있기 때문이다.

그러나 1980년대의 한국에 있어서 마르크스-엥겔스와 마르크스주의에 대한 저작의 번역과 연구의 주도권을 잡은 것은 주류 학계의 대학 교수들이기보다는 반체제적인 운동권이었다고 하겠다. 주류 학계가 기왕에 획득한 연구상의 우위를 유지하며 공산주의 이론 일반이나 공산권 연구를 통해 학문적 업적의 점진적 축적에 만족하고 있는 동안 반체제적 운동권은 급진적인 연구 서클을 중심으로 공산주의 서적의 번역과 이론적 토론에 골몰했던 것이다.

1970년대의 폭압적 유신 정권은 체제에 순응하지 않는 많은 지식인들을 체제로부터 철저히 소외시킴으로써 이들을 "숙명적"인 반체제 세력으로 고립시켰다. 따라서 굴욕적인 항복 이외의 어떠한 방식으로도 체제와 타협할 수 없었던 이들 반체제 지식인들은 1980년대에 들어와 반체제 운동이나 급진적 연구 서클의 중핵을 형성하면서 진보적인 사회 운동과 지적 활동을 선도해나갔던 것이다. 특히 1980년의 "서울의 봄"과 유혈(流血)의 광주 사태가 또 다른 독재 정권으로 이행하는 하나의 구실이었음을 목도한 급진 세력은 정당성을 확보하지 못한 새로운 군사 정권에 정면으로 도전하면서 이를 위한 이론적 기초로서 마르크스와 마르크스주의의 제이론을 학습했던 것이다. 따라서 이들 진보 세력의 마르크스와 마르크스주의에 대한 학습은 전적으로 정부의 공식적인 승인과는 무관하게 독립적으로 전개되었으며, 거기에는 정치적 · 사회적 현실의 변혁이라는 혁명적 정서가 강하게 내포되어 있었다.

그러기에 1980년대 중후반의 이들 반체제적 운동권에 수용된 지배적인 이론은 혁명적인 교조적 노선의 정통 마르크스-레닌주의와 북한의 주체 사상이었다. 따라서 운동권에서는 이들 노선과 관련된 많은 서적과 논문, 팸플릿 등이 주로 번역 · 복사되어 유통되었으며 다른 한편으로는 이들 이론의 고전적 근거가 되는 마르크스와 엥겔스의 저작들도 학습을 위해 집중적으로 번역되어 탐독되었던 것이다. 그러나 반체제적 서클에 한정되어 유통되던 이들 고전의 번역서가 공식적으로 출판된 것은 1987년 대규모의 반정부 시위가 시민의 승리로 귀결된 6·29 선언 이후의 일이었다. 따라서 1987년 이후 수년 사이에 홍수처럼 출판된 수많은 마르크스-엥겔스의 저작들은 이러한 정치적 · 사회적 배경 하에서만 이해될 수 있을 것이다.

4. 1980년대 마르크스-엥겔스 저작의 번역과 그 특징

마르크스와 엥겔스의 한국어 번역은 『공산당 선언』(1945), 『임노동과 자본』(1946), 『정치경제학 비판 서설』(1947), 『반 뒤링론』(부분, 1948), 『공상에서 과학으로의 사회주의의 발전』(1946), 『자본론』(부분, 1947) 등과 같이 해방 공간에서 출판된 소수 저작(그것도 방대한 저작의 경우 일부분)의 번역을 제외하고는 거의 모두가 남북이 분단된 지 40년이 지난 1987년 이후의 3, 4년에 집중되어 있다. 그러나 이처럼 1987년 이후의 수년에 집중된 마르크스-엥겔스 저작의 한국어 번역에는 다음과 같은 몇 가지의 특징이 지적될 수 있겠다. 첫째 번역 대상의 선정이 운동권의 실천적 필요에 따라서 자의적으로 이루어지고 있다는 점이다. 번역의 대상이 되는 개개의 저작이 마르크스와 엥겔스 사상의 포괄적 형성이나 이해를 위해 선택되었다기보다는 운동권의 논리나 교조적 이론의 이해를 위한 현실적 필요성에서 이루어졌다는 것이다. 『경제학-철학 초고』(4종), 『공산당 선언』(12종), 『임노동과 자본』(6종), 『프랑스에 있어서의 계급 투쟁』(5종), 「1850년 3월 중앙 위원회가 동맹원에게 보내는 호소 M/E, Ansprache der Zentralbehörde an den Bund vom März」(1850, 4종), 엥겔스의 『농민혁명론』(5종), 『루이 보나파르트의 브뤼메르 18일』(5종), 『정치경제학 비판 서설』(5종), 마르크스의 『임금, 가격 및 이윤』(7종), 『프랑스에 있어서의 내전』(6종), 엥겔스의 『주택 문제 Zur Wohnungsfrage』(5종), 『고타 강령 비판』(관련 문건을 합하여 모두 9종), 『반 뒤링론』(4종), 『유토피아에서 과학으로의 사회주의의 발전』(7종), 『가족, 사유 재산, 국가의 기원』(4종), 『루드비히 포이어바흐와 독일 고전 철학의 종언』(6종) 등이 그 대표적 예라 하겠다.

둘째로 지적되어야 할 것은 이 시기에 번역된 마르크스-엥겔스 저작의 저본(底本)과 번역자가 갖는 특징이다. 우선 상당 부분의 번역서들은 그들이 번역한 텍스트의 저본이 무엇인가를 분명히 밝히지 않고 있다. 그들은 필요한 대로 독일어 원전(주로 MEW)이나 영어판(모스크바의 프로그레스 출판사 등)을 열거하고 있으나 일본어 번역본을 이용한 경우도 적지 않아 보인다. 이러한 사실은 한국에서의 마르크스-엥겔스 저작의 번역이 체계적인 기획 하에 이루어진 것이 아니라 필요에 의한 임시방편의 것이며, 번역자 또한 전문적인 연구자들이 아니라 대학이나 대학원을 졸업한 수준의 운동권 내 이론가들로, 이들의 번역 작업 역시 개인으로, 또는 하나의 집단으로 이루어졌다는 점에서 확인할 수 있다. 따라서 한국어 번역본의 질적 수준은 저작에 따라, 그리고 역자에 따라 그 차이가 크게 다른 것이 특징이라고 하겠다. 이러한 맥락에서 볼 때 한국 사회에서 마르크스-엥겔스 저작의 번역사에 있어서 획기적 업적의 하나라고 거론되는 김수행 교수의 『자본론』 전 3권(1989~1990)이 번역의 저본으로 이용한 텍스트가 독일어가 아닌 벤 포옥스Ben Fowkes의 영역본을 주된 저본으로 하여, 일본어 번역과 북한이 출판한 한국어 번역을 이용했다는 점도 지적되어야 할 것이다.

셋째로는 마르크스-엥겔스의 저작을 한국인이 독자적으로 편찬한 앤솔로지나 선집이 없다는 점이 지적되어야 하겠다. 일정한 주제나 관점에 근거하여 마르크스와 엥겔스의 전 저작을 망라한 앤솔로지나 선집을 편찬하는 데에는 이들의 저작과 사상에 대한 깊은 이해와 높은 안목이 요구된다. 따라서 이러한 앤솔로지나 선집의 결여는 일천한 한국의 연구사를 감안할 때 어쩌면 당연한 일인지도 모른다. 그리고 이러한 이해나 안목의 결함은 이들 저작의 자의적인 발췌에서도 그대로 노출된다고 하겠다. 허교진의 『프랑스 혁명사 3부작』(1987; 이는 1991년 임지현/이종훈의 번역으로 다시 출판), 김호균이 편찬한 『경제학 노트』(1988), 조금안이 편집한 『여성해방론』(1988), 한철이 편집한 마르크스와 엥겔스의 『당에 대하여』(1989), 소나무 편집부의 『프롤레타리아당 강령』(1989), 강좌 편집위원회의 『노농동맹과 농민 문제』(1989)와 『무장봉기』(1989), 김정수가 편한 『주택·토지론』(1990), 김성한이 편집한 『농업론』(1990) 등이 그러한 예로서 이는 MEW나 영어, 일본어 등에서 필요한 글들을 자의적으로 선택하여 번역한 것으로 보인다. 따라서 마르크스-엥겔스의 저작에 관한 한 우리는 당분간 외국인이 편찬한 주제별 앤솔로지나 선집에 의존할 수밖에 없다고 하겠다. 그런 점에서 권명식이 번역한 일본인 히로마츠(廣松涉)의 『마르크스-엥겔스의 혁명론』(1988), 모스크바 외국어 출판사의 『식민지론』(1989), 소련과학원의 『마르크스-엥겔스 교육론』 3권(1988~1989) 등은 한동안 그 유효성을 인정받을 것으로 보인다. 그리고 1990년대에 들어와서 옛 동독의 마르크스-레닌주의 연구소가 편집한 『마르크스-엥겔스의 6권 선집 *Ausgewählte Werke in sechs Bänden*』(Dietz Verlag, Berlin 1970~1972)이 『칼 맑스/프리드리히 엥겔스, 저작 선집』(1991~1997)으로 출판된 것은 한국의 마르크스-엥겔스 연구에 있어서 획기적인 사실로 기록되어야 할 것이다. 앞에서도 언급한 바와 같이 마르크스와 엥겔스의 저작들은 군사 독재에 대한 시민 항쟁이 승리한 1987년을 기점으로 하여 폭발적으로 출판되었다. 따라서 그들의 주요 저작은 마르크스의 학위 논문과 그 준비 노트, 『자본론』을 위한 연구 노트와 서간집, 그리고 각종 발췌 노트를 제외할 경우 상당히 많은 부분이 번역된 상태이다. 그러나 한국어로 된 전집이나 포괄적 선집을 갖지 못한 연구자나 독자들의 경우 마르크스와 엥겔스 저작의 전체상을 포착하기 어려운 상황에서 이 『저작 선집』의 출판은 마르크스와 엥겔스의 연구나 학습에서 중요한 의미를 갖게 되는 것이다.[5]

---

5) 박종철 출판사의 신MEGA I/2에 근거한 『1844년의 경제학-철학 초고』(1991)와 열음사의 MEW Band 1에 근거한 『마르크스의 초기 저작: 비판과 언론』(엥겔스의 글은 제외, 1996) 이 전집을 염두에 둔 단행본의 출판이었던 것으로 보인다. 그러나 이러한 계획은 전자가 6

이와 관련하여 여기에 언급되어야 할 것은 1920년대 이래의 마르크스-엥겔스의 전집 출판과 관련된 역사적 사실, 그리고 전집의 구체적 편찬 방식과 내용을 소개한 두 편의 논문이 정문길에 의하여 발표되었다는 사실이다(정문길, 1991b; 1992). 1850년 베커Hermann Becker 이래의 마르크스와 엥겔스의 전집 출판사를 포괄적으로 조망한 이들 논문은 구MEGA와 MEW, 그리고 신MEGA의 출판 경위는 물론이요, 1989년 공산권 붕괴 이후 국제 마르크스-엥겔스 재단IMES을 중심으로 한 신MEGA의 속간 사업까지 다루고 있어 이 분야의 지적 활동을 선도적으로 보고한 논문의 하나이다.

5. 1980년대 이후의 마르크스-엥겔스에 대한 연구 성과

1998년은 『공산당 선언』이 발표된 지 150년이 되는 해이다. 따라서 국제적으로 이를 기념하는 행사가 프랑스와 독일 등지에서 열리고 있다는 기사가 한국의 매체들을 통해 보도된 바 있다. 그러나 한국의 진보적 진영이나 잡지는 이 역사적 사건을 기념하는 그 어떠한 자체적 행사나 특집도 마련하지 못한 채 이 해를 넘겼던 것이다. 단지 한 진보 진영의 연구 서클이 파리에서 개최된 『공산당 선언』, 150주년 기념 파리 국제 학술 대회Le manifeste communiste 150 ans après: Rencontre Internationale, Paris, 13 au 16 mai 1998에의 기고 논문들을 한글로 번역하여 이를 『선언 150년 이후』(1998)라는 책으로 출판했을 따름이다.

권의 『마르크스/엥겔스, 저작 선집』(1991~1997)으로 이어지고, 후자는 더 이상의 후속 출판에 대한 막연한 기대만을 표명한 채 중단되었다.

우리는 『공산당 선언』 발표 150주년을 맞아 한국의 학계나 진보 진영이 이렇다 할 학술적 행사 하나 없이 1998년을 보내는 현실을 통해 그들이 갖고 있는 역량을 단적으로 가늠하게 된다. 한국에 있어서 마르크스와 엥겔스에 대한 연구 성과는 1980년대 이래 각종 학술지와 인문·사회과학 관련 잡지에 발표되었다. 그러나 그 가운데서도 급진적 기치를 내걸고 1980년대 후반에 창간된 『산업사회연구』(부정기; 1986~1987), 『경제와 사회』(계간; 1988년 창간, 1998년 3월 현재 37호 발행), 『현실과 과학』(1988~1991, 전 10집 발행), 『사회경제평론』(1988년 창간, 처음은 연간이었으나 1999년부터 반년간으로 발행. 2002년 4월에 18호 발행)과 마르크스주의 이념지인 『이론』(계간; 1992년 창간, 1997년 여름 17호 발행)[6] 중의 일부가 1990년대 중반에 와서는 운동의 지향성에 대한 갈등이나 재정적 이유로 폐간되거나 정상적 발행이 어려운 상태에 놓이게 되었다. 그리고 마르크스-엥겔스와 마르크스주의와 관련된 연구 성과나 토론에 많은 지면을 제공하던 『창작과비평』(1985년에는 사회 구성체 논쟁을, 그리고 1988~1989년간에는 유물사관 논쟁을 기획하고 연재), 『문학과사회』(1991~1996년 사이에 정문길의 『독일 이데올로기』와 관련된 지속적 연구 성과를 게재)와 반년간지 『사회비평』(1991년 분석적 마르크시즘에 대한 기획 특집) 등이 근년에 와서는 이 같은 주제의 글들에 냉담할 뿐만 아니라 『공산당 선언』 발표 150주년이라는 역사적 사건을 다루는 기획을 전적으로 외면하고 있음은 한국에 있어서 마르크스-엥겔스와 마르크스주의에 대한 관심의 퇴조를 보여주는 사례라고 하겠다.

---

6) 1997년 여름에 종간된 이 잡지는 2년여의 잠복기를 거쳐 1999년 가을에 종래의 진용을 재정비하여 『진보평론』이란 이름으로 재출발했다. 이 『진보평론』은 2002년 말 현재 14권이 발간되었다.

물론 이들 여러 잡지의 발행 중단이나 이러한 주제에 대한 편집자들의 관심의 퇴조는 한국에 있어서 마르크스-엥겔스, 그리고 마르크스주의에 대한 일반적 관심의 퇴조를 의미하기도 하지만 이는 또 다른 의미에서는 연구 수준 자체의 한계를 보여주는 것이기도 하다. 다시 말하면 한국의 학계가 『공산당 선언』 발표 150주년을 기념하는 연구 논문들을 모아 이를 특정 잡지의 기획물이나 한 권의 단행본으로 묶을 만한 객관적 연구 인력을 확보하고 있느냐 하는 데 대한 근본적인 질문이 제기된다는 점이다. 이는 1980년대 이래 한국의 지식인, 특히 운동권 중심의 지식인들이 마르크스-엥겔스와 마르크스주의에 대해 가졌던 관심은 거의 전적으로 정치적·사회적 현실의 혁명적 변혁이라는 실천적 과제와 결부되어 있었기에 그들의 사상에 대한 학문적 천착은 어차피 취약할 수밖에 없었기 때문이다. 이러한 사실은 우리가 1980년대 이래 불과 10여 년 사이에 한국에서 이루어진 마르크스와 엥겔스에 관한 학문적 연구성과가 얼마나 빈약한 것인가를 확인하는 것으로 충분하다 하겠다(마르크스-엥겔스의 저작과 직접적으로 관련된 연구 성과와 번역만을 대상으로 하는 이 글에서 저자는 편의상 마르크스-엥겔스 저작의 집필 연대순으로 이를 정리하려고 한다. 그리고 『자본론』과 연구 노트와 관련한 경제학 연구 성과는 그다음에 서술하려고 한다).

마르크스-엥겔스의 초기 저작이나 사상과 관련된 연구로는 먼저 마르크스-엥겔스와 청년 헤겔파와의 사상사적 연계 관계를 다룬 정문길의 논문들이 있다. 그는 19세기 초의 독일에서 청년 헤겔파가 갖는 사상사적 의미를 추궁하는 한편(정문길, 1980; 1981a; 1997), 이들 청년 헤겔파와 마르크스의 지적 연관성을 슈티르너Max Stirner나 바우어 Bruno Bauer와의 연관 관계를 통해 파악하려고 노력하고 있다 (정문길, 1981b: 1982: 1984a: 1984b). 한편 마르크스의 학위 논문에 대한 소장학자들의 최근의 관심은 마르크스 유물론의 특징을 규명하려는 노력의 하나로서 주목된다. 에피쿠로스의 유물론 철학을 칸트의 요청적 사유 방법론Postulats-Denkmethode으로 접근한 김진의 『칼 마르크스와 희랍 철학』(1990), 공동체적 인간관과 윤리적 정치 이념으로 접근한 박주원의 논문(1997), 그리고 알튀세르와 들뢰즈에서 출발하여 유물론에 반하는 유물론으로 정리한 고병권의 논문「마르크스와 에피쿠로스」(1999) 등이 바로 이 분야의 성과들이다. 그리고 1932년 구MEGA I/3에 처음으로 공개되어 이후 마르크스의 인간주의와 소외 논의의 초점이 된『경제학-철학 초고』는 한국의 인문·사회과학도들에 의해 광범위하게 연구·인용되었으나 그 초고의 존재 양태에 대한 구체적인 검토가 없었는데, 정문길은 1985년 국제사회사연구소에서의 초고 검토를 통해 집필 순서와 집필 시기Datum der Fassung 문제에 대한 최근의 논쟁을 텍스트 비판이란 관점에서 검토했다(정문길, 1987a). 이 논문은 한국에서 이루어진 마르크스의 초고에 대한 최초의 연구 성과로서 기록될 수 있겠다.

한편 마르크스와 엥겔스의 공동 저작으로 청년기의 그들의 유물론적 견해가 처음으로 구체화된『독일 이데올로기』에 대해서는 이 저술의 성립사에서 이 책의 제1부 "I. 포이어바흐"장의 텍스트 편찬에 이르기까지의 다양한 서지학적·문헌학적 연구가 정문길에 의해 1990년 이래 최근까지 계속되고 있다(정문길, 1990: 1991a: 1993: 1994: 1996a: 1996b: 1996c: 1998: 2001). 그러나『공산당 선언』은 그 다양한 한국어 번역본에도 불구하고 이렇다 할 연구 성과는 축적되지 않고 있다. 이는 1840년대 중후반의 공산주의자 동맹이나 공산당, 그리고 3월 혁명기의 마르크스와 엥겔스의 활동에 대한 구체적 연구가 거의 전무하다는 상황과도 관련이 있다고 하겠다. 다만 여기서 언급해야 할 것은 『공산당 선언』 150주년 다음해에 발간된 『진보평론』 창간호에 게재된 최갑수의 「『공산당 선언』의 현재적 의미」(1999)가 『선언』 집필 당시의 독일의 후진적 현실과 도래할 혁명의 이중적 특성을 분명히 한 점이다.

마르크스와 엥겔스의 후기 저작 가운데 한국의 독자들에게 집중적으로 번역·소개된 저술로는 프랑스 혁명에 관한 마르크스의 세 편의 논문〔『1840년에서 1850년까지의 프랑스에서의 계급 투쟁』(1850), 『루이 보나파르트의 브뤼메르 18일』(1852), 『프랑스의 내전』(1871)〕이나 독일 혁명과 관련된 엥겔스의 논문〔『독일 농민 전쟁』(1850), 『독일에서의 혁명과 반혁명』(1851~1852)〕 등 혁명과 관련된 저술들이 눈에 띈다. 이러한 사실은 이들 저작이 번역·소개되던 당시의 한국 급진주의자들의 실천적 운동 경향과 밀접히 연결되어 있음을 보여주고 있으나 이들 혁명사에 대한 학문적 연구는 극히 희소하다. 이는 마르크스의 "토지 국유화" 문제를 다룬 짧은 글(Über die Nationalisierung des Grund und Bodens, 1872)과 엥겔스의 "주택 문제"를 다룬 글(Zur Wohnungsfrage, 1872~1873)이 『주택·토지 문제』(1990)란 앤솔로지로 출판되고, 『고타 강령 비판 Kritik des Gothaer Programms』(1875)의 번역본이 다양하게 출판되었으나 이들에 대한 충실한 해설이나 학문적 연구가 전무한 것과 같은 사정이다. 이 같은 사실은 한편으로는 당시의 급진적 운동권의 관심의 방향을 보여주는 동시에 다른 한편으로는 이들 운동권의 조급성을 드러내 보이는 것이기도 하다. 따라서 여기서는 『루이 보나파르트의 브뤼메르 18일』을 충실히 해석한 최장집의 「보나파르티즘의 전개와 이론」(1990)만을 언급

해둘 수 있겠다.

한편 엥겔스의 중요한 후기 저작들은 1980년대 말에 거의 다 한국어로 번역되었다. 『반 뒤링론』(1876~1878), 『유토피아에서 과학으로의 사회주의의 발전』(1880), 『가족, 사유 재산 및 국가의 기원』(1884), 『자연변증법』(1873~1883), 『루트비히 포이어바흐와 독일 고전 철학의 종언』(1886) 등이 그것이다. 그러나 이들 제저작에 대한 충실한 연구나 엥겔스의 학문적 업적, 마르크스주의에 대한 기여 등에 대한 학문적 연구는 김홍명의 연구(1984; 1993a)를 제외하고는 특기할 만한 글들이 눈에 띄지 않는다.

다음으로 우리들이 검토해야 할 것은 마르크스와 엥겔스의 개개 저작이 아니라 그들의 사상을 주제 중심으로 다룬 연구 업적들이다. 우선 한국에서 눈에 가장 많이 띄는 주제는 유물사관과 민족 문제에 관한 것이다. 먼저 마르크스의 역사적 유물론은 1980년대 중반 이후 진보 학계에서 광범위하게 논의되고, 또 논쟁의 대상이 되어온 주제이다. 특히 1988~1989년 사이에 계간지 『창작과비평』이 주도해온 역사 법칙 논쟁은 1985년 『창작과비평』 복간호에 게재된 박현채와 이대근의 논쟁에서 촉발된 사회 구성체 논쟁과 연계하여[7] 한국 사회에서의 마르크스 이론의 이해의 폭과 논의의 깊이를 더했다는 데서 중요한 의미를 갖는다(유재건, 1988, 1988a; 김광현, 1988; 이청산, 1988; 구승희, 1989; 이기홍, 1989). 그리고 이러한 논쟁과의 연장선

---

7) 박현채, 「현대 한국의 성격과 발전 단계에 관한 연구 ── 한국 자본주의의 성격을 둘러싼 종속 이론 비판」, 『창작과비평』, 부정기 간행물 1호(1985): pp. 301~45; 이대근, 「한국 자본주의의 성격에 관하여 ── 국가독점자본주의론에 관하여」, 같은 책, pp. 346~73. 박현채/조희연, 『한국 사회 구성체 논쟁』, I~IV(죽산, 서울 1989~1991); 정문길, 「진보주의의 수용과 전개 ── 1970년대 이후 한국에서의 마르크스주의 운동과 연구 동향」, 김병익/정문길/정과리 편, 『오늘의 한국 지성, 그 흐름을 읽는다: 1975~1995』(문학과지성사, 서울 1995): pp. 352~70, 특히 362~66도 참조하라[이 책 제8장에 게재].

상에서 이루어진 임지현(1988), 진석용(1991), 유재건(1993), 강성호 (1993) 등의 연구는 이 분야의 중요한 성과라고 하겠다(윤형식, 1994; 이세영, 1994).

한편 남북이 분단된 현실에서 이의 극복, 통일을 실천하려는 한국의 급진적 지식인들은 이의 해결책을 마르크스와 엥겔스의 민족 문제 논의에서 찾아보려고 했다. "프롤레타리아트에게는 조국이 없다"는 『공산당 선언』의 구절 때문에 마르크스와 엥겔스에게는 계급에 대한 고려가 민족에 대한 고려에 우선하는 것으로 생각되었다. 그러나 계급과 민족은 유물론적 역사 파악의 유기적 구성 부분이고, 따라서 그들의 이론에 근거한 민족 문제의 해결은 분단국 한국의 지식인들에게는 중요한 의미를 갖는다. 이러한 맥락에서 박노영의 문제 제기(1988)나, 임지현의 마르크스와 엥겔스의 민족 문제에 대한 집중적 연구(1990; 1992; 1994) 등이 중요한 연구 성과로서 거론될 수 있겠다. 우리는 이 같은 주제 이외에도 마르크스와 엥겔스의 저작과 사상에 나타나는 소유 문제(김홍명, 1993b), 평등(박호성, 1994), 계급 문제(서관모, 1992), 인간론을 비롯한 철학적 제문제(김재기, 1992; 김창호, 1991; 양승태, 1996; 정진상, 2000; 양희석, 2000), 정치 이론 (최형익, 1999; 박주원, 2001, 2001a), 국가론(김세균, 1992; 김홍명, 1993c), 문화 이론(정남영, 1992; 이춘길, 1993; 박설호, 1995) 등의 다양한 논의를 열거할 수 있으나 이 분야의 연구 성과는 좀더 많은 시간을 필요로 한다고 하겠다. 왜냐하면 이러한 다양한 분야의 논의는 구미 각국에서 훈련을 쌓은 신진 학자들의 귀국과 국내에서 학위를 마친 연구자들에 의해 미구에 본격적인 연구가 진행될 것이 기대되기 때문이다. 특히 앞에서 열거한 한국 학계의 많은 업적이 대부분 신진 학자들의 학위 논문이라는 사실을 감안할 때 이러한 가능성은 더욱 확실해진다고 하겠다.

마지막으로 우리는『자본론』과 관련된 연구 성과를 정리해보고자
한다. 한국 사회에 있어서『자본론』은『공산당 선언』과 더불어 금서
(禁書)로 분류되는 이념 서적의 마지노선이었다. 따라서 1987년 한
출판사가 국가보안법 위반이란 위험을 각오하고『자본론』제1권의 1
분책을 출판하자 이 책은 곧장 압수되었을 뿐만 아니라 출판사의 사
주(社主)는 입건 · 구속되는 정치적 사건으로 비화되었다. 그러나 이
사건을 계기로 하여 1989년 이래로『자본론』은 금서의 대상에서 벗
어나 자유롭게 출판되었다. 벤 포옥스의 영역본을 저본으로 한『자
본론』전 3권의 번역이 김수행에 의해서 이루어지고(1989~1990),
MEW에 근거한 번역이 제1권은 김영민에 의해서, 제2, 제3권은 강신
준에 의해 이루어졌다(1987~1990). 그리고『그룬트리세』가 2000년
김호균에 의해『정치경제학 비판 요강』(모두 3책)으로 번역되고,『자
본론』제4권에 해당하는『잉여가치 학설사』가 1966년 북한에서 발행
된 판본을 복각하여 1, 2부가 1989년에 출판되었다. 그리고 스캄브
락스Hannes Skambraks가 편찬한『자본론에 관한 서한집 *Über "Das
Kapital" Briefwechsel*』이 1990년에 번역 · 발간되었다. 따라서 1990
년대에 들어오면서는 한국에서도『자본론』을 공부하고 연구할 수 있
는 객관적 토양이 마련된 셈이다. 그러나『자본론』의 본격적 연구를
위한 연구 인력은 지극히 한정되어 있기에 우리가 거론할 수 있는 연
구 업적은 제한될 수밖에 없다. 이러한 상황 하에서 1980년대 후반
한신대학 경제학과 교수들을 중심으로 한 한신경제과학연구소의
'경제학 토론'은 주목할 만한 연구 성과였다.[8] 1990년대에 들어오면

---

8) 한신대학 경제과학연구소가 주관한 '경제학 토론' 가운데는 마르크스-엥겔스의 경제 이론
과 관련하여 1985~1986년에 다음과 같은 논문들이 발표되었다. 정운영, 1985a; 1985b;

서 드물게나마 『자본론』과 관련된 연구 성과가 발표되고(김수행, 1993; 1994; 김성구, 1994; 정상돈, 1996), 1990년대 후반에는 한국 사회경제학회가 정치경제학의 새로운 모색을 위하여 『가치 이론 논쟁』(1995)을 출판하고(류동민, 1995b; 박관석, 1995; 이채언, 1995; 조원희, 1995; 홍훈, 1995), 계간지 『이론』이 "『자본』의 현재적 의의"(1997)를 특집으로 다룰 정도로 연구 인력의 확대를 보여주고 있다(김성구 1996/97; 김수행, 1996/97; 조현수, 1996/97). 그러나 우리가 열거할 수 있는 『자본론』 연구의 대표적 업적은 다른 나라에서의 그 방대한 연구 성과에 비교하여 김수행의 『자본론 연구 1』(1988)과 『자본론의 현대적 해석』(2002), 정운영의 『노동가치 이론 연구』(1993), 그리고 홍훈의 『마르크스 경제 사상의 구조와 한계』(1994)를 비롯한 최근의 연구를 열거할 수 있을 뿐이다. 다시 말하면 한국에서의 『자본론』 연구는 개별적 논문이나 논쟁으로 나타나고 있을 뿐, 체계를 갖춘 저서의 형태로 구체화되기에는 좀더 시간이 필요한 것으로 보인다. 그리고 이들 연구자들은 거의 대부분이 구미에서 마르크스의 정치경제학 연구로 학위를 받았으며, 국내에서 훈련을 받은 연구자들은 1990년대 중후반에 이르러서야 나타나고 있다.

그리고 한국에서의 『자본론』 연구와 관련하여 한 가지 언급되어야 할 점은 2005년에 완간될 신MEGA 제II부(『자본론』과 준비 노작)의 출판과 관련된 연구 성과가 전무하다는 사실이다. 사실 독일, 러시아, 일본의 연구자들에 의해 편집되고 있는 신MEGA 제II부는 『자본

1986; 김수행, 1986a; 1986b; 1986c; 1986d; 1986e; 강남훈, 1986. 저자는 이 자료의 검색에 도움을 준 이 연구소의 신혜영씨에게 감사드린다. 한편 위의 논문 중 정운영 1985a, 김수행 1986b, 강남훈 1986은 1986년 한신경제과학연구소 편, 『가치 이론』(까치, 서울)에 수록되었다.

론』과 그 집필을 위한 마르크스와 엥겔스의 방대한 준비 노작 Vorarbeiten을 출판하고, 또 이를 근거로 한 새로운 연구 성과가 속속 발표되고 있으나 한국의 연구자들에게는 아직 이의 이용이 활성화되지 않고 있는 것으로 보인다.

이와 같이 새로이 발굴된 자료나 구체적 텍스트에 대한 한국 연구자들의 관심의 취약성은 단지 『자본론』 연구자들에게만 국한되는 것이 아니다. 이는 마르크스와 엥겔스의 이론이나 사상에 대한 한국 연구자들의 연구가 아직도 거시적인데 집중되어 있어 이론의 정치함을 획득치 못했음을 단적으로 설명해주는 것이기도 하다.

6. 앞으로의 전망

앞에서 살펴본 바와 같이 한국에서의 마르크스와 엥겔스 저작의 번역과 그들의 사상에 대한 연구는 1980년대 중후반 이후의 극히 최근의 일이다. 그리고 이 같은 최근의 번역이나 연구조차도 학문적 연구의 대상이기보다는 정치적·사회적 현실의 변혁이라는 실천적이고도 당파적인 요구와 밀착되어 있었다. 따라서 한국에서 마르크스와 엥겔스의 저작에 대한 체계적 편찬이나 완벽한 번역을 기대하기는 시기상조라고 하겠다. 그리고 그들의 저작이나 사상에 대한 학문적이고도 객관적인 연구 성과 또한 빠른 시일 안에 이루어지기는 어려울 것으로 보인다. 더욱이 전지구적인 차원에서 공산주의 국가의 붕괴와 이데올로기의 퇴조가 뚜렷이 나타나는 현실에서 이러한 사실은 더욱 명백해진다고 하겠다. 그럼에도 불구하고 한국에서의 이 분야의 연구가 앞으로도 지속될 것이고, 또 연구 성과도 축적될 것이라고 믿는 데에는 다음과 같은 몇 가지의 이유를 열거할 수 있다.

첫째로 1945년 종전 이후 반세기에 걸치는 한국의 분단 상황이 국제 정치의 산물이긴 하나 그 배후에는 마르크스와 엥겔스의 사상에 연유하는 공산주의의 사상이 하나의 지렛대로 작용했었다는 점이다. 따라서 한국의 지식인이 한국 분단 50년의 역사를 정확히 이해하고, 나아가 통일 이후의 정치적·사회적 현실에 대비하기 위해서는 마르크스와 엥겔스의 사상에 대한 체계적인 연구가 불가피하다고 생각되기 때문이다.

둘째로는 연구 인력의 문제이다. 1980년대에 운동권 세력의 중핵을 형성했고, 따라서 "이념 서적"의 번역과 학습에 적극적으로 참여했던 많은 인력이 잠재적으로 이러한 연구 인력의 공급원이 되리라는 점이다. 이는 1960년대 이래의 한국 사회의 개발 독재와 그것이 결과한 정치적·경제적·사회적 모순의 심화에 저항한 운동권 지식인과 이러한 모순의 문제를 외국 유학을 통해 학문적으로 탐구한 일단의 지식인들이 이제 한국 학계의 중견으로 자리 잡고 있다는 사실에 근거한다. 물론 우리는 동구 공산권의 몰락에 따르는 탈이데올로기화의 경향이 이들 운동권 출신 지식인들에게 부정적으로 작용하고 있다는 사실을 간과할 수는 없다. 그러나 앞에서 열거한 바 마르크스-엥겔스 연구의 중요한 업적들이 대부분 신진 학자들의 학위 논문이고, 또 외국에서 이 분야에 대한 본격적인 훈련을 쌓은 연구자들의 연찬의 성과라는 점을 통해 이 분야의 연구 인력의 충원이 결코 부정적인 것만은 아니라는 점을 지적하고자 한다.

마지막으로는 마르크스와 엥겔스의 저작과 사상에 대한 연구 환경의 개선이다. 이 분야의 연구에 관한 한 국가보안법이 엄연히 존재하는 한국 사회에서는 아직도 이에 대한 법률적 제약이 완전히 해소된 것은 아니다. 그러나 공산권의 붕괴에 따른 이데올로기적 갈등의 둔화, 남북한의 각종 지표의 비교에서 보여주는 남한의 우위 등이 이 분야에 대한 공개적 논의나 연구가 더 이상 체제나 보수파에 위협이 되지 않는다는 자신감으로 나타나면서 객관적인 연구 환경은 결정적으로 개선되었다고 하겠다. 특히 김대중 정부에 들어와서 추진된 대(對)북한 햇빛 정책과 2000년 6월 15일 평양에서 공포된 김대중-김정일 간의 남북 공동 성명은 마르크스-엥겔스와 관련된 연구에 있어 이제는 그 어떠한 장애도 존재하지 않는다는 점을 분명히 해주고 있다. 따라서 세계화 시대의 정보의 즉각적 공유와 국제적 학술 교류의 확대로 마르크스-엥겔스를 연구하는 한국의 학자들이 이제는 더 이상 특정한 자료에의 접근이나 연구, 또는 발표에서 제약을 받지 않아도 된다는 사실이 앞으로의 이 분야의 연구 성과에 대한 우리의 기대를 높여준다고 하겠다. 그리고 한 걸음 더 나아가 세계화의 부정적 영향이 보편화되는 현실에서 마르크스와 엥겔스, 그리고 마르크스주의에 대한 관심은 괄목할 만한 것은 아니나 새삼 제고되고 있다는 점도 지적할 수 있다.

그러나 한국에서의 마르크스-엥겔스 연구에 있어 아직도 결정적 취약점은 이 분야의 연구 인력과 자료를 집성·결집하는 조직이나 연구 기관이 활성화되지 못하고 있다는 것이다. 이는 지난날의 한국의 정치적 현실에 상당한 책임이 있겠으나 이 분야의 연구자들도 횡적인 네트워크를 구축하고 관련 문헌의 데이터뱅크를 통해 이들을 공유하게 함으로써 좀더 다양하고도 심도 있는 연구 활동이 이루어질 수 있도록 해야 할 것이다.

인용된 연구 성과

강남훈, 1986, 「전형 문제에 대한 재검토」(한신경제연구소, 경제학 토론 집, 8606호; 『경제와 사회』 1호: pp. 51~75에 수록)〔한신경제과학 연구소 편, 1986: pp. 51~75〕.

강성호, 1993, 『마르크스 · 엥겔스의 역사 발전과 이행론 연구』(고려대학 교 박사 학위 논문)〔『마르크스의 역사적 유물론과 역사 발전론』(참 한, 서울 1994)으로 출판〕.

경상대학교 사회과학연구소 편, 2000, 『마르크스의 방법론과 가치론』 (한울, 서울).

고병권, 1999, 「맑스와 에피쿠로스: 유물론에 반하는 유물론」, 『진보평 론』 창간호: pp. 318~39.

구승회, 1989, 「마르크스주의 역사 법칙 논쟁 비판 ─ 김광현 · 이청산씨 의 글을 중심으로」, 『창작과비평』 17권 3호: pp. 366~287.

김광현, 1988, 「역사 법칙과 자유주의 ─ 유재건씨의 「역사법칙론과 역 사학」을 읽고」, 『창작과비평』, 16권 2호: pp. 222~44.

김성구, 1994, 「『자본』에서의 독점에 대한 이해」, 『이론』 10호: pp. 6~30.

──, 1996/97, 「『자본』과 현대 자본주의」, 『이론』 16호: pp. 9~32.

김세균, 1992, 「국가, 대중 그리고 마르크스주의적 정치」, 『이론』 1: pp. 63~98.

김수행, 1986a, 「이윤율 저하의 법칙과 공황」(한신경제연구소, 경제학 토 론집, 8601호).

──, 1986b, 「재생산표식과 상품 가치의 실현」(한신경제연구소, 경제 학 토론집, 8603호; 『경제와 사회』 1호, 1986: pp. 77~99에 수

262

록)〔한신경제과학연구소 편, 1986: pp. 79~99〕.

───, 1986c, 「특별 잉여가치 extra surplus-value에 관하여」(한신경제
과학연구소, 경제학 토론집, 8604호; 『변형윤 박사 화갑 기념 논집』,
1987에 수록).

───, 1986d, 「잉여가치, 이윤 및 평균 이윤」(한신경제과학연구소, 경
제학 토론집, 8605호).

───, 1986e, 「마르크스의 경제학 방법론」(한신경제과학연구소, 경제
학 토론집, 8610호).

───, 1988, 『자본론 연구 1』(한길사, 서울).

───, 1993, 「『자본』은 왜 불완전한가?」, 『이론』 3호: pp. 173~95.

───, 1994, 「『국부론』과 『자본』 사이의 이론적 계승과 단절」, 『이론』
9호: pp. 170~92.

───, 1996/97, 「『자본』의 금화와 현재의 중앙은행권」, 『이론』 16호:
pp. 33~44.

───, 2002, 『자본론의 현대적 해석』(서울대학교 출판부, 서울)/신정완
편, 2002, 『현대 마르크스 경제학의 쟁점들』(서울대학교 출판부,
서울).

김재기, 1992, 「'철학', 과학, 계급 투쟁」, 『이론』 2호: pp. 8~41.

김 진, 1990, 『칼 마르크스와 희랍 철학』(한국신학연구소, 서울).

김창호, 1991, 「마르크스의 역사적 유물론에서 '인간'의 지위에 관하여」
(서울대학교 박사 학위 논문)〔『마르크스의 역사적 유물론과 인간
론』(죽산, 서울 1991)으로 출판〕.

김홍명, 1984, 「마르크시즘에 대한 엥겔스의 기여」, 이홍구, 1984: pp.
175~96.

───, 1993a, 『자본제 시대의 사상』(창작과비평사, 서울).

——, 1993b, 「엥겔스와 유물변증법」, 김홍명, 1993a: pp. 274~94.

——, 1993c, 「루쏘와 맑스의 소유권」, 김홍명, 1993a: pp. 248~73.

——, 1993d, 「맑스주의와 국가 이론」, 김홍명, 1993a: pp. 345~67.

노재봉, 1984, 「마르크스의 시민사회론」, 이홍구, 1984: pp. 113~26.

류동민, 1994, 「가치 이론의 정합성과 분석적 의의에 관한 연구」(서울대학교 박사 학위 논문).

——, 1995a, 「자본 축적과 고용에 대한 가치 이론적 분석」, 『경제학연구』 43/1.

——, 1995b, 「노동 시장 분석의 미시적 구조」, 한국사회경제학회 편, 1995: pp. 285~316.

——, 2000, 「마르크스 가치론의 논리 구조와 현대적 의미」, 경상대학교 사회과학연구소, 2000: pp. 93~112.

——, 2001, 「가치와 가격의 미시적 연관: 신해석의 관점」, 『사회경제평론』 17호.

——, 2002, 「가치와 가격」, 김수행/신정완, 2002: pp. 155~78.

박관석, 1994, 「사용가치 개념의 구분을 통한 마르크스의 가치 및 화폐 이론의 재고찰」, 『사회경제평론』 7집.

——, 1995, 「환원 문제를 통해서 본 마르크스의 가치 이론의 이중성」, 한국사회경제학회, 1995: pp. 131~201.

박노영, 1988, 「마르크스 역사 이론에 있어서의 계급과 민족」, 『문학과사회』 2호: pp. 466~88.

박설호, 1995, 「지킹엔 논쟁 연구」, 『이론』 12호: pp. 107~29.

박우희, 1984, 「마르크스의 기술경제관」, 이홍구, 1984: pp. 154~74.

박주원, 1997, 「마르크스의 공동체적 인간관과 윤리적 정치 이념: 그의 박사 학위 논문 '데모크리투스와 에피쿠로스 자연철학의 차이

(1840~1841)'를 중심으로」, 『정치비평』 2호(푸른숲).

───, 2001a, 「마르크스의 자유주의 비판에 대한 연구」(이화여자대학교 박사 학위 논문).

───, 2001b, 「마르크스 사상에서 '생산'과 '정치'의 개념: 아렌트와 하버마스의 마르크스 비판에 대한 검토를 중심으로」, 『한국정치학회보』 35/3: pp. 85~105.

박호성, 1994, 『평등론』(창작과비평사, 서울).

안현호, 2002, 「마르크스주의적 화폐 이론」, 김수행/신정완, 2002: pp. 47~69.

양승태, 1996, 「마르크스의 인간본성론 재고: 베너블류와 제라스류의 해석을 넘어서 유적 존재 개념의 정치철학사적 규명을 위한 시론적 연구」, 『한국정치학회보』 30집 4호: pp. 99~116.

양호민, 1963, 『맑스-레에닌주의(이론 비판편)』(내외문화사, 서울).

양희석, 2000, 「가치의 변증법과 형이상학」, 경상대학교 사회과학연구소, 2000: pp. 41~92.

유재건, 1988a, 「역사법칙론과 역사학──최근 소개된 역사적 유물론에 관한 논의」, 『창작과비평』 16권 1호: pp. 287~311.

───, 1988b, 「역사 법칙 재론──역사 법칙과 자유주의에 대한 답변」, 『창작과비평』 16권 3호 pp. 244~73.

───, 1993, 『마르크스의 역사관 연구』(서울대학교 박사 학위 논문).

윤형식, 1994, 「총체적 실천 철학으로서의 역사적 유물론」, 『이론』 4호: pp. 48~68.

이기홍, 1989, 「과학적인 역사 인식을 위하여──역사 법칙 논쟁의 반성」, 『창작과비평』 17권 4호: pp. 228~41.

───, 1992, 『마르크스의 역사적 유물론의 과학적 방법론과 구조에 관

한 일 연구』(서울대학교 박사 학위 논문)

이세영, 1994, 「마르크스와 역사: 시기 구분 문제와 아시아적 생산 양식 이론」, 『이론』 9호: pp. 6~35.

이채은, 1990, "On the three problems of abstraction, reduction and transformation," Ph. D. Thesis, University of London.

――――, 1992, 「마르크스의 경제학 방법」, 『현대사회과학연구』(전남대학교), 3집.

――――, 1993, "Marx's labour theory of value revisited," *Cambridge Journal of Economics*, Vol. 17.

――――, 1994, 「노동가치 이론에서의 몇 가지 쟁점」, 『경제와 사회』 24.

――――, 1995, 「마르크스의 추상 노동에 관한 재해석」, 한국사회경제학회, 1995: pp. 97~115.

이청산, 1988, 「사회구성체론과 사적 유물론――도대체 사적 유물론은 무엇을 할 수 있는가?」, 『현실과 과학』 1호〔김창호 편, 『한국 사회 변혁과 철학 논쟁』(사계절, 서울 1989): pp. 219~47〕.

이춘길, 1993, 「문화학으로서의 마르크스의 정치경제학」, 『이론』 4호: pp. 69~112.

이홍구 편, 1984, 『마르크시즘 100년: 사상과 흐름』(문학과지성사, 서울).

――――, 1984a, 「마르크시즘의 정치 이론」, 이홍구, 1984: pp. 127~53.

임원택, 1978, 『제2 자본론』(일조각, 서울).

임지현, 1988, 『마르크스-엥겔스와 민족 문제』(서강대학교 박사 학위 논문)〔같은 제목으로 출판(탐구당, 서울 1990)〕.

――――, 1990, 「마르크스의 후기 사상과 유물사관: 단선론적 단계론에 대한 비판적 고찰」, 『역사학보』 126호: pp. 165~208.

———, 1992, "Marx's Theory of Imperialism and the Irish National Question," *Science & Scoeity*, 56/2(Summer): pp. 163~78.

정남영, 1992, 「마르크스와 엥겔스의 문예 이론」, 『이론』 2호: pp. 61~78.

정문길, 1978, 『소외론 연구』(서울대학교 박사 학위 논문)〔같은 제목으로 출판(문학과지성사, 서울 1978)〕.

———, 1980, 「청년 헤겔파 연구 서설: 지적 운동의 시대적 배경과 그 주도적 인물」〔『법률행정논집』 18집: pp. 213~44〕. 정문길, 1987: pp. 11~37.

———, 1981a, 「청년 헤겔파의 사상사적 의미: 비판 이론의 전개를 중심으로」〔『한국정치학회보』 15집: pp. 13~36〕. 정문길, 1987: pp. 38~68.

———, 1981b, 「막스 슈티르너의 생애와 저작」〔『법률행정논집』 19집: pp. 311~48〕. 정문길, 1987: pp. 71~103.

———, 1982, 「슈티르너의 유일자와 그의 소유: 사상의 전개와 소외론적 해석 가능성의 검토」〔『세계의 문학』 7권 4호: pp. 115~54〕. 정문길, 1987: pp. 104~39.

———, 1984a, 「마르크스의 초기 사상 형성에 미친 청년 헤겔파의 영향 1: 브루노 바우어와 마르크스의 지적 연계, 1837~1843」〔이홍구, 1984: pp. 31~53〕. 정문길, 1987: pp. 140~60〔일본어: 강성신 옮김, 「ヘゲル左派の時代 —— バウヤーとマルクヌの 知的連携」, 『理想』 653호(1994): pp. 117~33〕.

———, 1984b, 「마르크스의 초기 사상 형성에 미친 청년 헤겔파의 영향 2: 유대인 문제를 중심으로 한 브루노 바우어와 마르크스의 논쟁」〔이홍구, 1984: pp. 54~84〕. 정문길, 1987: pp. 161~87.

──────, 1987,『에피고넨의 시대: 청년 헤겔파와 칼 마르크스』(문학과지성사, 서울).

──────, 1987a,「마르크스,『경제학-철학 초고』의 텍스트 비판: 집필 순서와 일부 문제에 대한 최근의 논의를 중심으로」〔『성곡논총』 18집: pp. 1~69〕. 정문길, 1987: pp. 191~266.

──────, 1990,「편찬사를 통해서 본『독일 이데올로기』: 신MEGA I/5(『독일 이데올로기』)의 발간을 기대하며」〔『문학과사회』 11호, 가을: pp. 1168~223〕. 정문길, 1994: pp. 71~126.

──────, 1991a,「『독일 이데올로기』,「I. 포이어바흐」의 재구성: 리야자노프 이래의 각종 텍스트에 대한 비교 검토」〔『세계의 문학』 59호, 봄: pp. 315~44; 60호, 여름: pp. 259~86〕. 정문길, 1994: pp. 185~248〔일본어: 나카무라 후쿠지(仲村福治) 옮김,『立命館經營學』 30권 1호: pp. 145~69; 30권 2호: pp. 117~42〕.

──────, 1991b,「미완의 꿈:『마르크스-엥겔스 전집』 출판」〔『문학과사회』 14호, 여름: pp. 638~97; 15호, 가을: pp. 1082~118〕. 정문길, 1994: pp. 323~420.

──────, 1992,「전환기의 풍경: 공산권 붕괴 이후의『마르크스-엥겔스 전집』 속간 사업」〔『문학과사회』, 18호, 여름: pp. 584~617〕. 정문길, 1994: pp. 421~56.

──────, 1993,「『독일 이데올로기』는 계간지용 원고로 집필되었나?:『독일 이데올로기』 성립사에 대한 최근의 논의를 중심으로」〔『문학과사회』 22호, 여름: pp. 624~78〕. 정문길, 1994: pp. 127~84.

──────, 1994,『마르크스의 사상 형성과 초기 저작:『독일 이데올로기』와『마르크스-엥겔스 전집』 연구』(문학과지성사, 서울).

──────, 1994a,「1960년대와 70년대 일본 학계의『독일 이데올로기』 논

쟁: 일본 마르크스학의 이해를 위한 하나의 구체적 실례로서」 [『문학과사회』 25호, 봄: pp. 327~98]. 정문길, 1994: pp. 249~320.

───, 1996a, 「『독일 이데올로기』 연구에 있어서 텍스트 편찬의 문제」, 『문학과사회』 33호: pp. 402~47〔일본어: 나카무라 후쿠지 옮김, 『マルクヌ・エンゲルス・マルクス主義硏究』 27호(1996년 6월): pp. 1~30〕.

───, 1996b, "Einige Bemerkungen über die Papiere der Spezialkonferenz 'Die Konstitution der *Deutschen Ideologie*'," Trier, 24.~26. Oktober 1996.

───, 1996c, 「신MEGA I/5, 『독일 이데올로기』의 구성: 『독일 이데올로기』의 편집 문제를 다룬 전문가 회의 참가 보고」, 『한국정치학회보』 30집 4호: pp. 461~82.

───, 1997, 「19세기 초 독일의 지식인 운동: 청년 헤겔파의 사상적 궤적을 중심으로」, 『한국정치연구』 7호: pp. 139~69.

───, 1998, "Einige Probleme der Textedition der *Deutschen Ideologie*, insbesondere in Hinsicht auf die Wiedergabe des Kapitels 'I. Feuerbach'," *Beiträge zur Marx-Engels-Forschung*. Neue Folge, 1997: pp. 31~60.

───, 2001, "Zur Neuausgabe der Deutschen Ideologie in Japan," *Beiträge zur Marx-Engels-Forschung*. Neue Folge, 2001: pp. 285~92.

정상돈, 1996, 「맑스의 '노사관계론'에 대한 비판적 고찰: 『자본론』에 나타나는 방법론과 관련하여」, 『한국정치학회보』 30집 4호: pp. 153~72.

정진상, 「마르크스 사회과학과 실천」, 경상대학교 사회과학연구소, 2000: pp. 9~40.

정운영, 1985a, 「상품과 가치: 단순 상품 생산에서의 가치의 형성」(한신경제연구소, 경제학 토론집, 8503호;『경제와 사회』1호, 1986: pp. 13~50에 수록)[한신경제과학연구소, 1986: pp. 13~50].

────, 1985b, 「자본주의적 상품 생산에서 가치 증식과 그 형태」(한신경제연구소, 경제학 토론집, 8507호).

────, 1986, 「재생산표식의 논리와 구조」(한신경제연구소, 경제학 토론집, 8613호).

────, 1992, 「가치 이론의 근본 전제에 대한 재확인」, 『이론』2호: pp. 79~103.

────, 1993, 『노동가치 이론』(까치, 서울).

조원희, 1989, "Value-theoretic approach to the dynamics of competition, monopoly-capital and the state," Ph. D. Thesis, University of London.

────, 1995, 「노동가치론의 철학적 · 이론적 기초에 대한 재검토」, 한국사회경제학회, 1995: pp. 21~68.

조현수, 1996/97, 「사회 비판 이론으로서의『자본』」, 『이론』16호(1996년 겨울/1997년 봄): pp. 45~69.

진석용, 1984, 「사적 유물론과 분업」, 이홍구, 1984: pp. 85~112.

────, 1991, 『칼 마르크스의 역사 이론: 인본주의와 사적 유물론』(서울대학교 박사 학위 논문)[같은 제목으로 출판(문학과지성사, 서울 1992)].

최갑수, 1999, 「『공산당 선언』의 현재적 의미」, 『진보평론』창간호: pp. 23~55.

최장집, 1990, 「보나파르티즘의 전개와 이론」, 최장집 편, 『마르크스』 (고려대학교 출판부, 서울): pp. 185~225.

최형익, 1999, 「칼 마르크스의 권리의 정치 이론: 노동과 사회적 시간 기획의 동학을 중심으로」(서울대학교 박사 학위 논문)[『마르크스의 정치 이론: 노동과 시간, 그리고 권력의 동학』으로 개제 출판(푸른숲, 서울)].

한국사회경제학회 편, 1995, 『가치이론 논쟁: 정치경제학의 새로운 모색을 위하여』(풀빛, 서울).

한신경제과학연구소 편, 1986, 『가치이론』(까치, 서울).

홍훈, 1991a, 「마르크스 경제학의 두 가지 축: 노동가치설과 내적 논리」, 『현상과 인식』 15/3(가을호): pp. 9~49.

──, 1991b, 「마르크스의 재생산 도식과 스라파 가격 체계의 논리적 출발점」, 『산업과 경영』 5월호.

──, 1994a, 「가치형태론에 존재하는 한 가지 이질성에 관한 연구」, 『연세 경제연구』 1/1: pp. 39~71.

──, 1994b, 『마르크스 경제 사상의 구조와 한계』(한울, 서울).

──, 1995, 「가치와 경제의 자율성」, 한국사회경제학회, 1995: pp. 237~71.

──, 1997, 「마르크스의 비판 방법에 대한 연구: 스미스와 리카도에 대한 비판을 중심으로」, 『경제학 연구』 45/4: pp. 303~30.

──, 1998, 「마르크스의 경제 사상 중에서 아직도 살아남을 것이 있는가」, 『경제학의 역사와 사상』.

──, 2000, "Marx and Menger on value: as many similarities as differences," *Cambridge Journal of Economics*, Vol. 24, No. 1: pp. 87~105.

───. 2001, 『마르크스와 오스트리아 학파의 경제 사상』(대우학술총서).

───. 2002, "Marx's value form and Hayek's rules: a reinterpretation in the light of the dichotomy between *physis and nomos*," *Cambridge Journal of Economics*, Vol. 26, No. 5: pp. 613~35.

마르크스-엥겔스 저작의 한국어 번역[1]

M Betrachtung eines Jünglings bei der Wahl eines Berufes[Abiturientenarbeit-
Deutscher Aufsatz] (10.~16. Aug. 1835) [MEW, 40(EB 1), S. 591~94].

---

1) 마르크스-엥겔스의 이 저작 목록은 지금까지 체계적으로 편찬하여 완간된 유일한 저작집
인 『마르크스-엥겔스 저작집 *Marx-Engels Werke*』(42 Bände 44 Bücher, Dietz Verlag,
Berlin 1956~1983: MEW)에 근거한 것이다. 마르크스-엥겔스의 저작집으로 가장 권위
있는 것은 역사적-비판적 전집인 MEGA로 불리는 『마르크스-엥겔스, 역사적-비판적 전
집 *Marx-Engels, historisch-kritische Gesamtausgabe*』이나 1927년부터 발간되기 시작한 구
MEGA는 1935년에 발행이 중단되고, 1975년에 다시 출판되기 시작한 신MEGA는 발간 도
중 공산권의 붕괴로 일단 중단되었다가 현재는 국제 마르크스-엥겔스 재단IMES에 의해
발행이 계속되고 있다. 이미 40여 권을 출판하여 완간을 눈앞에 두었던 영어판 전집
(Marx/Engels, *Collected Works*, International Publishers, New York 1975~)도 완간 10여
권을 앞두고 미완성인 채로 남아 있는 점을 감안할 때 MEW는 명실상부하게 유일한 완간
본이다. 목록은 기본적으로 집필 연대에 따른 연도순이고(관련된 문건은 연대와 상관없이
가까이 배치했다), 중요 저작은 굵은 글씨체로, 중요도가 낮은 저작은 보통체이나 우리말
번역이 없으면 대부분 목록에서 제외했다. 그리고 저작의 원제목 앞에 붙은 M, E, M/E의
표시는 각각 마르크스, 엥겔스, 마르크스/엥겔스(의 공동) 저작임을 나타낸다. 각 저작의
원문 다음에 있는 〔 〕에는 MEW의 권수(Band, EB는 Ergänzungsband〔보권〕)와 페이지
수가, 번역문 다음의 〔 〕에는 번역자가 밝힌 MEW 이외의 번역의 저본(底本)이다〔* 영어
판 전집은 1990년대 이후 서서히 출판을 계속하여 2004년 10월에 마지막 제50권의 출판이
예정되어 있다〕.

M Zählte man das Prinzipat des Augustus mit Recht zu der glücklicheren Zeiten des Römischen Reiches? [Abiturientenarbeit-Lateinischer Aufsatz] (10. ~16. Aug. 1835) [MEW, 40 (EB 1), S. 595~97].

M Der Vereinigung der Gläubigen mit Christo nach Joh. 15, 1.14, in ihrem Grund und Wesen, in ihrer unbedingten Notwendigkeit und in ihrem Wirkungen dargestellt [Abiturietenarbeit-Religionsaufsatz] (10. ~16. Aug. 1935) [MEW, 40 (EB 1), S. 598~601].

M Brief an den Vater (10. Okt. 1837) [MEW, 40 (EB 1), S. 3~12].

M Hefte zur epikureischen, stoischen und skeptischen Philosophie (1839) [MEW, 40 (EB 1), S. 13~255].

M Differenz der demokratischen und epikureischen Naturphilosophie nebst einem Anhange von Karl Heinrich Marx, Doktor der Philosophie (1840~März 1841 †) [MEW, 40 (EB 1), S. 257~373].

E Schelling und die Offenbarung. Kritik des neuesten Reaktions- versuchs gegen die freie Philosophie (Jahreswende 1841/42) [MEW, 41 (EB 2), S. 171~221].

E Schelling, der Philosophie in Christo, oder die Verklärung der Weltweisheit zur Gottesweisheit (Anfang 1842) [MEW, 41 (EB 2), S. 223~45].

E Die frech bedräute, jedoch wunderbar befreite Bibel. Oder: Der Triumph des Glaubens (Juni / Juli 1842) [MEW, 41 (EB 2), S. 281~316].

M Bemerkungen über die neueste preußischen Zensurinstruktion. Von einem Rheinländer (*Anekdota zur neuesten deutschen Philosophie und Publizistik*, Bd. I, Febr. 1843) [MEW, 1, S. 3~25].

—전태국 외, 「최근의 프로이센 검열 훈령에 대한 논평: 어느 라인 주 사람이」, 『마르크스의 초기 저작: 비판과 언론』(열음사, 서울 1996), pp. 36~67.

M Die Verhandlungen des 6. rheinischen Landtags. Von einem Rheinländer.

Erster Artikel. Debatten über Preßfreiheit und Publikation der Landständischen Verhandlungen(*RbZ*, 5., 8., 10., 12., 15. und 19. Mai 1842, Beiblatt)[MEW, 1, S. 28~77].

— 전태국 외, 「제6차 라인 주 의회 의사록: 어느 라인 주 사람이. 제1논설: 언론 자유와 주 신분 의회 의사록의 공표에 대한 토론」, 『마르크스의 초기 저작: 비판과 언론』(1996), pp. 68~141.

M Die philosophische Manifest der historischen Rechtsschule(*RbZ*, 9. Aug. 1842, Beiblatt)[MEW, 1, S. 78~85].

— 전태국 외, 「역사법학파의 철학적 선언」, 『마르크스의 초기 저작: 비판과 언론』(1996), pp. 142~53.

M Der leitende Artikel in Nr. 179 der "Kölnische Zeitung"(*RbZ*, 10., 12. und 14. Juli 1842)[MEW, 1, S. 86~104].

— 전태국 외, 「'쾰른신문' 제179호의 사설」, 『마르크스의 초기 저작: 비판과 언론』(1996), pp. 154~81.

M Der Kommunismus und die Augsburger "Allgemeine Zeitung"(*RbZ*, 16. Okt. 1842, Beiblatt)[MEW, 1, S. 105~08].

— 전태국 외, 「공산주의와 아우크스부르크 '알게마이네 차이퉁'」, 『마르크스의 초기 저작: 비판과 언론』(1996), pp. 182~87.

M Verhandlungen des 6. rheinischen Landtags. Von einem Rheinländer. Dritter Artikel. Debatten über das Holzdiebstahlsgesetz(*RbZ*, 25., 27. und 30. Okt. und 1. und 3. Nov. 1842, Beiblatt)[MEW, 1, S. 109~47].

— 전태국 외, 「제6차 라인 주 의회 의사록: 어느 라인 주 사람이. 제3논설: 도벌법에 관한 논쟁」, 『마르크스의 초기 저작: 비판과 언론』(1996), pp. 188~243.

M Der Ehescheidungsgesetzentwurf(*RbZ*, 19. Dez. 1842)[MEW, 1, S. 148~51].

— 전태국 외, 「이혼 법안」, 『마르크스의 초기 저작: 비판과 언론』(1996), pp.

244~48.

M [Das Verbot der "Leipziger Allgemeine Zeitung"]. Das Verbot der "LAZ" für den preußischen Staat(*RbZ*, 1. 4., 6., 8., 10., 13. und 16. Jan. 1843)[MEW, 1, S. 152~71].

—전태국 외, 「'라이프치히 알게마이네 차이퉁'의 발행 금지」, 『마르크스의 초기 저작: 비판과 언론』(1996), pp. 1249~76.

M Rechtfertigung des † † ~Korrespondenten von der Mosel(*RbZ*, 15., 17., 18., 19. und 20. Jan. 1843)[MEW, 1, S. 172~99].

—전태국 외, 「모젤 통신원 아무개에 대한 변호」, 『마르크스의 초기 저작: 비판과 언론』(1996), pp. 277~316.

M Erklärung (*RbZ*, 18. März 1843)[MEW, 1, S. 200].

—전태국 외, 「성명」, 『마르크스의 초기 저작: 비판과 언론』(1996), p. 317.

M [**Kritik des Hegelschen Staatsrechts**(§§ **261~313**)](Sommer 1843)[MEW, 1, S. 201~333].

—홍영두, 「헤겔 국법론 비판(§§261~313)」, 홍영두, 『헤겔 법철학 비판』(아침, 서울 1988), pp. 7~184. 부록: 영어판 번역자 오말리의 해설, pp. 207~76[Joseph O'Malley and Annette Jolin, *Critique of Hegel's Philosophy of Right* (Cambridge University Press, Cambridge 1970)의 해설].

M [Briefe aus den "Deutsch-Französischen Jahrbüchern"], Marx an Ruge, März 1843; Mai 1843; Sept. 1843[MEW, 1, S. 335~46].

—전태국 외, 「『독불연지』에 실린 편지들」, 『마르크스의 초기 저작: 비판과 언론』(1996), pp. 318~31.

M **Zur Judenfrage**(*Deutsch-Franz. Jbb.*, 1844)[MEW, 1, S. 347~77].

—전태국 외, 「유태인 문제에 대하여」, 『마르크스의 초기 저작: 비판과 언론』(1996), pp. 332~70.

M **Zur Kritik der Hegelschen Rechtsphilosophie. Einleitung** (*Deutsch-Franz. Jahrbücher*, 1844)[MEW, 1, S. 378~91].

—차인석, 「헤겔 법철학 비판 서설」, 차인석 편, 『19세기 독일 사회철학』, 사회 철학 총서(민음사, 서울 1986), pp. 370~85.

—홍영두, 「헤겔 법철학 비판 서문」, 홍영두, 『헤겔 법철학 비판』(아침, 서울 1988), pp. 185~206. 부록: 영어판 번역자 오말리의 해설, pp. 207~76[Joseph O'Malley and Annette Jolin, *Critique of Hegel's Philosophy of Right*(Cambridge University Press, Cambridge 1970)의 해설].

—최인호, 「헤겔 법철학의 비판을 위하여」, 『마르크스 · 엥겔스 저작 선집』I, 김 세균 감수, 최인호 외(박종철출판사, 서울 1991), pp. 1~15[*Ausgewählte Werke in sechs Bänden*(Dietz Verlag, Berlin 1972)].

—전태국 외, 「헤겔 법철학 비판 서설」, 『마르크스의 초기 저작: 비판과 언론』 (1996), pp. 371~88.

M Kritischen Randglossen zu dem Artikel "Der König von Preußen und die Sozialreform. Von einem Preußen"(*Vorwärts!* 7. und 10. Aug. 1844)[MEW, 1, S. 392~409].

—김태호, 「기사 "프로이센 왕과 사회 개혁. 어느 프로이센인이"(『전진!』제60 호)에 대한 비판적 평주들」(발췌), 『마르크스 · 엥겔스 저작 선집』I (1991), pp. 16~23.

—전태국 외, 「비판적 주석: 논문 "프로이센 왕과 사회 개혁. 어느 프로이센인 이"에 대하여(『전진!』제60권)」, 『마르크스의 초기 저작: 비판과 언론』 (1996), pp. 389~410.

＊『젊은 마르크스의 시』, 석지현/김형숙(풍경, 1989), 115 pp. 〔국립중앙도 서관〕.

M Ökonomisch-philosophische Manuskripte aus dem Jahre 1844(April bis Aug. 1844)[MEW, 40(EB 1), S. 465~588].

—차인석, 「경제학-철학 수고(1844)」, 차인석 편, 『19세기 독일 사회철학』 (1986), pp. 386~408 [MEW, 40, S. 568~88].

—김태경, 『경제학-철학 수고』(이론과실천사, 서울 1987), 148 pp.

—최인호, 『1844년의 경제학 · 철학 초고』(박종철출판사, 서울 1991), 427
pp.(pp. 363~97은 부록: 프리드리히 엥겔스, 「국민경제학 비판 개
요」)[MEGA² I /2(Dietz Verlag, Berlin 1982), S. 187~438].

—최인호, 「1844년의 경제학 · 철학 초고」, 『마르크스 · 엥겔스 저작 선집』 I,
25~91 [MEW, 40(EB 1), S. 471~522, 562~67].

E **Umrisse zu einer Kritik der Nationalökonomie**(*Deutsch-Franz.*
Jahrbücher, 1844)[MEW, Band 1(1985), S. 499~524].

—최인호, 「국민경제학 비판 개요」, 최인호, 『1844년의 경제학 · 철학 초고』 부
록(박종철출판사, 서울 1991), pp. 363~97.

E/M **Die heilige Familie oder Kritik der kritischen Kritik. Gegen Bruno**
Bauer und Konsorten(Sept.~Nov. 1844)[MEW, 2, S. 3~223].

—편집부 옮김, 『신성 가족: 모든 '비판적 비판주의'에 대한 비판, 브루노 바우
어와 그 일파를 논한다』, 사회과학총서 4(이웃, 서울 1990), 331 pp. [Richard
Dixon and Clemens Dutt, *The Holy Family or Critique of Critical Criticism :*
Against Bruno Bauer and Company(Progress Publishers, Moscow
1956)][MEW, 2, S. 3~223].

—최인호, 『신성 가족 혹은 비판적 비판에 대한 비판: 브루노 바우어와 그 일파
에 반대하여』(발췌), 『마르크스 · 엥겔스 저작 선집』 I(1991), pp.
93~123 [MEW, 2, S. 32~40, 125~41].

E **Die Lage der arbeitenden Klassen in England. Nach eigner**
Anschauung und authentischen Quellen(Sept. 1844~März 1845)[MEW,
2, S. 225~506].

—박준식 / 전병유 / 조효제, 『영국 노동자 계급의 상태』(세계, 1988), pp.
18~350[W. O. Henderson and W. H. Chaloner's English Edition].

—김정수, 「영국 노동자 계급의 상태」(발췌), 마르크스/엥겔스, 『주택 · 토지 문
제』(두레, 서울 1990), pp. 189~214 [MEW, 2, S. 256~305].

—김보영, 「잉글랜드 노동 계급의 처지: 개인적 관찰과 출전들에 의거하여」(발

췌), 『마르크스 · 엥겔스 저작 선집』 I(1991), pp. 125~84 [MEW, 2, S. 232~55, 430~55].

E [Vorwort zur zweiten deutschen Auflage "Die Lage der arbeitenden Klasse in England"] (1892)(21. Juli 1892)[MEW, 22, S. 316~30].

—이수흔, 「"『잉글랜드 노동 계급의 처지』독일어 제2판 서문"」, 『마르크스 · 엥겔스 저작 선집』 VI(1997), pp. 375~91.

E **Rascher Fortschritt des Kommunismus in Deutschland**(*The New Moral World*, 13. Dez. 1844, 8. März, 10. Mai 1845)[MEW, 2, S. 507~20].

E **Beschreibung der in neuerer Zeit entstandenen und noch bestehenden Ansiedlungen**(*Deutsches Bürgerbuch für 1845*)[MEW, 2, S. 521~35].

E **Deutsche Zustände**(*The Northern Star*, 25. Okt, 8. Nov. 1845, 4. Apr. 1846)[MEW, 2, S. 564~84].

M [**Thesen über Feuerbach**](Frühjahr 1845)[MEW, 3, S. 5~7].

—김대웅, 「포이어바흐에 관한 테제」, 김대웅, 『독일 이데올로기 I』, 두레 신서 27(두레, 서울 1989), pp. 226~29.

—한철, 「포이어바흐에 관한 테제」, 『당에 대하여』(이성과현실사, 서울 1989), pp. 9~12.

—석탑 편집부, 「포이어바흐에 관한 테제」, 석탑 편집부 편역, 『마르크스 · 엥겔스 선집』(1990), pp. 348~51.

—최인호, 「"포이어바흐에 관한 테제들" I. 포이어바흐에 대하여」, 『마르크스 · 엥겔스 저작 선집』 I, pp. 184~89.

M/E **Die deutsche Ideologie. Kritik der neuesten deutschen Philosophie in ihren Repräsentanten Feuerbach, B. Bauer und Stirner, und des deutschen Sozialismus in seinen verschiedenen Propheten** (1845~1846)[MEW, 3, S. 15~530].

—차인석, 「독일 이데올로기[1845~1846]」, 『19세기 독일 사회철학』(1986),

pp. 409~16[MEW, 3, S. 20~27].

—?,「독일 이데올로기」, 마르크스/엥겔스,『자료 모음』(한민, 서울 1987).

—박재희,『독일 이데올로기 I』(청년사, 서울 1988), 228 pp.[I, II 및 부록,「포이어바흐에 관한 테제(수고)」/마르크스:「포이어바흐에 관한 테제(엥겔스의 편집)」/마르크스:「브루노 바우어의 반비판에 대한 답변」/마르크스, 엥겔스:『독일 이데올로기』학습을 위한 제언/옮긴이][The German Ideology, 3rd ed. (Progress Publishers, Moscow 1976)].

—김대웅,『독일 이데올로기 I』, 두레 신서 27(두레, 서울 1989), 254 pp. [I. Feuerbach; II. Sankt Bruno; 1. Die wahre Sozialisten만 번역]. 옮긴이 해설 pp. 13~33;「포이어바흐에 관한 테제」, pp. 27~41; 본문 pp. 43~223; [부록. 마르크스:「포이어바흐에 관한 테제」; 마르크스:「헤겔 및 포이어바흐와 마르크스의 관계」; 마르크스, [MEW, Band 3(1969); The German Ideology(Progress Publishers, Moscow 1976)].

—최인호,『독일 이데올로기. 포이어바흐, B. 바우어, 슈티르너를 그 대표자로 하는 최근의 독일 철학과 그 다양한 예언자들의 독일 사회주의에 대한 비판』(발췌),『마르크스 · 엥겔스 저작 선집』 I, pp. 191~264["I. Feuerbach," I. Taubert의 새로운 편집에 근거].

E Das Elend der Philosophie(Zwischen Ende Dezember 1846 und Anfang April 1847)[MEW, 4, S. 63~182].

—강민철/김진영 옮김,『철학의 빈곤: M. 프루동의 빈곤의 철학에 대한 응답』, 아침새책 21(아침, 서울 1988), 234 pp. 역자 서문, pp. 5~22; 본문은 pp. 23~173[부록. 마르크스: 안넨코프에게 보내는 편지/마르크스: P. J. 프루동에 관하여(베를린의 슈바이처에게 보내는 편지)/엥겔스: 독일어 제1판 서문/엥겔스: 독일어 제2판 서문], pp. 175~226(* Röderberg, 1978; MEW, 4).

—최병연,『철학의 빈곤: 프루동의「빈곤의 철학」에 대한 응답』(발췌),『마르크스 · 엥겔스 저작 선집』 I, pp. 265~97[MEW, 4, S. 125~44, 175~82].

* **E** Vorwort zur ersten deutschen Ausgabe von Karl Marx's Schrift "Das Elend

280

der Philosophie"(23. Okt. 1884)〔MEW, 4, S. 558~69; MEW, 21, S. 175~87〕.

—김태호,「"칼 마르크스의『철학의 빈곤』독일어 초판 서문"」,『마르크스 · 엥겔스 저작 선집』VI(1997), pp. 198~214.

E Die Kommunisten und Karl Heinzen(*Deutsche-Brüsseler Zeitung*, 3. und 7. Okt. 1847)〔MEW, 4, S. 309~24〕.

—최병연,「공산주의자들과 칼 하인첸」,『마르크스 · 엥겔스 저작 선집』I, pp. 298~317.

E Grundsätze des Kommunismus(Ende Okt.~Nov. 1847)〔MEW, 4, S. 361~80〕.

—김재기,「공산주의의 원리」, 김재기 편역,『마르크스 · 엥겔스 저작선』, 거름 신서 33(거름, 서울 1988), pp. 11~33.

—권명식,「공산주의의 원리」, 廣松涉 編,『마르크스 · 엥겔스 혁명론』(1)(지평, 서울 1988), pp. 75~93〔廣松涉/片岡啓治 編譯,『マルクス · エンゲルス革命論』(マルクス革命論 I, : 紀伊國屋書店, 東京 1982)〕.

—최인호,「공산주의의 원칙들」,『마르크스 · 엥겔스 저작 선집』I(1991), pp. 319~39.

M/E Reden über Polen auf dem internationalen Meeting in London am 29. November 1847, anläßlich des 17. Jahrestages des polnischen Aufstandes von 1830(*Deutsche-Brüsseler Zeitung*, 9. Dez. 1847)〔MEW, 4, S. 416~18〕.

—권명식,「폴란드에 관한 연설」, 廣松涉 編,『마르크스 · 엥겔스 혁명론』2 (1988), pp. 229~32.

—김태호,「폴란드에 대한 연설들: 1847년 11월 29일에 런던에서의 국제 집회에서, 1830년의 폴란드 봉기 17주년 기념일에 즈음하여」,『마르크스 · 엥겔스 저작 선집』I(1991), pp. 340~43.

M Arbeitslohn(Ende Dez. 1847†)〔MEW, 6, S. 535~56〕.

E Feargus O'Connor und das irische Volk(*Deutsche -Brüsseler Zeitung*, 9. Jan.
1848)[MEW, 4, S. 442~43].

―권명식, 「퍼거스 오코너와 아일랜드 인민」, 廣松渉 編, 『마르크스 · 엥겔스 혁
명론』 2 (1988), pp. 235~37.

**M Rede über die Frage des Freihandels, Gehalten am 9. Januar 1848 in
der Demokratischen Gesellschaft zu Brüssel**[MEW, 4, S. 444~58].

―최병연, 「자유 무역 문제에 관한 연설. 1848년 1월 9일 브뤼셀 민주주의 협회
에서 행해짐」, 『마르크스 · 엥겔스 저작 선집』 I(1991), pp. 344~59.

[M/E] Statuten des Bundes der Kommunisten(Dez. 1847)[MEW, 4, S.
596~601].

―권명식, 「공산주의자 동맹 규약」, 廣松渉 編, 『마르크스 · 엥겔스 혁명론』
1(1988), pp. 69~74.

― 한철, 「공산주의자 동맹 규약」, 『당에 대하여』(1989), pp. 174~79.

―김태호, 「공산주의자 동맹 규약」, 『마르크스 · 엥겔스 저작 선집』 I(1991),
pp. 360~65.

M/E Manifest der Kommunistischen Partei(Dez. 1847~Jan. 1848)[MEW,
4, S. 459~93; Vorworte, 4, S. 573~86].

―노동전선선전부, 『공산당 선언』(노동전선사, 1945), 83 pp. [서울대도서관].

―?, 『공산당 선언』, 마르크스/엥겔스, 『자료 모음』(한민, 서울 1987).

―김재기 옮김, 「공산당 선언」, 김재기 편역, 『마르크스 · 엥겔스 저작선』, 거름
신서 33(거름, 서울 1988), pp. 35~90.

―권명식, 「공산당 선언」, 廣松渉 編, 『마르크스 · 엥겔스 혁명론』 1(1988), pp.
48~68. 3~4는 생략.

―박재희, 『공산당 선언』(청년사, 1989), 172 pp. [Manifesto of the Communist
Party].

―서석연, 「공산당 선언」(범우사, 서울 1989), 151 pp.

―한철, 「공산당 선언」, 『당에 대하여』(1989), pp. 133~76.

—석탑 편집부, 「공산당 선언」, 석탑 편집부 편역, 『마르크스 · 엥겔스 선집』
(1990), pp. 25~67[해설, pp. 68~76].

—최인호, 「공산주의당 선언」, 『마르크스 · 엥겔스 저작 선집』 I(1991), pp.
367~433.

—김기연, 『공산당 선언』(새날, 1991), 128 pp.

—김태호, 『공산주의 선언』, 150주년 기념판(박종철 출판사, 서울 1998), pp. 137.

E Die Bewegungen von 1847(*Deutsche - Brüsseler Zeitung*, 23. Jan.
1848)[MEW, 4, S. 494~503].

—최인호, 「1847년의 운동」, 『마르크스 · 엥겔스 저작 선집』 I(1991), pp.
434~45.

M/E Forderungen der Kommunistischen Partei in Deutschland(Zwischen
21. und 29. März 1848)[MEW, 5, S. 3~5].

—한철, 「독일에서의 공산당의 요구」, 『당에 대하여』(1989), pp. 180~82.

—소나무 편집, 「독일 공산당의 요구」, 마르크스/엥겔스, 『프롤레타리아당 강
령』, 편집부 엮음(소나무, 서울 1989)[MEW를 중심으로, K. Marx, *The
Revolution of 1848*, ed. with an introduction by David Fernbach(Penguin
Books, London 1973); 望月淸司, 『マルクス, ゴ~タ綱領批判』(東京, 1983)
을 대조하여 번역], pp. 35~37.

—최인호, 「독일에서의 공산주의당의 요구들」, 『마르크스 · 엥겔스 저작 선집』
I(1991), pp. 446~50.

* **M/E [Artikel aus der "Neuen Rheinischen Zeitung"]**(1. Juni 1848~19.
Mai 1849)[MEW, 5, S. 11~457; MEW, 6, S. 3~519].

E "Frankfurter Versammlung"(*NRbZ*, 1. Juni 1848)[MEW, 5, S. 14~17].

—최인호, 「프랑크푸르트 의회」, 『마르크스 · 엥겔스 저작 선집』 I, pp. 453~57.

M/E "Programme der radikal - demokratischen Partei und der Linken zu
Frankfurt"(*NRbZ*, 7. Juni 1848)[MEW, 5, S. 39~43].

—소나무 편집부, 「프랑크푸르트 의회의 급진 민주당과 좌파의 강령」, 마르크스

/엥겔스, 『프롤레타리아당 강령』, 편집부 엮음(소나무, 서울 1989), pp.
35~43.

—최인호, 「프랑크푸르트 급진 민주주의당의 강령과 좌파의 강령」, 『마르크스・
엥겔스 저작 선집』 I, pp. 458~62.

E "Die Vereinbarungssitzung vom 17. Juni" (RbZ, 20. Juni 1848)[MEW, 5, S.
85~89].

—권명식, 「6월 17일의 협정의회」, 廣松涉 編, 『마르크스・엥겔스 혁명론』 1,
pp. 102~08.

M "Die Junirevolution" (NRbZ, 29. Juni 1848)[MEW, 5, S. 133~37].

—최인호, 「6월 혁명」, 『마르크스・엥겔스 저작 선집』 I, pp. 463~67.

E "Die Junirevolution[Der Verlauf des Aufstandes in Paris]" (NRbZ, 1. Juli
1848)[MEW, 5, S. 145~53].

—권명식, 「6월 혁명[파리 봉기의 결과]」, 廣松涉 編, 『마르크스・엥겔스 혁명
론』 1, pp. 109~18.

E "Auswärtige deutsche Politik" (NRbZ, 3. Juli 1848)[MEW, 5, S. 154~56].

—최인호, 「독일의 대외 정책」, 『마르크스・엥겔스 저작 선집』 I, pp. 468~71.

M "Der Gesetzentwurf über die Aufhebung der Feudalismus" (NRbZ, 30. Juli
1848)[MEW, 5, S. 278~83].

—최인호, 「봉건적 부담들의 폐지에 관한 법률 초안」, 『마르크스・엥겔스 저작
선집』 I(1991), pp. 472~79.

E Die Polendebatte in Frankfurt(NRbZ, 3. Sept. 1848 Forts.)[MEW, 5, S.
319~63].

—권명식, 「프랑스라는 민족에 관하여」, 廣松涉 編, 『마르크스・엥겔스 혁명론』
2(1988), pp. 267~68.

M "Die Bourgeoisie und die Konterrevolution" (NRbZ, 10., 15., 16. und 31.
Dez. 1848)[MEW, 6, S. 102~24].

—권명식, 「부르주아지와 반혁명」, 廣松涉 編, 『마르크스・엥겔스 혁명론』

1(1988), pp. 119~45.

—최인호, 「부르주아지와 반혁명」, 『마르크스 · 엥겔스 저작 선집』 I, pp. 480~508.

M "Die revolutionäre Bewegung" (*NRbZ*, 1. Jan. 1849) [MEW, 6, S. 148~50].

—최인호, 「혁명 운동」, 『마르크스 · 엥겔스 저작 선집』 I, pp. 509~11.

E "Der magyarische Kampf" (*NRbZ*, 13. Jan. 1849) [MEW, 6, S. 165~76].

—권명식, 「마자르인의 투쟁」, 廣松涉 編, 『마르크스 · 엥겔스 혁명론』2(1988), pp. 238~52.

E "Der demokratische Panslawismus" (*NRbZ*, 15. Febr. 1849) [MEW, 6, S. 270~86].

—권명식, 「민주적 범슬라브주의」, 廣松涉 編, 『마르크스 · 엥겔스 혁명론』 2(1988), pp. 253~62.

M "Der Prozeß gegen den Rheinischen Kreisausschuß der Demokraten" (*NRbZ*, 25. und 27. Febr. 1849) [MEW, 6, S. 240~57].

—최인호, 「라인 지구 민주주의자 위원회에 대한 재판」, 『마르크스 · 엥겔스 저작 선집』 I, pp. 512~31.

M Lohnarbeit und Kapital (*NRbZ*, 5., 6., 7., 8. und 11. April 1849) [MEW, 6, S. 397~423; E) Einleitung, 6, S. 591~99].

—전원배, 『임노동과 자본』, 대성문고 1(대성출판사, 단기 4279/1946), 53 pp. [국립중앙도서관].

—?, 「임금 노동과 자본」, 마르크스/엥겔스, 『자료 모음』(한민, 서울 1987).

—김재기, 「임금 노동과 자본」, 김재기 편역, 『마르크스 · 엥겔스 저작선』, 거름 신서 33 (거름, 서울 1988), pp. 91~135.

—남상일, 「임노동과 자본」, 마르크스/엥겔스, 『임노동과 자본』, 남상일 옮김 (백산서당, 서울 1989) [Marx / Engels, *Selected Works* (Progress Publishers, 1968), pp. 64~94].

—권명식, 「엥겔스: 칼 마르크스 『임금 노동과 자본』(1891년 판) 서문」, 廣松涉

編,『마르크스 · 엥겔스 혁명론』 1(1988), pp. 146~55[E) 30. April 1891].

—정경진, 「임금 노동과 자본」, 마르크스/엥겔스, 『노동자 경제학』, 정경진 보론 · 편역, 일송정새책 2(일송정, 서울 1988), pp. 11~33[* M/E, *Selected Works in Three Volumes*(Progress Publishers, Moscow nd)].

—석탑 편집부, 「임노동과 자본」, 석탑 편집부 편역, 『마르크스 · 엥겔스 선집』 (1990), pp. 77~116.

—최인호, 「임금 노동과 자본」, 『마르크스 · 엥겔스 저작 선집』 I(1991), pp. 533~72 [MEW, 6, S. 397~423].

M〔Die standrechtliche Beseitigung der "Neuen Rheinischen Zeitung"〕
(*NRbZ*, 19. Mai 1849)[MEW, 6, S. 503~06].

—최인호, 「"전시 법규에 의한 『신라인 신문』의 폐간"」, 『마르크스 · 엥겔스 저작 선집』 I, pp. 573~76.

Die Redaktion der *NRbZ*, "An die Arbeiter Kölns" (*NRbZ*, 19. Mai 1849)[MEW, 6, S. 519].

—권명식, 「부르주아지와 반혁명」, 廣松涉 編, 『마르크스 · 엥겔스 혁명론』 1, p. 156.

M Die Klassenkämpfe in Frankreich 1848 bis 1850(*NRbZ*. Revue, 1., 2., 3. und 5/6 Heft, Januar, Februar, März, und Mai/Okt 1850)[MEW, 7, S. 9~107].

—허교진(?), 「프랑스에 있어서의 계급 투쟁」, 칼 마르크스, 허교진 옮김, 『프랑스 혁명사 3부작』, 소나무 사회과학 총서(소나무, 서울 1987), pp. 9~138. [*The Class Struggles in France*(International Publishers, New York 1964)].

—편집부, 『프랑스 혁명 연구 I: 프랑스에서의 계급 투쟁』, 태백총서 02(태백, 서울 1988), 165 pp.[Marx/Engels, *Selected Works*, Vol. 1, 2nd. ed.(Progress Publishers, Moscow 1973)].

—권명식, 「프랑스에서의 계급 투쟁」, 廣松涉 編, 『마르크스 · 엥겔스 혁명론』 1(1988), pp. 157~85 [MEW, 7, S. 11~34]. II, III, IV는 생략.

—임지현 · 이종훈, 「프랑스에 있어서의 계급 투쟁」, 임지현/이종훈 옮김, 『개정 판, 프랑스 혁명사 3부작』, 소나무 총서 1(소나무, 서울 1991), pp. 13~153.

—최인호, 「1848년에서 1850년까지의 프랑스에서의 계급 투쟁」, 『마르크스 · 엥 겔스 저작 선집』 II(1991), pp. 1~114.

E Einleitung[zu "Die Klassenkämpfe in Frankreich 1848 bis 1850"](1895)[MEW, 22, S. 509~27].

—권명식, 「서문 "칼 마르크스 『프랑스에서의 계급 투쟁, 1848년부터 1850년까 지』(1895년 판)"를 위하여」, 廣松涉 編, 『마르크스 · 엥겔스 혁명론』 2(1988), pp. 295~311.

—김태호, 「"칼 마르크스의 『1844년에서 1850년까지의 프랑스에서의 계급 투 쟁』 단행본" 서설」, 『마르크스 · 엥겔스 저작 선집』 VI(1997), pp. 426~46.

E Die deutsche Reichsverfassungs Kampagne(NRbZ. Revue 1., 3. und 3. Heft, Jan, Feb. und März 1850)[MEW, 7, S. 109~97].

—권명식, 「독일국 헌법 전쟁」, 廣松涉 編, 『마르크스 · 엥겔스 혁명론』1(1988), pp. 186~212 [MEW, 7, S. 115~32](원문 중 "I. Rheinpreußen" 부분만 번역, II, III, IV는 생략).

M/E Ansprache der Zentralbehörde an den Bund vom März 1850(März 1850)[MEW, 7, S. 244~54].

—권명식, 「1850년 3월 중앙위원회가 동맹원에게 보내는 호소」, 廣松涉 編, 『마 르크스 · 엥겔스 혁명론』 1(1988), pp. 213~25.

—소나무 편집부, 「공산주의자 동맹에 보내는 중앙위원회의 편지」, 마르크스/엥 겔스, 『프롤레타리아당 강령』, 편집부 엮음(1989), pp. 44~57.

—한철, 「공산주의자 동맹에 보내는 중앙위원회의 호소문(1850년 3월)」, 『당에 대하여』(1989), pp. 183~94.

—최인호, 「동맹에 보내는 중앙위원회의 1850년 3월의 호소」, 『마르크스 · 엥겔 스 저작 선집』 II(1991), pp. 115~26.

M/E II. "Les conspirateurs," par A. Chenu, ex-capitaine des gardes du citoyen

Caussidière(Les sociétés secrètea; La préfectur de police sous Caussidière; Les corpsfrancs). La naissance de République en Février 1848, par Lucienc de la Hodde [MEW, 7, S. 266~80].

—권명식, 「'음모가'와 '1848년 2월의 공화국 탄생'」, 廣松渉 編, 『마르크스 · 엥겔스 혁명론』 1, pp. 237~56.

M/E Ansprache der Zentralbehörde an den Bund vom Juni 1850(März 1850)[MEW, 7, S. 306~12].

—권명식, 「"1850년 6월 중앙위원회가 동맹원에게 보내는 호소"」, 廣松渉 編, 『마르크스 · 엥겔스 혁명론』 1(1988), pp. 226~36.

—한철, 「공산주의자 동맹에 보내는 중앙위원회 호소문(1850년 6월)」, 『당에 대하여』(1989), pp. 195~202.

E Der deutsche Bauernkrieg(*NRbZ*. Revue, 5/6. Heft, Mai~Okt. 1850)[MEW, 7, S. 327~413].

—박흥진, 「독일 농민 전쟁」, 박흥진 옮김, 『엥겔스의 독일 혁명사 연구』(아침, 서울 1988), pp. 9~127, 부록: 농민들의 12개조, pp. 131~39[*The Peasant War in Germany*(International Publishers, New York 1966)].

—?, 「독일 농민 전쟁」, 엥겔스, 『독일 혁명사 2부작』(소나무, 서울 1988).

—권명식, 「엥겔스, "독일 농민 전쟁"(1870년 및 1875년판) 서문」, 廣松渉 編, 『마르크스 · 엥겔스 혁명론』 1, pp. 227~73[MEW, 7, S. 531~42].

—이관형, 「독일 농민 전쟁」(발췌), 『마르크스 · 엥겔스 저작 선집』 II(1991), pp. 126~67[MEW, 7, S. 327~58, 409~13].

* "**E** Vorbemerkung[zur zweiten Auflage 'Der deutsche Bauernkrieg'](1870), Um den 11. Febr. 1870"[MEW, 16, S. 393~400];

* "**E** [Vorbemerkungen zur dritten Auflage 'Der deutschen Bauernkrieg'] (1875), 1. Juli 1874"[MEW, 18, S. 512~17].

—최인호, 「『독일 농민 전쟁』 제2판과 3판 서문」, 『마르크스 · 엥겔스 저작 선집』 III(1991), pp. 154~69.

E 〔Über die Losung der Abschaffung des Staates und die deutschen "Freunde der Anarchie"〕(Okt. 1850 †) [MEW, 7, S. 417~20].

―권명식, 「국가 폐지라는 슬로건과 독일의 '무정부의 벗'에 대하여」, 廣松涉 編, 『마르크스·엥겔스 혁명론』 1, pp. 224~78.

E 〔**Bedingungen und Aussichten eines Krieges der Heiligen Allianz gegen ein revolutionäres Frankreich im Jahre 1852**〕(April 1851 †) [MEW, Band 7, S. 468~93].

―권명식, 「1852년의 혁명적 프랑스에 대한 신성 동맹의 전쟁의 제조건과 전망」, 廣松涉 編, 『마르크스·엥겔스 혁명론』 1, pp. 301~18 [MEW, 7, S. 468~84]. I, II, III만 번역, IV, V는 생략.

E **Revolution und Konterrevolution in Deutschland**(*NYDT*, 25. Okt. 1851~23. Okt. 1852) [MEW, 8, S. 3~108].

―박홍진, 「독일: 혁명과 반혁명」, 박홍진 옮김, 『엥겔스의 독일 혁명사 연구』, pp. 140~263.

―?, 「혁명과 반혁명」, 엥겔스, 『독일 혁명사 2부작』(소나무, 서울 1988).

―권명식, 「엥겔스, '독일에서의 혁명과 반혁명'」, 廣松涉 編, 『마르크스·엥겔스 혁명론』 1, pp. 279~89. I만 번역, II~XIX는 생략.

―안효상, 「독일에서의 혁명과 반혁명」, 『마르크스·엥겔스 저작 선집』 II(1991), pp. 169~276 [MEW, 8, S. 3~108].

M **Der achtzehnte Brumaire des Louis Bonaparte**(*Die Revolution, Eine Zeitschrift in zwanglosen Heften*, 1. Heft, 1852) [MEW, 8, S. 111~207].

―허교진(?), 「루이 보나파르트의 브뤼메르 18일」, 칼 마르크스, 허교진 옮김, 『프랑스 혁명사 3부작』, pp. 139~258.

―편집부, 『프랑스 혁명 연구 II: 루이 보나파르트의 브뤼메르 18일』, 태백총서 03(태백, 서울 1987), 159 pp.

―권명식, 「루이 보나파르트의 브뤼메르 18일」, 廣松涉 編, 『마르크스·엥겔스 혁명론』 1, pp. 290~300. I만 번역 [MEW, 8, S. 115~23], II~VII은 생략.

—임지현·이종훈, 「루이 보나파르트의 브뤼메르 18일」, 임지현/이종훈 옮김,

개정판, 『프랑스 혁명사 3부작』, pp. 155~278.

—최인호, 「루이 보나파르트의 브뤼메르 18일」, 『마르크스·엥겔스 저작 선집』

Ⅱ(1991), pp. 277~393.

M/E [**Die großen Männer des Exils**](Mai~Juni 1852 †)[MEW, 8, S.

233~335].

E Der Kommunisten-Prozeß zu Köln(*NYDT*, 22. Dez. 1852)[MEW, 8, S.

398~404].

—김태호, 「쾰른에서의 공산주의자 재판」, 『마르크스·엥겔스 저작 선집』

Ⅱ(1991), pp. 394~401.

M **Enthüllungen über den Kommunisten-Prozeß zu Köln**(Anfang

Okt.~Ende Dez. 1852)[MEW, 8, S. 405~70].

M Die Revolution in China und in Europa(*NYDT*, 14. Juni 1853)[MEW, 9, S.

95~102].

—김태호, 「중국 혁명과 유럽 혁명」, 『마르크스·엥겔스 저작 선집』Ⅱ(1991),

pp. 402~10,

M Die britische Herrschaft in Indien(*NYDT*, 25. Juni 1853)[MEW, 9, S.

127~33].

—김태호, 「영국의 인도 지배」, 『마르크스·엥겔스 저작 선집』Ⅱ(1991), pp.

411~18.

M Die künftigen Ergebnisse der britischen Herrschaft(*NYDT*, 8. Aug.

1853)[MEW, 9, S. 220~26].

—김태호, 「영국의 인도 지배의 장래의 결과」, 『마르크스·엥겔스 저작 선집』Ⅱ

(1991), pp. 419~26.

M Lord Palmerston, Artikel Ⅰ~Ⅷ(*The People's Paper*, 22. Okt.~24. Dez.

1853; *NYDT*, 19. Okt. 1853~11. Jan 1854)[MEW, 9, S. 353~418].

M **Der Ritter vom edelmütigen Bewußtsein**(21.~28. 1853)[MEW, 9, S.

290

489~518].

M Brief an das Arbeiterparlament(*The People's Paper*, 18. März 1854)[MEW, 10, S. 125~26].

—김태호, 「노동자 의회에 보내는 서한」, 『마르크스 · 엥겔스 저작 선집』 II(1991), pp. 427~29.

M **Das revolutionäre Spanien**, **I~VIII**(*NYDT*, 9. Sept.~2. Dez. 1854)[MEW, 10, S. 431~85].

—권명식, 「혁명 스페인」, 廣松涉 編, 『마르크스 · 엥겔스 혁명론』 1, pp. 319~27. I만 번역 [MEW, 10, S. 433~42], II~VIII은 생략.

M **[Lord John Russell]**, **I~VI**(*NOZ*, 28. Juli~15. Aug. 1855)[MEW, 11, S. 381~401].

E **Die Armeen Europas**, **Erster~Dritter Artikel**(*Putnam's Monthly*, Aug., Sept., Dez. 1855)[MEW, 11, S. 409~80].

M **Der Fall von Kars**, **I~IV**(*The People's Paper*, 5., 12., 19. und 26. April 1856)[MEW, 11, S. 601~35].

M Preußen [im Jahre 1856](*NYDT*, 5. Mai 1856)[MEW, 11, S. 636~40].

—권명식, 「[1856년의] 프로이센」, 廣松涉 編, 『마르크스 · 엥겔스 혁명론』 1, pp. 328~38.

M [Rede auf der Jahresfeier der "People's Paper" am 14. April 1856 in London] (*The People's Paper*, 19. April 1856)[MEW, 12, S. 3~4].

—김태호, 「"1854년 4월 14일 런던 『인민 신문』 창간 기념 축하 회의에서의 연설"」, 『마르크스 · 엥겔스 저작 선집』 II(1991), pp. 430~32.

M Die Lage der Fabrikarbeiter(*NYDT*, 22. April 1857)[MEW, 12, S. 183~86].

—김태호, 「공장 노동자들의 처지」, 『마르크스 · 엥겔스 저작 선집』 II(1991), pp. 433~37.

M Der Aufstand in der indischen Armee(*NYDT*, 15. Juli 1857)[MEW, 12, S. 230~33].

―권명식, 「인도군의 반란」, 廣松涉 編, 『마르크스 · 엥겔스 혁명론』 2(1988), pp. 263~66.

M Die indische Aufstand(*NYDT*, 16. Sept. 1857)[MEW, 12, S. 285~88].

―김태호, 「인도의 봉기」, 『마르크스 · 엥겔스 저작 선집』 II(1991), pp. 438~42.

M Einleitung [zur Kritik des Politischen Ökonomie](Ende Aug.~Mitte Sept. 1857 †)[MEW, 13, S. 615~42; 42, S. 19~45].

―홍두표, 『정치경제학 비판 서설』(정음사, 단기 4280/1947)[국립중앙도서관].

―김호균, 「정치경제학 비판 서문」(1. 정치경제학에 붙여; 2. 정치경제학 서문); 김호균, 『경제학 노트』(이론과실천사, 서울 1988), pp. 7~48 [MEW, 13, S. 7~11; 615~39].

―김호균, 「정치경제학 비판 서설」, 김호균, 『정치경제학 비판을 위하여』 (1988)[MEW, 13, S. 615~42].

―남상일, 「『정치경제학 비판』 서문」, 마르크스/엥겔스, 『임노동과 자본』, 남상일 옮김(백산서당, 서울 1989), pp. 12~29 [Marx / Engels, *Selected Works*(Progress Publishers, 1968), pp. 12~29].

―석탑 편집부, 「『정치경제학 비판』 서문」, 석탑 편집부 편역, 『마르크스 · 엥겔스 선집』(1990), pp. 117~24.

―최인호, 「"『정치경제학의 비판을 위한 기본 개요』의" 서설」, 『마르크스 · 엥겔스 저작 선집』 II(1991), pp. 443~73.

M Zur Kritik der Politischen Ökonomie. Erstes Heft(Aug. 1853~Jan. 1959; Einleitung 1857)[MEW, 13, S. 5~160; E) Rezension(1859), 13, S. 468~77].

―김호균, 「정치경제학 비판을 위하여」(서문, pp. 5~10; 제1부 자본에 대하여, pp. 11~185), 김호균, 『정치경제학 비판을 위하여』(중원문화사, 서울 1988)[MEW, 13, S. 7~11, 13~160].

M Zur Kritik der Politischen Ökonomie. Vorwort(Januar 1959)[MEW, 13, S.

7~11].

—최인호, 「『정치경제학의 비판을 위하여』 서문」, 『마르크스 · 엥겔스 저작 선집』 II(1991), pp. 474~80.

E Karl Marx, "Zur Kritik der Politischen Ökonomie" Erstes Heft, Berlin, Franz Duncker, 1959(*Das Volk*, 6. Aug. 1859)[MEW, 13, S. 468~77].

—김호균, 「칼 마르크스의 『정치경제학 비판을 위하여』」, 김호균, 『정치경제학 비판을 위하여』(1988), pp. 189~200.

—최인호, 「칼 마르크스, 『정치경제학의 비판을 위하여』 제1분책, 베를린, 프란츠 둥커, 1859년」, 『마르크스 · 엥겔스 저작 선집』 II(1991), pp. 481~91.

E **Po und Rhein**, I~IV(Ende Febr./Anfang März 1859)[MEW, 13, S. 225~68].

E **Savoyen, Nizza und der Rhein**, I~IV(Febr. 1860)[MEW, 13, S. 571~612].

M/E **Artikel für** "**New American Cyclopaedia**" (Juli 1857~Nov. 1860)[MEW, 14, S. 3~380].

M **Herr Vogt**(1860)[MEW, 14, S. 381~686].

E **Die Geschichte des gezogenen Gewehrs**, I~VIII(*Volunteer Journal*, 3., 17. Nov., 8., 15., 29 Dez. 1860 und 5., 12., 19. Jan. 1861)[MEW, 15, S. 195~226].

M **Inauguraladresse der Internationalen Arbeiter-Assoziation, gegründet am 28. September 1864 in öffentlicher Versammlung in St. Martin's Hall, Long Acre, in London**(Zwischen dem 21. und 26. Okt. 1864)[MEW, 16, S. 5~13].

—권명식, 「국제노동자협회 창립 선언」, 廣松涉 編, 『마르크스 · 엥겔스 혁명론』 2(1988), pp. 8~18.

—김재기, 「국제노동자협회 창립 선언 및 잠정 규약」, 김재기 편역, 『마르크스 · 엥겔스 저작선』(거름, 서울 1988), pp. 137~58.

─한철,「국제노동자협회 창립 선언」,『당에 대하여』(1989), pp. 207~19.

─김태호,「국제노동자협회 발기문: 1864년 9월 28일 런던 롱 에이커의 세인트 마틴 홀에서 개최된 공개 집회에서」,『마르크스 · 엥겔스 저작 선집』III(1991), pp. 3~13.

M Provisorische Statuten der Internationalen Arbeiter-Assoziation (Zwischen dem 21. und 26. Okt. 1864)〔MEW, 16, S. 14~16〕.

─권명식,「국제노동자협회 잠정 규약」, 廣松涉 編,『마르크스 · 엥겔스 혁명론』 2(1988), pp. 19~23.

─김재기,「국제노동자협회 창립 선언 및 잠정 규약」, 김재기 편역,『마르크 스 · 엥겔스 저작선』(거름, 서울 1988), pp. 137~58.

─김태호,「국제노동자협회 임시 규약」,『마르크스 · 엥겔스 저작 선집』 III(1991), pp. 14~17.

M 〔Resolutionsentwürfe über die Aufnahmebedingungen für Arbeiter-organistionen in die Internationale Arbeiterassozioation〕(22. Nov. 1864 †)〔MEW, 16, S. 17〕.

─권명식,「국제 노동자협회에의 노동자 조직들의 가입 조건에 관한 결의 초안」, 廣松涉 編,『마르크스 · 엥겔스 혁명론』2(1988), pp. 26~27.

M An Abraham Lincoln, Präsident der Vereinigten Staaten von Amerika (Zwischen dem 22. und 29. Nov. 1864)〔MEW, 16, S. 18~20〕.

─최인호,「아메리카 합중국 대통령 에이브러햄 링컨에게」,『마르크스 · 엥겔스 저작 선집』III(1991), pp. 18~20.

M Über P.-J. Proudhon〔Brief an J. B. v. Schweitzer〕(*Der Social -Demokrat*, 1., 3. und 5. Febr. 1865)〔MEW, 16, S. 25~32〕.

─최인호,「P.-J. 프루동에 관하여: 〔J. B. v. 슈바이처에게 보내는 서한〕」,『마 르크스 · 엥겔스 저작 선집』III(1991), pp. 21~30.

E Die preußische Militärfrage und die deutsche Arbeiterpartei(Ende Jan.~11. Febr. 1865)〔MEW, 16, S. 37~78〕.

— 권명식,「프로이센의 군사 문제와 독일 노동자당」, 廣松涉 編,『마르크스 · 엥겔스 혁명론』 2(1988), pp. 28~42 [MEW, 16, S. 66~78: I, II는 생략].

— 한철,「프러시아 군사 문제와 독일 노동자당」(발췌),『당에 대하여』(1989), pp. 220~22.

— 최인호,「프로이센의 군사 문제와 독일의 노동자당」(발췌),『마르크스 · 엥겔스 저작 선집』 III(1991), pp. 31~61 [MEW, 16, S. 41, 56~78].

M Lohn, Preis und Profit(20. und 27. Juni 1865 †)[MEW, 16, S. 101~52].

— 정경진,「임금, 가격 및 이윤」, 마르크스/엥겔스, 정경진 보론 · 편역,『노동자 경제학』(1988), pp. 55~115.

— 김호균,「임금, 가격 및 이윤」, 김호균,『경제학 노트』(이론과실천사, 서울 1988), pp. 195~261.

— 이경숙,「임금, 가격 및 이윤」,『마르크스 · 엥겔스의 노동조합 이론』, 이경숙 옮김(새길, 서울 1988), pp. 17~217〔國民文庫編輯委員會,『勞動組合論』(大月書店, 東京 1954)〕, pp. 165~217[M/E, *Selected Works*(Moscow: Foreign Language Publishing House, 1955), pp. 398~477].

— 남상일,『임금, 가격, 이윤』(백산, 서울 1990), pp. 10~207[Marx/Engels, *Selected Works*(Progress Publishers, Moscow 1968), pp. 186~229; 230~34].

— 최동술,『임금, 가격, 이윤』(새날, 서울 1990), pp. 9~118〔영어 텍스트의 번역〕.

— 석탑 편집부,「임금, 가격 및 이윤」, 석탑 편집부 편역,『마르크스 · 엥겔스 선집』(1990), pp. 125~85.

— 최인호,「임금, 가격, 이윤」,『마르크스 · 엥겔스 저작 선집』 III(1991), pp. 63~118.

E Was hat die Arbeiterklasse mit Polen zu tun?(*The Commonwealth*, 24. März 1866)[MEW, 16, S. 153~63].

— 김태호,「노동자 계급은 폴란드에 대해 무엇을 해야 하는가?」,『마르크스 · 엥겔스 저작 선집』 III(1991), pp. 119~30.

M Instruktionen für die Delegierten des Provisorischen Zentralrats zu den einzelnen Fragen(*The International Courier*, 20. Febr. 1867)[MEW, 16, S. 190~99].

—권명식, 「임시 중앙평의회 대의원에게 보내는 개별 문제에 관한 지침」, 廣松涉 編, 『마르크스 · 엥겔스 혁명론』 2(1988), pp. 43~53.

—권명식, 「폴란드 문제」, 廣松涉 編, 『마르크스 · 엥겔스 혁명론』 2(1988), pp. 233~34(중복).

—김태호, 「임시 중앙평의회 대의원들을 위한 개별 문제들에 대한 지시들」, 『마르크스 · 엥겔스 저작 선집』 III(1991), pp. 131~41.

E [Rezension des Erstes Bandes "Das Kapital" für das "Demokratische Wochenblatt" (*Demokratisches Wochenblatt*, 21. und 28. März 1868)[MEW, 16, S. 235~42].

—석탑 편집부, 「마르크스의 『자본론』」, 석탑 편집부 편역, 『마르크스 · 엥겔스 선집』(1990), pp. 186~93.

—최인호, 「"『민주주의 주보』를 위한 『자본』 제1권의 서평": 마르크스의 『자본』」, 『마르크스 · 엥겔스 저작 선집』 III(1991), pp. 142~49.

E [**Konspekt über**] **Das Kapital von Karl Marx. Erster Band** [MEW, 16, S. 243~87].

M Adresse an die Nationale Arbeiterunion der Vereinigten Staaten(12. Mai 1969)[MEW, 16, S. 355~57].

—김태호, 「합중국 전국노동자동맹에 보내는 글」, 『마르크스 · 엥겔스 저작 선집』 III(1991), pp. 150~53.

E [**Die Geschichte Irlands**](Mai~Mitte Juli 1870 †)[MEW, 16, S. 459~98].

M **Erste Adresse des Generalrats Über den Deutsch-Französischen Krieg**(Zwischen dem 19. und 23. Juli 1870)[MEW, 17, S. 1~8].

—권명식, 「보불 전쟁에 관한 국제노동자협회 총평의회의 제1차 호소」, 廣松涉 編, 『마르크스 · 엥겔스 혁명론』 2(1988), pp. 54~60.

―최인호, 「독일-프랑스 전쟁에 관한 총평의회의 첫번째 담화문」, 『마르크스 ·
엥겔스 저작 선집』 III(1991), pp. 170~76.

E **Über den Krieg**(PMG, 29. Juli 1870~18. Febr. 1871)〔MEW, 17, S.
9~264〕.

M **Zweite Adresse des Generalrats über den Deutsch-Französischen
Krieg**(Zwischen dem 5. und 9. Sept. 1870)〔MEW, 17, S. 271~79〕.

―권명식, 「보불 전쟁에 관한 국제노동자협회 총평의회의 제2차 호소」, 廣松渉
編, 『마르크스 · 엥겔스 혁명론』 2(1988), pp. 61~70.

―최인호, 「독일-프랑스 전쟁에 관한 총평의회의 두번째 담화문」, 『마르크스 ·
엥겔스 저작 선집』 III(1991), pp. 177~86.

E An den Spanischen Föderalrat der Internationalen Arbeiterassozi-
ation(London, 13. Feb. 1871)〔MEW, 17, S. 287~90〕.

―한철, 「국제노동자협회 스페인 연합위원회에」, 『당에 대하여』(1989), pp.
174~79.

M **Der Bürgerkrieg in Frankreich. Adresse des Generalrats der
Internationalen Arbeiterassoziation**(April/Mai 1871)〔MEW, 17, S.
313~65; Einleitung, 17, S. 613~25; Entwürfe zum Bürgerkrieg in
Frankreich, I. S. 491~571, II. S. 572~610〕.

―권명식, 「『프랑스 내전』 (제2) 초고」, 廣松渉 編, 『마르크스 · 엥겔스 혁명론』
2(1988), pp. 83~94. 〔MEW, 17, S. 572~76, 591~97〕.

―편집부, 『프랑스 혁명 연구 III: 파리 코뮌: 프랑스 내전 외』, 태백총서 04(태
백, 서울 1988), 370 pp. 본문, pp. 19~123; 첫번째 초안, pp. 124~214; 두
번째 초안, pp. 215~56.

―허교진(?), 「프랑스 내전」, 칼 마르크스, 허교진 옮김, 『프랑스 혁명사 3부
작』, pp. 259~359.

―임지현 · 이종훈, 「프랑스 내전」, 임지현/이종훈 옮김, 개정판, 『프랑스 혁명
사 3부작』, pp. 278~381〔MEW, 17, S. 313~65〕.

—안효상, 「『프랑스에서의 내전』첫번째 원고」(발췌), 『마르크스 · 엥겔스 저작 선집』 IV(1995), pp. 1~35[MEW, 17, S. 528~59].

—안효상, 「프랑스에서의 내전: 국제노동자협회 총평의회의 담화문」, 『마르크 스 · 엥겔스 저작 선집』 IV(1995), pp. 37~94[MEW, 17, S. 313~65].

E Einleitung[zu "Der Bürgerkrieg in Frankreich"](1891)(18. März 1891)[MEW, 22, S. 188~99].

—이수흔, 「"칼 마르크스의 『프랑스에서의 내전』독일어 제3판" 서설」, 『마르크 스 · 엥겔스 저작 선집』 VI(1997), pp. 323~36.

M [Aufzeichnung einer Rede von Karl Marx über die Regierung der nationalen Verteidigung](17. Jan. 1871)[MEW, 17, S. 629~30].

—권명식, 「국방 정부에 대한 마르크스의 연설 기록」, 廣松渉 編, 『마르크스 · 엥겔스 혁명론』 2(1988), pp. 95~96.

E [Aufzeichnung einer Rede von Friedrich Engels über die Pariser Kommune] (11. Apr. 1871)[MEW, 17, S. 633~34].

—권명식, 「파리 코뮌에 대한 엥겔스의 연설 기록」, 廣松渉 編, 『마르크스 · 엥 겔스 혁명론』 2(1988), p. 97.

M [Aufzeichnung einer Rede von Karl Marx über die Pariser Kommune](23. Mai 1871)[MEW, 17, S. 636~37].

—권명식, 「파리 코뮌에 대한 마르크스의 연설 기록」, 廣松渉 編, 『마르크스 · 엥겔스 혁명론』 2(1988), pp. 98~99.

E [Über die politische Aktion der Arbeiterklasse](21. Sept. 1871)[MEW, 17, S. 416~17].

—권명식, 「노동 계급의 정치 활동에 대한 마르크스의 연설 기록」, 廣松渉 編, 『마르크스 · 엥겔스 혁명론』 2(1988), pp. 173~74.

—한철, 「노동 계급의 정치적 활동에 대하여」, 『당에 대하여』(1989), pp. 225~26.

—이수흔, 「"노동자 계급의 정치 활동에 관하여": "1871년 9월 21일 회의석상에

서 행해진 연설의 자필 초고"」, 『마르크스 · 엥겔스 저작 선집』 IV(1995), pp. 95~96.

M/E Beschlüsse der Delegiertenkonfernz der Internationalen Arbeiterassoziation, abgehalten zu London vom 17. bis 23. September 1871(17. Okt. 1871)[MEW, 17, S. 418~26].

E [Rede auf der Feier zum siebenten Jahrestag der Internationalen Arbeiterassoziation am 25. September 1871 in London](*The World*, 15. Okt. 1871)[MEW, 17, S. 432~33].

―권명식, 「국제노동자협회 창립 7주년 기념 축하회에서 마르크스가 행한 연설」, 廣松涉 編, 『마르크스 · 엥겔스 혁명론』 2(1988), pp. 100~01.

M **Allgemeine Statuten und Verwaltungs-Verordnungen der Internationale Arbeiterassoziation**(24. Okt. 1871)[MEW, 17, S. 440~55].

―한철, 「국제노동자협회 총칙」(발췌), 『당에 대하여』(1989), pp. 203~06.

M/E **Die angeblichen Spaltungen in der Internationale. Vertrauliches Zirkular des Generalrats der Internationalen Arbeiterassoziation**(Mitte Jan. Anfang März 1872)[MEW, 18, S. 3~51].

―권명식, 「이른바 인터내셔널의 분열」, 廣松涉 編, 『마르크스 · 엥겔스 혁명론』 2(1988), pp. 102~116[MEW, 18, S. 7~21; III~VII은 생략].

―이수흔, 「인터내셔널의 이른바 분열: 국제노동자협회 총평의회의 기밀 회람」, 『마르크스 · 엥겔스 저작 선집』 IV(1995), pp. 97~150.

M Resolutionen der Feier zu Ehren des Jahrestags der Pariser Kommune(Zwischen dem 13. und 18. März 1872)[MEW, 18, S. 56].

―박기순, 「파리 코뮌 일주년 기념일 행사의 결의안」, 『마르크스 · 엥겔스 저작 선집』 IV(1995), pp. 151~52.

E An den Spanischen Föderalrat(27. März 1872)[MEW, 18, S. 57~58].

M Über die Nationalisierung des Grunds und Bodens(März~Apr.

1872)〔MEW, 18, S. 59~62〕.

—권명식,「토지 국유화에 관하여」, 廣松涉 編,『마르크스 · 엥겔스 혁명론』2 (1988), pp. 209~12.

—김정수,「토지 국유화에 대하여」, 마르크스/엥겔스,『주택 · 토지 문제』, 김정 수(두레, 서울 1990), pp. 181~86.

—김태호,「토지 국유화에 관하여」,『마르크스 · 엥겔스 저작 선집』Ⅳ(1995), pp. 153~56.

M/E Resolutionen des allgemeinen Kongresses zu Haag vom 2. bis 7. September 1872(21. Okt. 1872)〔MEW, 18, S. 149~58〕.

—박기순,「1872년 9월 2일에서 7일까지의 헤이그 일반 대회의 결의안」(발췌),『마르크스 · 엥겔스 저작 선집』Ⅳ(1995), pp. 157~58〔MEW, 18, S. 149~50〕.

M 〔Rede über den Haager Kongreβ〕(*Le Liberté*, 15. Sept. 1872)〔MEW, 18, S. 159~61〕.

—박기순,「"헤이그 대회에 관한 연설"」,『마르크스 · 엥겔스 저작 선집』Ⅳ(1995), pp. 159~62.

E Zur Wohnungsfrage(Mai 1872~Jan. 1873)〔MEW, 18, S. 209~87〕.

—권명식,「주택 문제」, 廣松涉 編,『마르크스 · 엥겔스 혁명론』2(1988), pp. 213~28(Ⅱ, Ⅲ은 생략).

—정경진,「주택 문제」, 마르크스/엥겔스,『노동자 경제학』, 정경진 보론 · 편역 (1988), pp. 117~227.

—한철,「주택 문제」,『당에 대하여』(1989), pp. 323~422.

—김정수,「주택 문제」, 제1, 2, 3편, 마르크스/엥겔스, 김정수 옮김,『주택 · 토 지 문제』, pp. 34~177.

—최인호/김석진,「주택 문제에 대하여」,『마르크스 · 엥겔스 저작 선집』Ⅳ(1995), pp. 169~267.

M Der politische Indifferentismus(Almanacco Republicano per l'anno

1874) [MEW, 18, S. 299~304].

—이경일, 「정치 문제에 대한 무관심」, 『마르크스 · 엥겔스 저작 선집』 IV(1995), pp. 268~74.

E Von der Autorität(Almanacco Republicano per l'anno 1874) [MEW, 18, S. 305~08].

—한철, 「권위에 대하여」, 『당에 대하여』(1989), pp. 263~67.

—이경일, 「권위에 관하여」, 『마르크스 · 엥겔스 저작 선집』 IV(1995), pp. 275~79.

M/E Ein Komplott gegen die Internationale Arbeiterassoziation. Im Auftrage des Haager Kongresses verfaßter Bericht über das Treiben Bakunins und der Allianz der Sozialistischen Demokratie(Apr.~Juli 1873) [MEW, 18, S. 327~471].

E Die Bakunisten an der Arbeit. Denkschrift über den Aufstand in Spanien im Sommer 1873(Sept.~Okt. 1973) [MEW, 18, S. 476~93].

—권명식, 「바쿠닌주의자의 활동」, 廣松涉 編, 『마르크스 · 엥겔스 혁명론』 2(1988), pp. 147~61 [MEW, 18, S. 476~85: III~IV는 생략].

—김태호, 「바쿠닌주의자들의 활동상. 1873년 여름 에스파냐 봉기에 관한 각서」, 『마르크스 · 엥겔스 저작 선집』 IV(1995), pp. 281~304.

E Flüchtlingsliteratur. I~V(*Der Volksstaat*, 17., 26. Juni und 6., 8. Okt. 1874) [MEW, 18, S. 519~67].

—권명식, 「블랑키파 코뮌 망명자 강령」, 廣松涉 編, 『마르크스 · 엥겔스 혁명론』 2(1988), pp. 162~70 [MEW, 18, S. 528~35: I, III~V는 생략].

—김태호, 「망명자 문헌」, 『마르크스 · 엥겔스 저작 선집』 IV(1995), pp. 305~23 [MEW, 18, S. 521~35: I. Eine polnische Proklamation, II. Programm der blanquistischen Kommuneflüchtlinge만 번역].

E Soziales aus Rußland(1875) [MEW, 18, S. 584~86(Vorbemerkung, Mai 1875); 556~67; 663~74(Nachwort, 1894: MEW, 22, S. 421~35)].

— 김태호, 「러시아의 사회 상태」, 『마르크스 · 엥겔스 저작 선집』 IV(1995), pp. 325~61.

M **Kritik des Gothaer Programms**(Apr.~Mai 1875)[MEW, 19, S. 11~32].

— ?, 「고타 강령 비판」, 마르크스/엥겔스, 『자료 모음』(한민, 서울 1987).

— 김재기, 「고타 강령 비판」, 김재기 편역, 『마르크스 · 엥겔스 저작선』(거름, 서울 1988), pp. 159~94.

— 한철, 「고타 강령 비판」, 『당에 대하여』(1989), pp. 268~306.

— 소나무 편집부, 「고타 강령 비판」, 마르크스/엥겔스, 『프롤레타리아당 강령』, 편집부 엮음(1989), pp. 73~103.

M Randglossen zum Programm der deutschen Arbeiterpartei [MEW, 19, S. 15~32].

— 권명식, 「고타 강령 비판」, 廣松涉 編, 『마르크스 · 엥겔스 혁명론』 2(1988), pp. 120~31 [MEW, 19, S. 15~24; II~IV는 생략].

— 이수흔, 「독일 노동자당 강령에 대한 평주」, 『마르크스 · 엥겔스 저작 선집』 IV(1995), pp. 370~90.

E [Vorwort zu Karl Marx' "Kritik des Gothaer Programms"](*Die Neue Zeit*, 6. Januar 1891)[MEW, 22, S. 90~91].

— 이수흔, 「고타 강령 초안 비판(서문)」, 『마르크스 · 엥겔스 저작 선집』 IV(1995), pp. 365~66.

* — 소나무 편집부, 「(고타 강령 초안) 독일노동자당 강령(안)」, 마르크스/엥겔스, 『프롤레타리아당 강령』, 편집부 엮음(1989), pp. 67~72.

* — 소나무 편집부, 「독일사회주의노동자당 강령(고타 강령)」, 마르크스/엥겔스, 『프롤레타리아당 강령』, 편집부 엮음(1989), pp. 104~07.

M Marx an Wilhelm Bracke in Braunschweig, London, 5. Mai 1875 [MEW, 19, S. 13~14; 34, S. 137~38].

— 권명식, 「빌헬름 브라케에게 보내는 편지」, 廣松涉 編, 『마르크스 · 엥겔스 혁명론』 2(1988), pp. 118~19.

—이수흔, 「"빌헬름 브라케에게 보낸 서한"」, 『마르크스 · 엥겔스 저작 선집』 IV(1995), pp. 367~69.

E Engels an August Bebel in Zwickau(London, 18./28. März 1875)[MEW, 19, S. 3~9].

—권명식, 「베벨에게 보내는 편지」, 廣松涉 編, 『마르크스 · 엥겔스 혁명론』 2(1988), pp. 132~40.

—한철, 「엥겔스로부터 A. 베벨에게」, 『당에 대하여』(1989), pp. 227~30.

E **Preußischer Schnaps im deutschen Reichstag**(*Der Volksstaat*, 25., 27. Feb, 1. März 1876)[MEW, 19, S. 37~52].

E **Wilhem Wolff, I~IX**(*Die Neue Welt*, 1. Juli~25. Nov. 1876)[MEW, 19, S. 53~88].

E Karl Marx(*Volks -Kalender*, Mitte Juni 1877)[MEW, 19, S. 96~106].

—한철, 「칼 마르크스」, 『당에 대하여』(1989), pp. 423~34.

—최인호, 「칼 마르크스」, 『마르크스 · 엥겔스 저작 선집』 IV(1995), pp. 391~401.

E **Die europäischen Arbeiter im Jahre 1877**(*The Labour Standard*, 3~31. März 1878)[MEW, 19, S. 117~37].

—조양래, 「1877년의 유럽 노동자들」, 『마르크스 · 엥겔스 저작 선집』 IV(1995), pp. 402~20.

E **Herrn Eugen Dührings Umwälzung der Wissenschaft**(*Anti-Dühring*) (Sept. 1876~Juni 1878)[MEW, 20, S. 1~303].

—田元培, 『反뒤링論』(철학편) (大成出版社, 서울 1948), 223 pp.

—김민석, 『반뒤링론』(새길, 서울 1987), 378 pp. 〔栗田賢三, 『反デユ〜リング 論』, 上 下 (岩波書店, 東京 1966); *Anti -Dühring* (Foreign Language Press, Peking 1976) 참고〕.

—한철, 『반뒤링론』(이성과현실사, 서울 1989), 518 pp. 〔본문, pp. 11~411; 부록: 「『(반)뒤링론』의 이전 서문 — 변증법에 대하여」, pp. 415~24; 「『반

뒤링론』을 위한 준비 노작 중에서 — 제1부 제1편을 위한 부분, pp. 425~56;
「보병의 전술과 그 물질적 기초, 1700~1870년」, pp. 456~63; 「『반뒤링론』
에 대한 주해 — 현실 세계에서의 수학적 무한의 원형에 대하여」, pp.
462~70; 「『반뒤링론』에 대한 주해 — 역학적 자연관에 대하여」, pp.
471~76; 「『반뒤링론』의 본문에 대한 보완과 수정 — 엥겔스가 팜플릿 『공상
에서 과학으로의 사회주의의 발전』을 위해 행한 것」, pp. 477~92; 「『공상적
사회주의에서 과학적 사회주의로의 발전』의 영어판 서문」, pp. 493~518].

— 최인호, 「오이겐 뒤링 씨의 과학 변혁(반 뒤링)」, 『마르크스 · 엥겔스 저작 선
집』 V (1994), pp. 1~358.

M/E 〔Zirkularbrief an Bebel, Liebknecht, Bracke u.a.〕, I~III (17./18.
Sept. 1879)〔MEW, 19, S. 150~66〕.

E Die Entwicklung des Sozialismus von der Utopie zur Wissenschaft
(Jan.·-Mitte März 1880)〔MEW, 19, S. 177-·228〕.

— 김상형, 『사회주의의 발전: 공상에서 과학으로』(현우사, 단기 4278/1946),
114 pp. 〔국립중앙도서관〕.

— ? , 「공상적 사회주의와 과학적 사회주의」, 마르크스/엥겔스, 『자료 모음』(한
민, 서울 1987).

— 김재기, 「공상에서 과학으로의 사회주의의 발전」, 김재기 편역, 『마르크스 ·
엥겔스 저작선』(거름, 서울 1988), pp. 195~291

— 한철, 「공상에서 과학으로의 사회주의의 발전」, 『당에 대하여』(1989), pp.
63~130.

— 한철, 「『반뒤링론』의 본문에 대한 보완과 수정 — 엥겔스가 팜플릿 『공상에
서 과학으로의 사회주의의 발전』을 위해 행한 것」, 『반뒤링론』(이성과현실,
서울 1989), pp. 477~92;

— 한철, 「『공상적 사회주의에서 과학적 사회주의로의 발전』의 영어판 서문」, 한
철, 『반뒤링론』(이성과현실, 서울 1989), pp. 493~518.

— 나상민, 『공상에서 과학으로』(새날, 서울 1990), 108 pp. 〔Berlin, 1891〕.

—석탑 편집부,「공상에서 과학으로의 사회주의의 발전」, 석탑 편집부 편역,
『마르크스 · 엥겔스 선집』(1990), 영어판 서문, pp. 208~36; pp. 236~83
〔해설, pp. 284~92〕.

—최인호,「유토피아에서 과학으로의 사회주의의 발전」,『마르크스 · 엥겔스 저
작 선집』V (1994), pp. 403~75.

M Fragebogen für Arbeiter(Aprilhälfte 1880)〔MEW, 19, S. 230~37〕.

—석탑 편집부,「노동자에 대한 조사 연구」, 석탑 편집부 편역,『마르크스 · 엥
겔스 선집』(1990), pp. 361~69

M 〔Einleitung zum Programm der französischen Arbeiterpartei〕(L'Égalité, 30.
Juni 1880)〔MEW, 19, S. 238〕.

—권명식,「프랑스 노동자당 강령 전문」, 廣松涉 編,『마르크스 · 엥겔스 혁명
론』2(1988), pp. 175~77.

E Ein gerechter Tagelohn für ein gerechtes Tagewerk(The Labour Standard,
7. Mai 1881)〔MEW, 19, S. 247~50〕.

—김태호,「공정한 하루 작업에 대한 공정한 하루 임금」,『마르크스 · 엥겔스 저
작 선집』V (1994), pp. 476~79.

E Das Lohnsystem(The Labour Standard, 21. Mai 1881)〔MEW, 19, S.
251~53〕.

—김태호,「임금 제도」,『마르크스 · 엥겔스 저작 선집』V (1994), pp. 480~83.

E Die Trade-Unions(The Labour Standard, 28. Mai und 4. Juni 1881)〔MEW,
19, S. 254~60〕.

—권명식,「노동조합」, 廣松涉 編,『마르크스 · 엥겔스 혁명론』2(1988), pp.
178~85.

E Eine Arbeiterpartei(The Labour Standard, 23. Juli 1881)〔MEW, 19, S.
277~79〕.

—김태호,「노동자당」,『마르크스 · 엥겔스 저작 선집』V(1994), pp. 484~87.

E Die Mark(Die deutsche Bauer. Was war er? Was ist er? Was könnt er sein?) (Mitte Sept.~Mitte Dez. 1882) [MEW, 19, S. 315~30].

—김태호, 「마르크」, 『마르크스 · 엥겔스 저작 선집』 V(1994), pp. 488~505.

E **Das Begräbnis von Karl Marx**(*Der Sozialdemokrat*, 22. März 1883) [MEW, 19, S. 335~39].

—한철, 「마르크스의 묘 앞에서 한 조사」, 『당에 대하여』(1989), pp. 435~37.

—석탑 편집부, 「마르크스의 묘 앞에서 한 조사」, 석탑 편집부 편역, 『마르크 스 · 엥겔스 선집』(1990), pp. 370~72.

—김태호, 「칼 마르크스의 장례」, 『마르크스 · 엥겔스 저작 선집』 V(1994), pp. 506~12.

E **Zur Urgeschichte der Deutschen**(1881/1882 †) [MEW, 19, S. 425~73].

E **Fränkische Zeit**(1881/1882 †) [MEW, 19, S. 474~518].

E **Zum Tode von Karl Marx**, I~II(*Der Sozialdemokrat*, 3. und 17. Mai 1883) [MEW, 19, S. 340~47].

E Marx und die "Neue Rheinische Zeitung" 1848~49(*Der Sozialdemokrat*, 13. März 1884) [MEW, 21, S. 16~24].

—최인호, 「마르크스와 『신라인 신문』 1848~49」, 『마르크스 · 엥겔스 저작 선 집』 VI(1997), pp. 1~10.

E Vorwort [zur ersten deutschen Ausgabe von Karl Marx' Schrift "Das Elend der Philosophie"] (23. Okt. 1884) [MEW, 4, S. 558~ ; MEW, 21, S. 175~87].

—김태호, 「"칼 마르크스의 『철학의 빈곤』 독일어 초판" 서문」, 『마르크스 · 엥 겔스 저작 선집』 VI(1997), pp. 198~214.

E Zur Geschichte des Bundes der Kommunisten(8. Okt. 1885) [MEW, 21, S. 206~24].

—최인호, 「공산주의자 동맹의 역사에 관하여」, 『마르크스 · 엥겔스 저작 선집』 VI(1997), pp. 214~35.

E **Der Ursprung der Familie, des Privateigentums und des Staats. Im Anschluss an Lewis H. Morgans Forschungen**(Ende März~26. Mai

1884)〔MEW, 21. S. 25~173〕.

— 김상형, 『가족, 사유 재산 및 국가의 기원』(현우사, 단기 4280 /1947). 270 pp. 〔국립중앙도서관〕.

— 김대웅, 『가족의 기원 — 루이스 H. 모건 이론을 바탕으로』(아침, 서울 1985), 보론: 「봉건제의 몰락과 부르주아지의 등장」, pp. 203~13 ; 「헤겔의 가족 개념」, pp. 214~20. 235 pp.

— 김대웅, 『가족, 사유 재산, 국가의 기원 — 루이스 H. 모건 이론을 바탕으로』(아침, 서울 1987), 324 pp. 부록: 「칼 마르크스의 "모건의 저서 『고대 사회』의 발췌"에 대하여」, pp. 243~302〔Lawrence Krader, *The Ethnological Notebook of Karl Marx*(1972), Introdcution, §1. "Marx's Excerpts from Morgan, *Ancient Society*."〕

— 최인호, 「가족, 사유 재산 및 국가의 기원 — 루이스 H. 모건의 연구와 관련하여」, 『마르크스 · 엥겔스 저작 선집』 VI(1997), pp. 11~197.

E ***Dialektik der Natur***(1873~1883. einige Ergänzungen 1885 / 1886 †)〔MEW, 20. S. 305~568〕.

— 윤혁식 / 한승완 / 이재영, 『자연변증법』(중원문화사, 서울 1989), pp. 15~327〔マルクス＝エンゲルス全集, 第20卷, 大內兵衛/組川嘉六 監譯(大月書店, 東京 1970); Engels, *Dialectics of Nature*, tr. Clemens Dutt(Progress Publishers, Moscow 1986)과 대조〕.

— 황태호, 『자연의 변증법』(전진, 서울 1989), pp. 23~300〔*Dialektik der Natur*(Verlag für Fremdsprachige Literatur, Peking 1976; *Dialectic of Nature*, tr. Clemens Dutt(International Publishers, New York 1940)〕.

E 〔*Dialektik der Natur*. Artikel〕. Einleitung(Zwischen, 1875~1876)〔MEW, 20, S. 311~27〕.

— 박기순, 「자연의 변증법 서설」, 『마르크스 · 엥겔스 저작 선집』 V(1994), pp. 359~78.

E Anteil der Arbeit an der Menschenwerdung des Affen(1876 집필 / *Neue Zeit*,

1897)〔MEW, 20, S. 444~55〕.

—한철, 「원숭이가 인간으로 진화하는 과정에서 노동이 한 역할」, 『당에 대하여』(1989), pp. 309~22.

—석탑 편집부, 「원숭이가 인간으로 전화하는 과정에서 노동이 한 역할」, 석탑 편집부 편역, 『마르크스 · 엥겔스 선집』(1990), pp. 194~208.

—박기순, 「원숭이의 인간화에서 노동이 한 역할」, 『마르크스 · 엥겔스 저작 선집』 V(1994), pp. 379~92.

M/E Marx / Engels an August Bebel, Wilhelm Liebknecht, Wilhelm Bracke u.a in Leipzig(Zirkularbrief). Entwurf(London 17./18. Sept. 1879)〔MEW, 34, S. 394~408〕.

—한철, 「마르크스와 엥겔스로부터 A. 베벨, W. 리프크네히트, W. 브라케 및 기타에게」, 『당에 대하여』(1989), pp. 231~39.

—김태호, 「"아우구스트 베벨, 빌헬름 리프크네히트, 빌헬름 브라케 등등에게 보내는 회람 서한」(발췌), 『마르크스 · 엥겔스 저작 선집』 V(1994), pp. 393~401〔MEW, 34, S. 401~08〕.

E Ludwig Feuerbach und der Ausgang der klassischen deutschen Philosophie(Anfang 1886)〔MEW, 21, S. 259~307〕.

—양재혁, 『루드비히 포이어바흐와 독일 고전 철학의 종말』, 돌베개문고 20(돌베개, 서울 1987), pp. 11~86. 역자 서문, pp. 1~7; 「포이어바흐에 관한 테제」, pp. 86~90.

—한철, 「루드비히 포이어바흐와 독일 고전 철학의 종말」, 『당에 대하여』(1989), pp. 13~62.

—김재용, 『포이어바흐론』(새날, 1990), p. 96〔Dietz Verlag, 1962〕〔국립중앙도서관〕.

—석탑 편집부, 「루드비히 포이어바흐와 독일 고전 철학의 종말」, 석탑 편집부 편역, 『마르크스 · 엥겔스 선집』(1990), pp. 293~347〔해설, pp. 352~59〕.

—양재혁, 『루드비히 포이어바흐와 독일 고전 철학의 종말』, 마르크스 · 레닌주

의 고전문고 1(돌베개, 서울 1992), pp. 13~103, 한국어로 옮기면서, pp. 3~8; 「포이어바흐에 관한 테제」, pp. 105~09.

—최인호, 「루드비히 포이어바흐 그리고 독일 고전 철학의 종말」, 『마르크스 · 엥겔스 저작 선집』 VI(1997), pp. 237~89.

E **Die Rolle der Gewalt in der Geschichte**(I~III, Sept. 1876~Juni 1878 † ; IV, Ende Dez. 1887~März 1888 †)[MEW, 21, S. 405~62].

E Die Arbeiterbewegung in Amerika [Vorwort zur amerikanischen Ausgabe der "Lage der arbeitenden Klasse in England"] (*The Sozialdemokrat*, 10. und 17. Juli 1887)[MEW, 21, S. 335~43].

—박기순, 「아메리카에서의 노동자 운동」, 『마르크스 · 엥겔스 저작 선집』 VI(1997), pp. 291~99.

E [Über den Verfall des Feudalismus und das Aufkommen der Bourgeoisie](Ende 1884)[MEW, 21, S. 392~401].

—최인호, 「"봉건제의 몰락과 부르주아지의 발흥에 관하여"」, 『마르크스 · 엥겔스 저작 선집』 VI(1997), pp. 237~310.

E **Die auswärtige Politik des russischen Zarentums**, I~III(*Die Neue Zeit*, Mai 1890)[MEW, 22, S. 11~48].

E Über den Antisemitismus(*Arbeiter -Zeitung*, 9. Mai 1890)[MEW, 22, S. 49~51].

—권명식,「반유태주의에 대하여(빈으로 보내는 편지 중에서)」, 廣松涉 編, 『마르크스 · 엥겔스 혁명론』 2(1988), pp. 269~72.

—최인호, 「반유태인주의에 관하여」, 『마르크스 · 엥겔스 저작 선집』 VI(1997), pp. 311~13.

E [Antwort an die Redaktion der "Sächsischen Arbeiter-Zeitung"] (*Der Sozialdemokrat*, 13. Sept. 1890)[MEW, 22, S. 68~70].

—최인호, 「"『작센 노동자 신문』 편집부에 보내는 응답"」, 『마르크스 · 엥겔스 저작 선집』 VI(1997), pp. 314~17.

E 〔Abschiedsbrief an die Leser des "Sozialdemokrat"〕(*Sozialdemokrat*, 27.

Sept. 1890)〔MEW, 22, S. 76~79〕.

―최인호, 「『사회민주주의자』 독자들에게 보내는 고별 편지」, 『마르크스 · 엥겔

스 저작 선집』 VI(1997), pp. 318~22.

E **In Sachen Brentano contra Marx wegen angeblicher Zitatsfälschung.**

Geschichtserzählung und Dokumente, **I~VII**(Dez. 1890~Febr.

1891)〔MEW, 22, S. 93~133〕.

E Einleitung 〔zu "Der Bürgerkrieg in Frankreich"〕(1891)(18. März

1891)〔MEW, 22, S. 188~99〕.

―이수흔, 「"칼 마르크스의 『프랑스에서의 내전』 독일어 제3판" 서설」, 『마르크

스 · 엥겔스 저작 선집』 VI(1997), pp. 323~36.

E **Zur Kritik des sozialdemokratischen Programmentwurfs**

1891(Zwischen 18. und 29. Juni 1891 †)〔MEW, 22, S. 225~40〕.

―권명식, 「1891년 사회민주당(에르푸르트) 강령 초안 비판」, 廣松涉 編, 『마르

크스 · 엥겔스 혁명론』 2(1988), pp. 273~86.

―소나무 편집부, 「사회민주당(에르푸르트) 강령 초안 비판」, 마르크스/엥겔

스, 『프롤레타리아당 강령』, 편집부 엮음(1989), pp. 153~69.

―박기순, 「1891년 사회민주주의당 강령 초안 비판을 위하여」, 『마르크스 · 엥

겔스 저작 선집』 VI(1997), pp. 337~54.

E **Der Sozialismus in Deutschland**(*Die Neue Zeit*, Juli 1892)〔MEW, 22, S.

243~60〕.

―박기순, 「독일에서의 사회주의」, 『마르크스 · 엥겔스 저작 선집』 VI(1997),

pp. 355~74.

E Engels an Karl Kautsky(Stuttgart), London, 28. Sept. 1891 〔MEW, 38, S.

156~158〕.

―권명식, 「칼 카우츠키(슈투트가르트 체제)에게 보내는 편지」, 廣松涉 編, 『마

르크스 · 엥겔스 혁명론』 2(1988), pp. 292~93.

─ 소나무 편집부, 「슈투트가르트의 칼 카우츠키에게 보낸 편지」, 마르크스/엥겔스, 『프롤레타리아당 강령』, 편집부 엮음(1989), pp. 197~98 [MEW, 38, S. 156~58].

E Engels an August Bebel(Berlin), London 29. Sept. 1891 [MEW, 38, S. 159~63].

─ 소나무 편집부, 「베를린의 아우구스트 베벨에게 보낸 편지」, 마르크스/엥겔스, 『프롤레타리아당 강령』, 편집부 엮음(1989), p. 199.

─ 권명식, 「아우구스트 베벨(베를린)에게 보내는 편지」, 廣松涉 編, 『마르크스·엥겔스 혁명론』 2(1988), p. 294.

E **Kann Europa abrüsten?** I~VIII(*Vorwärts!*, 1.~10. März 1893) [MEW, 22, S. 369~99].

E **Zur Geschichte des Urchristentums**, I~III(*Die Neue Zeit*, Sept.~Okt. 1894) [MEW, 22, S. 447~73].

E [Vorwort zur zweiten deutschen Auflage "Die Lage der arbeitenden Klasse in England"](1892)(21. Juli 1892) [MEW, 22, S. 316~30].

─ 이수흔, 「"『잉글랜드 노동 계급의 처지』 독일어 제2판 서문"」, 『마르크스·엥겔스 저작 선집』 VI(1997), pp. 375~91.

E [An den Internationalen Kongreβ sozialistischer Studenten](*L'Etudiant socialiste*, 25. März ~10. Apr. 1894) [MEW, 22, S. 415].

─ 박기순, 「"국제 사회주의 학생 대회에"」, 『마르크스·엥겔스 저작 선집』 VI(1997), pp. 392~93.

E Die künftige italienische Revolution und die Sozialistische Partei(26. Jan. 1894) [MEW, 22, S. 439~42].

─ 박기순, 「"장래의 이탈리아 혁명과 사회주의당"」, 『마르크스·엥겔스 저작선집』 VI(1997), pp. 395~98.

E **Bauernfrage in Frankreich und Deutschland**(*Die Neue Zeit*, Nov. 1894) [MEW, 22, S. 483~505].

—권명식, 「프랑스와 독일의 농민 문제」, 廣松涉 編, 『마르크스·엥겔스 혁명론』 2(1988), pp. 186~208.

—박기순, 「프랑스와 독일의 농민 문제」, 『마르크스·엥겔스 저작 선집』 VI(1997), pp. 399~425.

* 마르크스와 엥겔스의 경제학 저서

M Das Kapital. Kritik der politischen Ökonomie. Erster Band. Erstes Buch(7Abschnitten)[MEW, 23].

—최영철 등, 『자본론』(서울출판사, 단기 4280/1947).

—김영민, 『자본』 I~1, I~2, I~3(이론과실천사, 서울 1987; 개역판, 1990), 1052 pp. [MEW, 13. Ausgabe, 1979].

—조선로동당, 『자본론』, 제1권 제1부, 제1분책(1965; 복각본, 백의, 서울 1989), 458 pp.; 제2분책(1966; 복각본, 백의, 서울 1989), 547 pp.

—김수행, 『자본론』, 제I권, 자본의 생산 과정, 상/하(비봉출판사, 서울 1989), 1023 pp. [*Capital*, tr. by Ben Fowkes, I(1976), II(1978), III(1981), Penguin Books Ltd. / *Capital*, Progress Publishers, Moscow, 1954, 1956, 1959; Lawrence & Wishart, London 1970, 1972, 1972/『資本論』, 大月書店, 東京 1982 / 조선로동당 출판사, 『마르크스·엥겔스 전집』, 제23권(1965), 제24권 (1980), 제25권(1984)].

M Das Kapital. Kritik der politischen Ökonomie. Zweiter Band. Zweites Buch(3 Abschnitten)[MEW, 24].

—김수행, 『자본론』, 제II권, 자본의 유통 과정(비봉출판사, 서울 1989), 633 pp.

—강신준, 『자본』 II~1, II~2, II~3(이론과실천사, 서울 1989), 597 pp.

M Das Kapital. Kritik der politischen Ökonomie. Dritter Band. Drittes Buch(2Teile, 7Abschnitten)[MEW, 25].

—김수행, 『자본론』, 제 III권, 자본주의적 생산의 총과정, 상/하(비봉출판사, 서울 1990), 1178 pp.

―강신준, 『자본』 III~1, III~2, III~3(이론과실천사, 서울 1990), 1127 pp.

M **Das Kapital. Kritik der politischen Ökonomie. Vierter Band**: **Theorien über den Mehrwert. Drei Teile**(24Kapiteln)[MEW, Band 26.1, 26.2, 26.3].

―조선로동당, 『잉여가치 학설사―자본론 제4권』(1966; 복각본, 백의, 서울 1989), 제1부: 618 pp.; 제2부: 601 pp.

M [**Grundrisse der Kritik der politischen Ökonomie**(Rohentwurf) **1857~1858**] [MEW, 42].

―성낙선, 「그룬트리세: 정치경제학 요강」, 칼 마르크스, 『자본주의적 생산양식에 선행하는 제 형태』(지평, 서울 1988), pp. 1~63(부분).

―성낙선, 『자본주의적 생산에 선행하는 제 형태―자본 관계, 또는 본원적 축적의 형성에 선행하는 과정에 대하여』(지평, 서울 1988), p. 135 [본문(『그룬트리세』의 일부), pp. 1~63; 해제, E. J. 홉스봄(*Pre-Capitalist Economic Foundations*, Lawrence & Wishart, 1978 게재), pp. 65~128; 역자 후기 pp. 129~35].

―김호균, 『정치경제학 비판 요강』, I, II, III(백의, 서울 2000). 마틴 니콜라우스, 영어판 역자 서문, pp. 225~305.

M Resultat des Unmittelbaren Produktionsprozesses(Archiv Sozialistischen Literatur 17, Verlag Neue Kritk, Frankfurt /M 1969).

―김호균, 「직접적 생산 과정의 제 결과」, 김호균, 『경제학 노트』(이론과실천, 서울 1988), pp. 43~194.

M/E **Über Das Kapital. Briefwechsel**. Ausgewählt und eingeleitet von Hannes Skambraks(Dietz Verlag, Berlin 1985).

―김호균, 『자본론에 관한 서한집』(중원문화, 서울 1990), 360 pp.

Engels on Capital(International Publisher Co., Inc., New York 1937).

―이양구, 『자본론 보론』(두레, 서울 1987).

제1부: 마르크스의 『자본론』 제1권에 대한 평론

[「마르크스의 『자본론』」, *Demokratische Wochenblatt*, Leipzig, Nr. 12. und 13(21. und 28. März 1868)], pp. 21~34.

[「칼 마르크스의 『자본론』, 정치경제학 비판 제1권: 자본의 생산 과정, 함부르크 (Otto Meissner Verlag)」, Oktober 1867, *Rheinische Zeitung* 게재용(미출판)], pp. 35~42.

[「마르크스의 『자본론』」, June 1968, *Fortnightly Review* 게재용(미출판): 영문판 출간을 쉽게 하기 위해 Samuel Moore가 서명], pp. 43~82.

제2부: 『자본론』 개요

[칼 마르크스의 『자본론』 제1권 제1책 "자본주의적 생산 과정"], pp. 83~173.

제3부: 『자본론』 제3권 보론, pp. 175~218.

부록: 『자본론』 제3권 제27장 삽입문, pp. 219~21.

* 마르크스 · 엥겔스의 저작 선집

마르크스 / 엥겔스, 『예술론』, 박찬모(np., 1946).

마르크스/엥겔스, 『자료 모음』(한민, 서울 1987).

—독일 이데올로기/공산당 선언/임금 노동과 자본/고타 강령 비판/공상적 사회주의와 과학적 사회주의

칼 마르크스, 허교진 옮김, 『프랑스 혁명사 3부작』[소나무 사회과학 총서],(소나무, 서울 1987), 430 pp. 부록: 국가와 혁명 2, 3장(레닌), 「국가와 혁명: 1848~1851년의 경험」; 「1871년 파리 콤뮨의 경험: 마르크스의 분석」, pp. 363~93; 사건 일지, pp. 395~408; 인명 해설, pp. 409~30.

김재기 편역, 『마르크스 · 엥겔스 저작선』(거름, 서울 1988).

—E, 「공산주의의 원리」 [MEW, 4, S. 363~380], pp. 11~33/M-E, 「공산당 선언」[MEW, 4, S. 459~93], pp. 35~90/M, 「임금 노동과 자본」 [MEW, 6, S. 397~423], pp. 91~135/M, 「국제노동자협회 창립 선언 및 잠정 규약」[MEW, 6, S. 5~16], pp. 137~58/M, 「고타 강령 비판」 [MEW, 19, S. 11~32, 521~22], pp. 159~94/E, 「공상에서 과학으로의 사회주의의 발전」 [MEW,

19. S. 181~228, 524~44], pp. 195~291.

권명식 옮김, 廣松涉 編, 『마르크스·엥겔스 혁명론』 전 2권(지평, 서울 1988)[廣松涉/片岡啓治 編譯, 『マルクス·エンゲルス革命論』, マルクス革命論 I(紀伊國屋書店, 東京 1982)].

마르크스/엥겔스, 『노동자 경제학』, 정경진 보론·편역[일송정새책 2](일송 정, 서울 1988), 237 pp. [M/E, *Selected Works in Three Volumes*(Progress Publishers, Moscow nd)]. 보론, 「자본가들의 임금 인상 반대 이론에 대한 비판」, pp. 229~37

박홍진 옮김, 『엥겔스의 독일 혁명사 연구』(아침, 서울 1988), pp. 9~127, 부록: 농민들의 12개 조, pp. 131~39.

엥겔스, 『독일 혁명사 2부작』(소나무, 서울 1988).
—독일 농민 전쟁/혁명과 반혁명

마르크스/엥겔스, 편집부 옮김, 『프랑스 혁명 연구』, 3권, 태백총서 02~04(태백, 서울 1987~1988).

I. 프랑스에서의 계급 투쟁(1988), 165 pp. 책 끝에, pp. 164~65.

II. 루이 보나파르트의 브뤼메르 18일(1987), 159 pp. 책 끝에, pp. 149~59.

III. 파리 코뮌: 프랑스 내전 외(1988), 370 pp. 19~123; 초안들 pp. 124~256; 제2부 연설·문건, pp. 257~329; 편지, pp. 331~49; 인명 색인, pp. 351~70.

 * Marx/Engels, *Selected Works*, Vol. 1, 2nd. ed.(Progress Publishers, Moscow 1973).

김호균, 『경제학 노트』(이론과실천, 서울 1988), 267 pp. 역자 후기, pp. 263~67[김호균, 「정치경제학 비판 서문」(1. 정치경제학에 붙여; 2. 정치경제학 서문), pp. 7~48[MEW, 13, S. 7~11; 615~39]/「직접적 생산 과정의 제 결과」, pp. 43~194/「임금, 가격 및 이윤」, pp. 195~261].

김호균, 『정치경제학 비판을 위하여』(중원문화, 서울 1988). 251 pp. [서문; 제1부 자본에 대하여; 칼 마르크스의 「정치경제학 비판을 위하여」(엥겔스); 「정치경제학 비판 서설」(마르크스)].

『마르크스 · 엥겔스의 노동조합 이론』, 이경숙 옮김(새길, 서울 1988), pp. 17~217〔國民文庫編輯委員會,『勞動組合論』(大月書店, 東京 1954)〕.

—E)「노동운동」, pp. 17~40〔The Condition of the Working Class in England, tr. and ed. by W. O. Henderson and W. H. Chaloner(Stanford: Stanford University Press, 1968), Ch. 9〕.

—「임금, 가격 및 이윤」, pp. 165~217〔M/E, Selected Works(Foreign Language Publishing House, Moscow 1955), pp. 398~477〕.

—「노동의 일반적 변동이 생산 가격에 미치는 영향」, pp. 160~64〔Das Kapital, Bd. III,(Verlag Ullstein GmbH, Frankfurt/M 1971).

—「노동자 계급의 정치적 행동에 관하여」, pp. 96~97

—「노동자 계급의 정치적 행동에 관한 칼 마르크스의 연설 기록문」, pp. 94~95〔MEW〕.

마르크스/엥겔스,『문학예술론』, L. 빅산달/S. 모라브스키 편, 김대웅 옮김 (한울, 서울 1988), 256 pp.

마르크스/엥겔스,『여성해방론』, 조금안 옮김(동녘, 1988)〔서울대도서관〕.

김태성,『마르크스 · 엥겔스 교육론』I~III(한울림, 서울 1988~1989)〔『馬克思恩格斯論敎育』(蘇聯科學院編, 人民敎育出版社, 1986)〕.

마르크스/엥겔스,『당에 대하여』, 한철 옮김(이성과 현실, 서울 1989).

—M)「포이어바흐에 대한 테제」, pp. 9~12/ E)「루드비히 포이어바흐와 독일 고전 철학의 종말」, pp. 13~62/ E)「공상에서 과학으로 사회주의의 발전」, pp. 63~130/ M/E)「공산당 선언」, pp. 133~73〔M/E 러시아어판 전집, 14, pp. 502~13, 525~26〕(독일어, 1872; 러시아어, 1882; 독일어 1883; 독일어, 1890 서문 포함)/「공산주의자 동맹규약」, pp. 174~79〔러시아어판 전집, 4, pp. 590~96〕/「독일에서의 공산당의 요구」, pp. 180~82〔M/E 전집, 5, pp. 1~3〕/「공산주의자 동맹에 보내는 중앙위원회의 호소문」(1850년 3월), pp. 183~94〔M/E 전집, 7, pp. 281~92〕/「공산주의자 동맹에 보내는 중앙위원회의 호소문」(1850년 6월), pp. 195~202〔M/E 전집, 7, 353~61〕/「국제노동자협회 총칙」,

pp. 203~06/「국제노동자협회 창립 선언」, pp. 207~19/「프러시아 군사 문제와 독일 노동자당」(발췌), pp. 220~22[전집, 16, pp. 76~78]/「국제노동자협회 스페인연합위원회에」(발췌), pp. 223~24[전집, 17, pp. 290~91]/「노동자계급의 정치적 활동에 대하여」, pp. 225~26[전집, 17, pp. 421~22]/「엥겔스로부터 A. 베벨에게」, pp. 227~30/「마르크스와 엥겔스로부터 A. 베벨, W. 리프크네히트, W. 브라케 및 기타에게」, pp. 231~39/「공산주의자동맹의 역사」, pp. 240~62/「권위에 대하여」, pp. 263~67/「고타 강령 비판」, pp. 268~306/「원숭이가 인간으로 진화하는 과정에서 노동이 한 역할」, pp. 309~22/「주택문제」, pp. 323~422/「엥겔스, '칼 마르크스'」, pp. 423~34/「마르크스의 묘 앞에서 한 조사」, pp. 435~37.

마르크스 / 엥겔스, 『프롤레타리아당 강령』, 편집부 엮음(소나무, 서울 1989)[MEW를 중심으로, K. Marx, *The Revolution of 1848*, ed. with an introduction by David Fernbach(Penguin Books, London 1973; 望月淸司, 『マルクス, ゴ~タ綱領批判』,(東京 1983)을 대조하여 번역].

「독일공산당의 요구」, pp. 35~37[MEW, 5, S. 3~5]/「프랑크푸르트 의회의 급진민주당과 좌파의 강령」, pp. 35~43[MEW, 5, S. 39~43]/「공산주의자동맹에 보내는 중앙위원회의 편지」, pp. 44~57[MEW, 7, S. 244~54/「전독일 노동자협회 강령」, pp. 58~60/「사회민주노동자당 강령」, pp. 61~63/「(고타 강령 초안) 독일 노동자당 강령(안)」, pp. 67~72/「고타 강령 비판」, pp. 73~103[MEW, 9, S. 15~32]/「독일사회주의 노동자당 강령(고타 강령)」, pp. 104~07/「엥겔스가 베벨에게 보낸 편지」, pp. 108~23[MEW, 19, S. 3~9]/「엥겔스가 브라케에게 보낸 편지」, pp. 124~29[MEW, 34, S. 155~57]/「엥겔스가 베벨에게 보낸 편지」, pp. 130~34[MEW, 34, S. 158~60]/「프랑스 노동자당 강령 전문」, pp. 143~44 [MEW, 19, S. 238]/「독일사회민주당 강령(에르푸르트 강령 초안)」, pp. 149~52/「사회민주당(에르푸르트) 강령 초안 비판」, pp. 153~69[MEW, 22, S. 227~40]/「독일사회민주당(에르푸르트) 강령 2차 초안」, pp. 172~76/「독일사회민주당(에르푸르트) 강령」, pp. 177~81/「엥겔

스가 카우츠키에게 보낸 편지」, pp. 183~88〔MEW, 38, S. 39~41〕/「엥겔스가 베벨에게 보낸 편지」, pp. 189~96〔MEW, 38, S. 89~97〕/「슈투트가르트의 칼 카우츠키에게 보낸 편지」, pp. 197~98〔MEW, 38, S. 156~58〕/「베를린의 아우구스트 베벨에게 보낸 편지」, p. 199.

엥겔스 / 레닌 / 스탈린, 『노농동맹과 농민 문제』, 강좌편집위원회 엮음(학민사, 서울 1989).

—엥겔스, 「프랑스와 독일의 농민 문제」, pp. 9~37.

강좌편찬위원회, 『무장봉기』(학민사, 서울 1989).

—M) 「쿠겔만에게」, pp. 9~10/ E) 「독일에서의 혁명과 반혁명」, pp. 11~16.

마르크스-레닌주의 연구소 엮음, 『마르크스 · 엥겔스 선집』, 1권, 777 pp.; 2권, 622 pp.(백의, 1989).

마르크스 / 엥겔스, 『식민지론』, 주익종 옮김(녹두, 서울 1989), pp. 13~328 〔Marx / Eengels, *On Colonialism*(Moscow: Foreign Languages Publishing House, 1972)〕.

마르크스 / 엥겔스, 『사랑을 위하여』, 하인리히 젬코프 Heinrich Gemkow 엮음, 오순희 옮김(한마당, 서울 1989)〔마르크스 / 엥겔스의 저작 여러 곳에서 발췌〕.

마르크스 / 엥겔스 / 라살레 등, 『마르크스주의 문학 예술 논쟁—지킹엔 논쟁』, 조만영 엮음(출판사 없음, 1989).

—「마르크스가 베를린의 라살레에게」(1859. 4. 19. 런던에서), pp. 37~42〔MEW, 29, S. 590~93〕/M-E, 『문학 · 예술론』 제1권(Berlin 1967), 179~82〕/「엥겔스가 베를린의 페르디난트 라살레에게」(1859. 5. 18. 맨체스터에서)〔MEW, 29, S. 600~05/M-E, 『문학 · 예술론』 제1권(Berlin, 1967), S. 182~87〕/「마르크스가 맨체스터의 엥겔스에게」(1859. 6. 10. 런던에서)〔MEW, 29, S. 450 /M-E, 『문학 · 예술론』 제2권(Berlin, 1967), S. 217〕.

『마르크스 · 엥겔스의 문학예술론』, 김영기 옮김(논장, 1989).

석탑 편집부 편역, 『마르크스 · 엥겔스 선집』(석탑, 1990. 6), 372 pp.

—레닌, 「칼 마르크스 약전」, pp. 14~18 / 레닌, 「마르크스주의의 세 가지 원천과 세 가지 구성 요소」, pp. 19~24 / M-E, 「공산당 선언」, pp. 25~67; 동 해설(석탑 편집부), pp. 68~76 / M, 「임노동과 자본」, pp. 77~116; 엥겔스의 서문, pp. 77~86 / M, 「정치경제학 비판 서문」, pp. 117~24 / M, 「임금, 가격 및 이윤」, pp. 125~85 / E, 「마르크스의 『자본론』」, pp. 186~93 / E, 「원숭이가 인간으로 진화하는 과정에서 노동이 한 역할」, pp. 194~208 / E, 「공상에서 과학으로의 사회주의의 발전」, pp. 209~83; 영어판 서문, pp. 209~36; I~III, pp. 236~83; 동 해설, pp. 284~92 / E, 「루트비히 포이어바흐와 독일 고전 철학의 종말」, pp. 293~347; 동 해설, pp. 352~59 / M, 「포이어바흐에 관한 테제」, pp. 348~51 / M, 「노동자에 대한 조사 연구」, pp. 360~69 / E, 「마르크스의 묘 앞에서 한 조사」, pp. 370~72.

마르크스 / 엥겔스, 『농업론』, 김성한 옮김(아침, 서울 1990), pp. 26~342 〔日本共産黨中央委員會宣傳部 編, 『勞動同盟論(1)』(大月書店, 東京 1972); 大內力, 『農業論集』(岩波書店, 東京 1973); MEW에서〕.

마르크스 / 엥겔스, 『주택·토지 문제』, 김정수 옮김(두레, 서울 1990). 〔엥겔스, 『주택 문제』, 제 1, 2, 3편(pp. 34~177); 마르크스, 『토지 국유화에 대하여』(pp. 181~86); 엥겔스, 『영국 노동자 계급의 상태』(pp. 189~214)〕.

—Marx / Engels, *House and Land Problem*, ed. by W. Co. Henderson and Chloner(1958).

칼 마르크스 저, 임지현/이종훈 옮김, 『개정판, 프랑스 혁명사 3부작』〔소나무 총서 1〕(소나무, 서울 1991), pp. 430 사건 일지, pp. 385~97; 인명 해설과 찾아보기, pp. 399~430.

전태국 외 옮김, 『마르크스의 초기 저작: 비판과 언론』〔엥겔스의 글은 제외〕(열음사, 서울 1996)〔MEW, Band 1〕.

『마르크스·엥겔스 저작 선집』 전 6권, 김세균 감수, 최인호 외 옮김(박종철출판사, 서울 1991~1997)〔*Ausgewählte Werke in sechs Bänden* (Dietz Verlag, Berlin 1972)〕.

Apparat

아파라트. 신MEGA의 각권은 기본적으로 텍스트편과 아파라트편의 2분책으로 구성되어 있다. 따라서 제1분책에는 텍스트만 수록되어 있고, 제2분책인 아파라트에는 각권에 필요하다고 생각되는 해제, 약어 및 약부호와 기호, 개별 저작의 성립사와 텍스트고(傳承)Überlieferung, 이문일람(異文一覽), 정정일람, 주해 Erläuterung, 각종 색인 등이 포함되어 있다.

BBAW

베를린-브란덴부르크 과학 아카데미Berlin-Brandenburgische wissenschaftliche Akademie. 현재 IMES의 본부가 위치한 독일 측 MEGA 발행의 주관 기관이다.

Beiträge

『마르크스-엥겔스 연구 논집*Beiträge zur Marx-Engels-Forschung*』.
구동독의 베를린 마르크스-레닌주의 연구소 마르크스-엥겔스부Marx-Engels Abteilung의 출판물로 1977년부터 1990년 사이에 모두 29권이 발간되었다. 주로 신MEGA의 출판 과정에서 생긴 학술적 문제들을 다룬 논문들이 수록되어 있다.

Beiträge. N. F.

『마르크스-엥겔스 연구 논집. 신판*Beiträge zur Marx-Engels-Forschung. Neue Folge*』. 독일 통일 이후 구동독의 연구자들을 중심으로 하여 신MEGA의 출판을 학술적으로 지원하기 위해 출판되는 논문집. 1991년 이후 연간으로 발간되는 이 잡지는 본권 이외에 3권의 특별호Sonderband를 출판했다.

IISG/Amsterdam

국제사회사연구소Internationales Institut für Sozialgeschichte Amsterdam. 네덜란드의 암스테르담에 소재하는 이 연구소는 풍부한 사회사 관계 자료를 소장하고 있다. 특히 이 연구소에는 마르크스-엥겔스의 대부분의 유고가 소장되어 있다.

IMES

국제 마르크스-엥겔스 재단Internationale Marx-Engels-Stiftung. 1990년 베를린과 모스크바의 IML에 대신하여 MEGA의 출판권을 인수한 국제적 연구 재단이다. 이를 구성하는 연구 기관은 독일의 BBAW와 KMH/Trier, 네덜란드의 IISG, 러시아의 RGA, RNI이다. 설립된 이후 암스테르담의 IISG에 본부를 두고 있다가 현재는 베를린의 BBAW에 그 본부를 두고 있다.

IML/B(erlin)

베를린의 마르크스-레닌주의 연구소Institut für Marxismus-Leninismus beim ZK der SED Berlin.

IML/M(oskau)

모스크바의 마르크스-레닌주의 연구소Institut für Marxismus-Leninismus beim ZK der KPdSU Moskau.

KMH/Trier

트리어에 있는 에베르트 재단Friedrich Ebert-Stiftung의 칼-마르크스 하우스 Karl-Marx-Haus Trier.

MEGA¹(구MEGA)

러시아의 마르크스-엥겔스 연구소MEI가 1927~1935년간에 발간한 『마르크스-엥겔스 전집』 구판.

Karl Marx, Friedrich Engels: Historisch-kritische Gesamtausgabe. Im Auftr. d. Marx-Engels-Instituts Moskau hrsg. von D. Rjazanov. Frankfurt a. M. 1927~ 1935(1931년 이후는 편자가 V. Adoratski).

MEGA¹ I/1.1

구MEGA 제I부 제1권 제1책

Karl Marx, Friedrich Engels: Historisch-kritische Gesamtausgabe. Im Auftr. d. Marx-Engels-Instituts Moskau hrsg. von D. Rjazanov. Abt. 1, Band 1: Halbband. 1. Frankfurt a. M. 1927.

MEGA²(신MEGA)

모스크바와 베를린의 마르크스-레닌주의 연구소IML가 1975~1990년 사이에, 그리고 1991년 이후에는 국제 마르크스-엥겔스 재단IMES이 발행하고 있는 『마르크스-엥겔스 전집』의 신판.

Karl Marx, Friedrich Engels: Historisch-kritische Gesamtausgabe. Im Auftr. d. Marx-Engels-Instituts Moskau hrsg. vom Institut für Marxismus-Leninismus beim ZK der KPdSU und vom Institut für Marxismus Leninismus beim ZK der SED Berlin 1975ff.(1991년 이후의 편자는 Internationale Marx-Engels-Stiftung).

MEGA² I/1

신MEGA 제I부 제1권

Karl Marx, Friedrich Engels: Historisch-kritische Gesamtausgabe. Im Auftr. d. Marx-Engels-Instituts Moskau hrsg. vom Institut für Marxismus-Leninismus beim

ZK der KPdSU und vom Institut für Marxismus Leninismus beim ZK der SED Abt.
1. Bd. 1. Berlin 1975.

MEGA-Studien

『메가-연구*MEGA-Studien*』. 1990년 동구권의 몰락으로 말미암아 신MEGA의 출
판권을 계승한 IMES가 이의 편찬을 위한 동반 잡지Begleiterorgan로 출발했다.
1994년부터 1998년까지 매년 2권씩 출판되었으나 IMES의 의장 기관이 독일의
BBAW로 넘어가면서 1999년에 1권이 출판되면서 현재는 중단 상태이다(기간 11
권). 애초에 2000년호가 최종호로 계획되었으나 현재까지 출판되지 않고 있다.

MEJ

『마르크스-엥겔스 연지*Marx-Engels Jahrbuch*』. 1975년 신MEGA를 출판하면서
이의 동반 잡지로 1978년부터 연간으로 출판되기 시작했다. 그러나 동구권 몰락
이후 신MEGA의 출판권이 IMES로 이양되면서 1991년 제13권을 출판한 뒤 폐간
되었다. 그러나 IMES의 의장 기관이 네덜란드의 IISG에서 독일의 BBAW로 바
뀌면서 종래의『메가-연구*MEGA-Studien*』를 대신하여 2003년부터 권호 표시
없이 다시 연간으로 복간되고 있다.

MEW

『마르크스-엥겔스 저작집*Karl Marx, Friedrich Engels. Werke. Bd. 1-43.
Ergänzungsbd. Teil. 1.2. Dietz Verlag, Berlin. 1956~1990*』.

RGA

러시아 국립 사회-정치사 문서고Rossiijskij Gosdarstvennyj Archiv social'no-
politiceskoj istorii. Moskva(Russisches Staatliches Archiv für Sozial- und
Politikgeschichte, Moskau).

RNI

러시아 사회-민족 문제 독립 연구소Rossiski Nezavisimyi Institut sotscial'nykh i national'nykh probleme(Russisches Unabhängiges Institut für soziale und nationale Probleme, Moskau).

Sp.

난(欄)Spalte.『할레 연지』를 비롯한 1840년대의 독일 잡지 중의 일부는 그 게재 위치가 쪽수가 아닌 난별로 순서가 매겨져 있다. 보통 2란으로 나누어진 각 쪽 에는 좌측이 홀수란, 우측이 짝수란으로 되어 있다. 그러나 『할레 연지』의 경우 도 1841년부터 난별 순서보다 페이지를 사용하고 있다.

SPD-Archiv

독일 사회민주당 아키브Archiv der Sozialdemokratischen Partei Deutschlands. 1883년 사민당이 망명지 취리히에서 설립한 사민당과 사회주의 관련 문건들의 보관을 위해 설립한 문서고. 엥겔스 사후 마르크스-엥겔스 왕복 서간을 포함한 엥겔스의 유고를 위탁받았고, 마르크스의 딸 엘리노와 로라 라파르그의 사후 상 당량의 마르크스의 유고도 확보했으나 제2차 세계대전 기간 중 이들 유고를 IISG에 매각했다.

보겐Bogen

전지(全紙) 크기의 종이로 1보겐은 16페이지를 이룬다. 프로이센의 검열법은 신 문과 20보겐(320페이지) 이하의 출판물은 사전 검열을 받도록 되어 있었다. 따 라서 21보겐 이상의 출판물은 일단 사전 검열에서 제외되었다.

[폴리오]보겐Foliobogen

마르크스가 발췌 노트의 작성이나 초고의 집필에 일상적으로 이용하는 용지는 4 절지의 폴리오보겐Foliobogen이다. 불규칙하게 자른 이 보겐의 크기는 396~398밀리미터×316~319밀리미터로서 마르크스는 이를 반으로 접어서 앞

뒤로 이용하고 있다. 따라서 그의 유고를 연구하는 경우 이 폴리오보겐을 통상 "보겐"이라 부른다.

블라트 Blatt

위의 폴리오보겐을 반으로 접은 한쪽을 블라트라 부른다. 크기는 전지를 자르고, 또 이를 접는 과정에서 불규칙하나 대략 316~319밀리미터×196~198밀리미터이다. 마르크스는 이 블라트의 양면을 통상 발췌 노트나 초고 작성에 이용하고 있다.

『독일 이데올로기』, "I. 포이어바흐"장의 여러 판본

R판
리야자노프D. Rjazanov판. Marx-Engels Archiv, Band 1(1926), S. 233~306.

L/M판
란츠후트/마이어S. Landshut/J. P. Mayer판(Alfred Kröner, Leipzig 1932/Alfred Kröner, Stuttgart 1953), S. 341~417.

A판 또는 구MEGA판
아도라츠키V. Adoratskij판. 일명 구MEGA판. MEGA^1 I/5(1932), S. 7~67.

B판
바가투리야G. A. Bagaturija판. *Deutsche Zeitschrift für Philosophie*, 14. Jahrg. Heft 10(1966), S. 1199~251.

신MEGA판
타우베르트Inge Taubert판. MEGA^2 *Probeband* (1972), S. 33~119.

H판
히로마츠(廣松涉)판(Kawadeshobo-Shinsha, Tokio 1974).

『독일 이데올로기』, "I. 포이어바흐"장의 집필 단계별 명칭

본문Grundtext
좌란에 보이는 최초의 원고 본문.

기저고(基底稿)Urtext
『독일 이데올로기』, "I. 포이어바흐"장 오리지널의 최구층(最舊層)으로 초고
중 가장 일찍 집필된 원고이다.

피사고(被寫稿)
기저고나 구고(舊稿) 가운데 수정된 정서고의 원본.

정서시고(淨書試稿)Reinschriftversuch
정서 이전의, 즉 정서를 시도한 초고.

정서고(淨書稿)Reinschrift
기저고나 구고, 또는 정서시고를 최종적으로 정서한 초고.

이고(異稿)Varianten
특정한 단편을 대체하기 위해 씌어진 제2, 혹은 제3의 초고.

본문이고(本文異稿)Textvarianten/이문명세(異文明細)Variantenverzei-chnis
본문의 텍스트는 엥겔스와 마르크스의 수차의 퇴고 과정을 통해 수정과 첨삭이
행해지는데 이를 상세히 서술한 것으로, 구MEGA에서는 권말(卷末)에서 이를
재현하고, 신MEGA에서는 아파라트Apparat에 이문명세로 게재하고 있다.

『독일 이데올로기』, "I. 포이어바흐"장의 보겐 번호(이 경우의 보겐은 모두 폴리오
보겐).

1, 2,... 6b,... 12, 13, ...
특정한 괄호 없이 씌어진 실수는 마르크스의 페이지 매김.

[1?]ab [1?]cd-[2?]ab

보겐 번호가 없는 것을 〔1?〕〔2?〕의 연속된 글의 내용에 따라 보겐 번호를 붙인 것.

숫자 다음의 abcd는 블라트의 순서를 표시한다.

{1}ab {2}abcd [3]-{4}ab [5]abcd

〔 〕내는 엥겔스의 번호 매김이고, {4}는 번호가 없으나 〔3〕{4}가 연결되어 논리적으로 무리가 없다. { }의 보겐 번호는 제3자(베른슈타인)에 의한 가필로 보인다.

■ 수록 논문의 출전

I. 청년 헤겔파와 마르크스

제1장 19세기 초 독일의 지식인 운동

—— 청년 헤겔파의 사상적 궤적을 중심으로

〔1997년 11월 21일 공삼 민병태 선생의 20주기를 맞은 기념 심포지엄에서 발표한 논문을 수정을 거쳐, 『한국정치연구』, 제7호(1997), pp. 139~69에 게재한 것이다〕.

II. 『독일 이데올로기』와 텍스트 편찬

제2장 『독일 이데올로기』 연구에 있어서 텍스트 편찬의 문제

〔이 논문은 1995년 11월 2~3일간 도쿄 도리츠(東京都立) 대학에서 개최된 "엥겔스 국제 세미나Friedrich Engels International Seminar 1995"에서 발표된 글을 저본으로 우리말 원고는 『문학과사회』, 33호(1996년 봄), pp. 402~47에 발표되고, 일본어 원고는 『マルクス・エンゲルス・マルクス主義研究』, 27(1996. 6), pp. 1~30에 게재되었다. 그리고 이 논문의 독일어 번역은 『마르크스-엥겔스 연구 논집. 신판 1997 Beiträge zur Marx-Engels-Forschung. Neue Folge 1997』, S. 31~60에 게재되었는데, 이 경우 비전문가를 대상으로 한 설명이 상당 부분 제

외되었다. 이 책에 수록된 글은 독일어 번역의 한국어 저본을 기초로 하여 최소한의 설명을 덧붙였다].

제3장 신MEGA I/5, 『독일 이데올로기』의 구성
──『독일 이데올로기』의 편집 문제를 다룬 전문가 회의 참가 보고

[이 글의 중심 부분인 4절은 먼저 독일어로 작성되어 1996년 10월 24~26일간에 독일의 트리어에서 개최된 회의에 제출되었다. 그리고 이 보고문은 1997년 12월에 탈고되어 『한국정치학회보』, 30집 4호(1996), pp. 461~82에 게재되었다].

제4장 일본에서 출판된 『독일 이데올로기』, "I. 포이어바흐"장의 신판에 대한 검토와 비판

[이 서평은 당초 『메가-연구 MEGA-Studien』의 편집자 로얀 박사의 청탁으로 집필되었으나 그가 편집하던 이 잡지의 최종호(1999년호와 2000년호)의 발행이 무작정 늦어지고, 2002년에야 발간된 1999년호에도 이 서평이 게재되지 않자 『마르크스-엥겔스 연구 논집. 신판』의 편집자인 헥커 교수가 이를 『마르크스-엥겔스 연구 논집. 신판 2001 Beiträge zur Marx-Engels-Forschung. Neue Folge 2001』, S. 285~92에 게재하게 되었다. 이 원고의 저본인 한국어 논문은 박영신 교수의 호의로 한국 독자를 위한 약간의 설명을 부가하여 『현상과 인식』, 25권 1/2호(2001, 봄/여름), pp. 189~96에 게재되었다].

III. 『마르크스-엥겔스 전집』의 편집
제5장 마르크스-엥겔스의 장서에 나타나는 난외방주의 의의와 이의 출판 문제
──신MEGA IV/32(선행판)의 발간에 즈음하여

[이 논문은 당초 일본의 MEGA 편찬 센다이 그룹의 청탁에 의해 씌어진 것으로 2002년 11월 26~28일간 교토 도지샤(同志社) 대학의 비와코(琵琶湖) 연수원에서 개최된 "신MEGA 제II부 자본론의 2005년 완간과 신MEGA의 CD-ROM화

Internationales Kolloquium: Der Abschluß der 'Kapital'-Abteilung' der MEGA²
bis 2005 und CD-ROM Ausgabe der MEGA²"에서 발표한 것이다. 이는 한국어
로『현상과 인식』, 89호(2003년 봄/여름), pp. 143~59에 발표되었으며 독일어로
는『마르크스-엥겔스 연구 논집. 신판 2004 *Beiträge zur Marx-Engels-Forschung.
Neue Folge 2004*』에 게재 예정이다.

제6장 새로이 출발하는『마르크스-엥겔스 전집』의 속간
──신MEGA IV/3(『마르크스, 발췌 노트와 메모: 1844년 여름부터 1847년 초까
지』)의 발간에 즈음하여
[『문학과사회』, 46호(1999년 여름), pp. 855~81에 발표되었다].

제7장『마르크스-엥겔스 전집』편찬 작업과 베를린의 학자들
[『당대비평』, 13호(2000년 겨울), pp. 441~49에 발표되었다].

IV. 한국에서의 마르크스, 마르크스주의 연구

제8장 한국에 있어서의 진보주의의 수용과 전개
──1970년대 이후 한국에서의 마르크스주의 운동과 연구 동향
[『오늘의 한국 지성, 그 흐름을 읽는다. 1975~1995』(문학과지성사, 1995), pp.
352~70에 게재된 이 글은 1992년 7월 11일 일본의 도쿄에서 열린 "마르크스-
엥겔스 연구자의 모임Arbeitsgemeinschaft der Marx-Engels Forscher Japans"의
특별 예회(特別例會)에서 행한 "한국 마르크스학의 현상과 과제: 마르크스 연구
의 동향과 과제"란 제목의 저자의 보고를 당시의 메모에 근거하여 보완·정리한
것이다. 이 메모는『マルクス·エンゲルス·マルクス主義研究』, 17(1993. 2),
pp. 78~86에 번역, 게재되어 있다].

제9장 한국에서의 마르크스-엥겔스 연구
── 저작의 번역과 연구 현황을 중심으로

[이글은 원래『마르크스-엥겔스 연구 논집. 신판』의 편집자 헥커 교수의 청탁으로 씌어진 글이다. 한국어 원문과 "마르크스-엥겔스 저작의 한국어 번역 목록"은『문학과사회』, 제44호(1998년 겨울), pp. 1550~609에 게재되었고, 독일어로는 본문만 번역되어『마르크스-엥겔스 연구 논집. 신판 1998 *Beiträge zur Marx-Engels-Forschung. Neue Folge 1998*』, S. 268~82에, 그리고 일본어 번역문은『マルクス・エンゲルス・マルクス主義研究』, 第34号(2000年 12月), pp. 3~17에 게재되었다. 한편 이 글은 2002년 10월 2일, 중국 베이징의 중앙번역원(中央飜譯院)에서 개최된 "국제 마르크스-엥겔스 연구자 심포지엄"에서도 발표되었다. 이 책에 게재된 글은 일본의 잡지『케이자이(經濟)』가 마르크스 사거(死去) 120주년 기념호를 준비하면서 저자에게 원고를 청탁하기에 구고를 수정·증보하여『케이자이(經濟)』, 92호(2003년 5월), pp. 155~73에 발표한 글의 한국어 원문이다].